Porsche Shin

Knaur.

W0189502

Knaur.

Über den Autor:
Bernd Harder, geboren 1966, ist Wissenschaftsjournalist und Chefredakteur einer medizinischen Fachzeitschrift. Als Vorstandsmitglied der Gesellschaft zur wissenschaftlichen Untersuchung von Parawissenschaften (GWUP) wird der Autor ständig mit Rätselhaftem und Mysteriösem konfrontiert, dem er in zahlreichen Büchern auf den Grund geht.

Bernd Harder

Warum die Uhr stehenblieb, als Opa starb

Merkwürdige Zufälle und
unerklärliche Phänomene

KNAUR TASCHENBUCH VERLAG

Herausgegeben von Hans Christian Meiser

Besuchen Sie uns im Internet:
www.knaur.de

Originalausgabe April 2010
Copyright © 2010 by Knaur Taschenbuch.
Ein Unternehmen der Droemerschen Verlagsanstalt
Th. Knaur Nachf. GmbH & Co. KG, München.
Alle Rechte vorbehalten. Das Werk darf – auch teilweise –
nur mit Genehmigung des Verlags wiedergegeben werden.
Redaktion: Mareike Fallwickl
Umschlaggestaltung: ZERO Werbeagentur, München
Umschlagabbildung: FinePic®, München
Satz: Adobe InDesign im Verlag
Druck und Bindung: GGP Media GmbH, Pößneck
Printed in Germany
ISBN 978-3-426-78305-4

2 4 5 3 1

Inhalt

Total (para)normal? – Ein Vorwort

Ich bin über glühende Kohlen gegangen, habe in einem jahr-hundertealten Schloss in Niederbayern Geister gejagt und war bei Marienerscheinungen dabei – im bosnischen Med-jugorje ebenso wie in Marpingen im Saarland. Bei wissen-schaftlichen »Psi-Tests« mit Personen, die Wasser oder Stör-felder erspüren oder ein Blatt Papier durch pure Gedanken-kraft bewegen wollen[1], habe ich ebenso assistiert wie bei Ufo-Investigationen. In Freiburg, am Institut für Grenzge-biete der Psychologie und Psychohygiene (IGPP), lag ich in einem »Ganzfeld«. Mit anderen Worten: Ich wurde auf einen Liegestuhl positioniert, halbierte Tischtennisbälle auf den Augen, und wurde von rotem Licht bestrahlt, während aus einem Kopfhörer monotones weißes Rauschen drang. Parapsychologen glauben, dass Gedankenlesen auf diese Weise am besten funktioniert, weil der Empfänger die ver-mutlich sehr schwachen Signale außersinnlicher Wahrneh-mung leichter aufnehmen kann.

Und trotzdem bin ich eine Ziege. So nennen Parapsycholo-gen die Skeptiker. Psi-Gläubige hingegen werden gerne als »Schafe« bezeichnet. Auch nicht sonderlich schmeichelhaft. Zweifler bekommen manchmal den Vorwurf zu hören, sie würden nie ein echtes unerklärliches Phänomen finden, weil sie mit einer vorgefassten, negativen Einstellung auf die Suche gingen. Muss man also an Gespenster glauben, um welche zu sehen? Nein – sagt zum Beispiel die Psychologin Caroline Watt (S. 183) und bezieht sich auf eigene Erlebnis-se. Jeder kann ganz unerwartet mit einem außergewöhnli-chen, erschreckenden, mysteriösen Geschehen konfrontiert

---

1 http://blog.gwup.net/tag/psi-tests

werden, völlig unabhängig von Alter, persönlicher Überzeugung, Religion, Bildung oder Urteilskraft. Das erfahren wir auch im »Ufo«-Kapitel (S. 237 ff.).

Und: Skeptiker können es sehr gut ertragen, wenn es für Phänomene keine Erklärung gibt. Was sie aber umtreibt, sind ungeprüfte Behauptungen. Natürlich sind Zweifler bei wirklich nachgewiesenen Phänomenen auch daran interessiert weiterzuforschen, um vielleicht eines Tages doch eine Erklärung zu finden. Und damit sind wir bei diesem Buch.

Als Chefreporter des Magazins »Skeptiker. Zeitschrift für Wissenschaft und kritisches Denken«[2] der Gesellschaft zur wissenschaftlichen Untersuchung von Parawissenschaften (GWUP) befasse ich mich intensiv mit seltsamen Dingen. In meiner jahrelangen Auseinandersetzung mit dem Thema habe ich kontinuierlich Berichte über merkwürdige Erlebnisse und scheinbar paranormale Ereignisse gesammelt. So schöpft dieses Buch aus einer Vielzahl an Erzählungen, die ich – zur besseren und kürzeren Darstellung – dramatisiert und teilweise umgeschrieben habe und die häufig fast schon Legendencharakter haben. In diesen Geschichten berichtet immer jemand in der Ich-Perspektive von paranormalen Erlebnissen, auch, um die Identifikation zu erhöhen. Aber richtige Ermittler sammeln Fälle nicht bloß, um Beweise für das Übersinnliche anzuhäufen, sondern sie bearbeiten sie auch, sie untersuchen geheimnisvolle Phänomene und klären sie häufig dadurch auf.

Umgekehrt geben Skeptiker, die sich als sogenannte »Debunker« (von »to debunk = enthüllen«) verstehen, die also nur auf das Entlarven fixiert sind, keine guten Falluntersucher ab. Die Arbeit wird bald langweilig und macht keinen

2 www.skeptiker.de

Spaß mehr. Außerdem erfahren Debunker viel weniger Interessantes, Eigenartiges und Mysteriöses.

Denn die Welt des Übersinnlichen ist voll von Zeugenberichten über außergewöhnliche Phänomene. Derartige Schilderungen, eindrucksvoll und offensichtlich völlig aufrichtig, kennt jeder, der schon einmal in eine Diskussion über paranormale Vorgänge verwickelt wurde. Jemand sagt oder schreibt, er sei eigentlich durchaus skeptisch und glaube nicht alles, aber da habe es folgendes Erlebnis gegeben ... und wie man denn das erklären könne?

Bei manchen Fällen ist die einzige ehrliche Antwort: »Ich kann das nicht erklären, falls es sich so zugetragen hat, wie Sie es jetzt schildern.« Diese leichte Andeutung von Zweifeln trübt mitunter das Gesprächsklima, was wiederum schade ist. Denn ein Hauch von Skepsis ist kein persönlicher Affront gegen den Erzählenden oder die Erzählende. Aber können subjektive Erfahrungen zu sicherem Wissen führen? Das ist die spannende Frage.

Warum blieb die Uhr stehen, als Opa starb? Der berühmte Physiker Richard Feynman, der 1988 starb, erlebte dieses Phänomen beim Tod seiner ersten Frau. Er sah, dass ihr Wecker auf dem Tisch neben ihrem Krankenhausbett genau zu der Minute stehengeblieben war, in der seine Frau laut Sterbeurkunde gestorben war. Diese seltsame Übereinstimmung ließ dem genialen Naturwissenschaftler keine Ruhe. Er begann nachzuforschen. Und im Nachhinein stellte Feynman fest, dass der Arzt die Todeszeit, die in der Sterbeurkunde angegeben war, von genau jenem Wecker am Krankenbett abgelesen hatte. Zu diesem Zeitpunkt war die Uhr aber schon lange stehengeblieben, mindestens eine halbe Stunde zuvor.

Ist das die einzige Erklärung für dieses Phänomen? Natürlich nicht. Genauso wenig, wie es eine gemeinsame Ursache

für sämtliche Autounfälle gibt, lassen sich sämtliche Geis-
tererscheinungen oder sämtliche Ufo-Sichtungen übereins-
stimmend mit einem Argument erklären. Dieses Buch will
versuchen, ehrliche Antworten auf solche und andere Fragen zu geben, die sich viele Menschen stellen. Sie werden in
die Form von Geschichten gebracht, die staunenswert, wun-
dersam, unterhaltend und manchmal auch gruselig sind.
Aber wir haben auch einige spannende Fakten.

Die Nachtseite – das ist das Rätselhafte der jeweiligen
Phänomene, das Unerklärliche.
Im Dämmerlicht betreten wir dann die »Twilight-Zone«, das
Reich des Halbdunkels. Wir werden Zeugen von Erlebnis-
sen, die sich jedem Erklärungsversuch entziehen. Oder viel-
leicht doch nicht?
Die Tagseite schließlich zeigt Erkenntnisse und Theorien auf,
die möglicherweise etwas Licht in die Schatten bringen. Da-
mit Sie sich Ihre eigene Meinung über die Geheimnisse des
Übersinnlichen bilden können. Sie entscheiden selbst, ob
Sie die zahlreichen Erlebnisberichte glauben möchten.

1. Die Sache mit den Todesomen

Die Nachtseite

Frank ist ein guter Junge und überrascht seine Mutter ab und zu mit einem Geschenk. Über eine hübsche Kristallschale freut sie sich besonders. Deshalb bekommt die Schale einen Ehrenplatz auf der Anrichte. Einige Zeit später erkrankt Franks Schwester an Windpocken und der Bruder wird vorsichtshalber zu den Großeltern geschickt, die rund siebzig Kilometer entfernt leben. Eines Morgens sitzt Franks Mutter mit einer Nachbarin beim Frühstück. Plötzlich zerspringt die Kristallschale, die Frank ihr geschenkt hat, in zwei Teile. »Mein Gott, Frank ist tot!«, schreit die Mutter auf. Sie lässt sich nicht beruhigen und bleibt weiter bei ihrer hellseherischen Behauptung.

Zu Recht, wie sich bald herausstellt: Ein Nachbarsjunge der Großeltern hat Frank die Waffe seines Vaters gezeigt – ohne zu wissen, dass sie geladen war. Genau in dem Augenblick, in dem die Kristallschale zersprang, wurde Frank tödlich getroffen.

Mit dieser mysteriösen Geschichte verblüffte vor einigen Jahren die Zeitschrift *Stern* ihre Leser.[3] Ein rätselhafter Einzelfall? Nein. In der Anonymität des Internets fällt es vielen Menschen leichter, über derartige Erlebnisse zu sprechen, als sie Journalisten oder Wissenschaftlern anzuvertrauen. Auf der Seite *http://bestatterweblog.de* beispielsweise geht es um die Themen Beerdigung, Trauer, Tod. Und dazu gehören offenbar auch Erfahrungen wie diese:

---

3 »Die Magie des Übersinnlichen«, *Stern* 44/2003.

Ich hatte ein seltsames Erlebnis beim Tod meines Opas. Ich war allein bei ihm, als er starb, und nach der Totenwäsche habe ich seine Uhr als Andenken behalten. Sie ist genau um zwanzig Minuten vor vier in der Nacht stehengeblieben, in der Todesstunde meines Großvaters. Könnte Zufall sein, aber wer weiß das schon?[4]

Meine Oma hat immer wieder erzählt, dass sie während des Kriegs im Wohnzimmer saß und zusammen mit ihrer Mutter und ihrer Schwester Karten spielte. Ihr älterer Bruder, an dem sie sehr hing, war zu dem Zeitpunkt im Russlandfeldzug. Plötzlich ging das Licht aus und ein Bild fiel von der Wand – es war ein Foto ihres Bruders. Er kam nicht mehr aus dem Krieg zurück, wir haben trotz intensiver Nachforschungen nie herausgefunden, was geschehen ist. Oma war für den Rest ihres Lebens davon überzeugt, dass das Bild zu dem Zeitpunkt herunterfiel, als ihr Bruder starb.[5]

Wenn der Analytiker in uns einmal Pause hat, weil das Immunsystem der Seele gerade heruntergefahren ist, spüren wir die emotionale Kraft solcher Geschichten. Sie vermitteln Trost und Hoffnung – wie auch in dieser Schilderung in der Zeitschrift *freundin*:

»Ein letztes Zeichen« hatte sich meine Großmutter von *ihrem verstorbenen Ehemann gewünscht. Nach der Beerdi-*

---

4 http://bestatterweblog.de/archives/Bleiben-Uhren-stehen,-wenn-jemand-stirbt/2327#c41604, eingestellt von »Hexe« am 11. 01. 2009 um 14.04 Uhr.

5 http://bestatterweblog.de/archives/Bleiben-Uhren-stehen,-wenn-jemand-stirbt/2327#c34890, eingestellt von »Kerstin« am 11. 09. 2008 um 12.50 Uhr.

gung kam die Verwandtschaft zu einer Trauerfeier im Haus des Verstorbenen zusammen. Plötzlich wurde meine Großmutter blass: Sie starrte die alte Wanduhr an. Die Uhr war stehengeblieben, und zwar exakt zum Todeszeitpunkt meines Großvaters. Für meine Großmutter war das das Zeichen, auf das sie so sehnlich gewartet hatte.[6]

Etwas ganz Ähnliches lesen wir bei *paraportal.de*:

Diese Geschichte habe ich von meiner Großtante gehört. Ihre Schwiegermutter lag schon seit längerer Zeit im Krankenhaus und war dem Tod nah. Meine Großtante bat die Frau, ihr ein Zeichen zu geben, wenn es »so weit ist«. Am nächsten Morgen wurde meine Großtante von einem lauten Knall geweckt. Es hörte sich an, als wäre ein großer Vogel mit Vollgas gegen die Fensterscheibe geflogen. Allerdings waren keine Spuren eines solchen Vorfalls, geschweige denn ein benommener oder toter Vogel zu entdecken. Das war so gegen fünf Uhr morgens. Am selben Vormittag bekam meine Tante einen Anruf, dass ihre Schwiegermutter in den frühen Morgenstunden, zwischen halb fünf und fünf, gestorben sei.[7]

Auf *http://de.answers.yahoo.com* schreibt eine Userin, dass ihr Opa zum zehnten Hochzeitstag seiner Frau (also der Oma der Erzählerin) eine Wanduhr schenkte. Jahrzehntelang hing das kostbare Stück im Wohnzimmer ihrer Großeltern.
Als Opa dann starb, geschah etwas Seltsames: Oma kam

---

6 Ausgabe 4/08 vom 23. 02. 2008, Seite 93, online unter www.freundin. de/Artikel/Glauben-Sie-an-Geister_52221.html, von Miriam Drechsel.
7 http://www.paraportal.de/viewtopic.php?f=6&t=9238&hilit=Vogel+-Gro%C3%9Ftante, eingestellt von »Mystery Jack« am 30. 05. 2007 um 18.03 Uhr.

aus der Klinik zurück nach Hause und sah, dass die Uhr genau zum Todeszeitpunkt ihres Mannes stehengeblieben war. Das ging ihr sehr nahe, zum einen wegen der auffälligen Übereinstimmung und zum anderen, weil die Uhr ihr viel bedeutete.

Zwei Versuche bei zwei verschiedenen Uhrmachern, das Chronometer zu reparieren, schlugen fehl. Immer wieder bleibt das Pendel nach einigen Sekunden stehen. Die Uhr hängt trotzdem weiterhin im Wohnzimmer, als Andenken an den Verstorbenen.

Jahre vergingen. Am fünften Todestag des Opas besuchte die Erzählerin ihre Großmutter. *Sie bat mich, mit ihr zu beten. Ich hielt das eigentlich für ziemlichen Quatsch, weil ich schon so oft gebetet und noch nie eine Antwort bekommen hatte, aber natürlich tat ich ihr den Gefallen. Nach einigen Minuten des Gebets und Gedenkens ging Omi zu der Wanduhr hin – ich weiß nicht, warum – und stieß das Pendel an. Ich traute meinen Augen kaum, als es anfing zu schwingen und die Uhrzeiger sich in Bewegung setzten.*

Das ist jetzt über 20 Jahre her. Heute hängt die Uhr in meinem Wohnzimmer. Und sie funktioniert noch immer tadellos.[8]

Und manchmal sind es auch bloß seltsame Gefühle, die uns unvermittelt heimsuchen:

In der Nacht, als meine Oma starb, bin ich aufgewacht. Am Tag zuvor waren wir noch bei ihr im Krankenhaus. Fit war sie nicht mehr und wir rechneten mit ihrem baldigen Tod. In der Nacht ist sie dann gegen fünf Uhr morgens von uns gegangen. Zu der Zeit wurde ich wach und hatte starke Kreis-

---

8 http://de.answers.yahoo.com/question/index?qid=20071110082303A
AJw8PM, eingestellt von »Sydney«, ohne Datumsangabe.

laufprobleme. Ich konnte nichts mehr sehen, schmecken oder riechen. Ich war wach und doch wie betäubt. Ich wollte aufstehen, weil ich dachte, ich müsste vielleicht zur Toilette. Aber ich konnte mich nicht bewegen. Da wusste ich, dass meine Oma gerade stirbt. Wir waren über 300 Kilometer voneinander getrennt.[9]

Die moderne Parapsychologie ist von der Existenz unerklärbarer Fähigkeiten des Menschen überzeugt. Allerdings rückt die Mehrzahl der ernstzunehmenden Forscher von der Vorstellung ab, dass unter Telepathie eine »Übertragung« von Informationen und unter Telekinese eine »energetische Beeinflussung« von Gegenständen zu verstehen sei. Was aber dann?

Bei dem Versuch, die materielle Welt mit der Psyche in Verbindung zu bringen, ziehen die meisten Psi-Experten[10] heute Parallelen mit der Quantentheorie. Mit diesem Modell erklären Physiker das seltsame Verhalten von kleinsten Materienteilchen, den Quanten. Denkbar sei etwa eine Art quantenmechanischer Telepathie. Sie wurde vom österreichischen Physiker Anton Zeilinger und seinen Mitarbeitern entdeckt. Ihnen gelang es, zwei Photonen – also Bausteine elektromagnetischer Strahlung, eine Art »Lichtteilchen« – so miteinander zu verbinden, dass ihr Zustand immer identisch ist. Wissenschaftler nennen das »Verschränkung«.

---

9 http://bestatterweblog.de/archives/Bleiben-Uhren-stehen,-wenn-jemand-stirbt/2327#c34893, eingestellt von »Alice« am 11. 09. 2008 um 13.00 Uhr.

10 Psi ist ein Buchstabe des griechischen Alphabets und der Anfangsbuchstabe des Wortes »psyche« (griechisch für Seele). Oft bezeichnet »Psi« auch eine unbekannte Kraft, die hinter den Phänomenen vermutet wird.

Man hat diese beiden Teilchen mehr als 100 Kilometer voneinander entfernt deponiert: ein Photon auf La Palma, das andere auf Teneriffa, zwei Inseln mit astronomischen Beobachtungsstationen. Wurde an dem einen Teilchen eine Veränderung vorgenommen, vollzog das andere im gleichen Augenblick dieselbe Veränderung. Offenbar findet eine Art Informationsaustausch zwischen den Quanten statt.[11] Man könnte dies vergleichen mit zwei Würfeln, von denen der eine im selben Moment die Zahl anzeigt, die mit dem anderen gleichzeitig gewürfelt wird. Das widerspricht der klassischen Physik, der zufolge Informationen maximal mit Lichtgeschwindigkeit übertragen werden können.

Ist das eine Erklärung für Psi-Phänomene? Oder ist es vielmehr so, dass die höchste Kunst in der Wissenschaft darin besteht, zu wissen, wo man mit Wissenschaft nicht mehr weiterkommt, weil der Glaube beginnt?

Völlig unzweifelhaft ist jedenfalls, dass Menschen scheinbar Unmögliches erleben. So wie in den nachfolgenden Berichten.

Im Dämmerlicht

Das heruntergefallene Bild

Ich hatte eigentlich vorgehabt, nach oben in mein Schlafzimmer zu gehen. Stattdessen nahm ich auf einem Sessel im Wohnzimmer Platz und starrte ins Leere. Im Haus war es um diese Stunde ruhig. Ich war müde und sollte eigentlich

---

11 Kugenbuch, Ingo (2008): *Warum sich der Löffel biegt und die Madonna weint*, Hannover: Humboldt, Seite 104.

schon schlafen – aber dazu war ich irgendwie zu müde. Also chillte ich noch eine Weile. Plötzlich hörte ich ein lautes Poltern aus dem Flur. Ich erschrak, drückte mich aus dem Sessel heraus und bewegte mich in Richtung des Geräuschs. Im selben Moment zerriss das Telefon die Stille. Auf halbem Weg hielt ich inne und ging ran. Es war mein Vater. Er teilte mir mit, dass meine Urgroßmutter wenige Minuten zuvor gestorben war.

Ich wollte nicht viel darüber reden. Ich bedankte mich nur und legte auf, in Gedanken und Erinnerungen versunken. Dann fiel mir ein, dass ich hatte nachsehen wollen, was draußen im Flur los gewesen war. Ich machte Licht und sah, dass von dem kleinen Schränkchen neben der Garderobe etwas hinuntergefallen war.

Der Flur war zum Wohn- und zum Esszimmer hin geöffnet, das Möbelstück stand genau dazwischen und hatte dekorativen Charakter, denn ich betrachtete den Korridor als Schleuse von außen nach innen und als Schnittstelle zwischen meinem öffentlichen und meinem privaten Leben. Außerdem war dies der erste Raum, den ein Besucher betrat. Aus diesem Grund hatte ich einige Familienfotos auf dem kleinen Schrank aufgestellt.

Jetzt lag eins davon auf dem Boden. Der Rahmen aus Glas war gesplittert. Ich bückte mich, hob ihn auf und drehte das Bild zu mir, so dass ich es sehen konnte.

Es war das Foto meiner Urgroßmutter.

Wie das Schlagen eines Herzens

Solange ich mich erinnern kann, klang das gemütliche »Tick, Tick, Tick« der alten Wanduhr durch unser Wohnzimmer. Mein Großvater hatte das kostbare Sammlerstück einst meiner Mutter geschenkt. Die Uhr steckte in einem edlen Mahagonigehäuse, als Taktgeber fungierte ein mechanisches Pendel, das gleichmäßig und stetig hin- und herschwang. Nachts leuchteten die Zifferblätter wie geheimnisvolle mattgrüne Augen. Eines Sonntagmorgens kam ich früh ins Wohnzimmer und wollte fernsehen. Da bemerkte ich, dass das Perpendikel bewegungslos herabhing. Die Uhr war stehengeblieben. Mein Vater und meine Mutter kamen hinzu, hantierten eine Weile daran herum, brachten das Uhrwerk aber nicht mehr zum Laufen.

Gegen Mittag erfuhren wir, dass Opa in der Nacht gestorben war. Als Andenken beließen wir die alte Wanduhr an Ort und Stelle, auch wenn sie nicht mehr funktionstüchtig war. Genau ein Jahr später aber, am ersten Todestag meines Großvaters, war plötzlich wie ein Herzschlag das Pendel der Wanduhr wieder zu hören. Meine Mutter sagte, das sei ein Zeichen, dass Opa nun seinen Frieden im Jenseits gefunden habe.

Das Wiegenlied vom Abschied

Meine Oma lebte in München. Als ich sie in den Sommerferien besuchte, gingen wir jeden Abend auf den Marienplatz zum Glockenspiel am Neuen Rathaus. Die bemalten Figuren aus Kupferblech stellten Szenen aus der Stadtgeschichte dar. Um 21 Uhr ertönte der Nachtwächterruf aus Richard Wagners »Meistersinger von Nürnberg«. Dann kam das »Wiegenlied« von Brahms, das Licht erlosch und die Isar-Metropole tauchte in die Nacht.

Zum Abschied schenkte mir Omi mit einem ironischen Lächeln ein echtes Touristensouvenir: eine Spieluhr mit der Melodie von »In München steht ein Hofbräuhaus«. Total kitschig, aber ich liebte sie. Ich spielte die Melodie ziemlich oft, bis eines Abends etwas sehr Merkwürdiges geschah. Ich zog die Spieluhr auf, aber anstatt des Hofbräuhaus-Liedes erklang das »Wiegenlied«. Das war eigentlich unmöglich, denn die Melodie einer Spieluhr ist nicht austauschbar. Und ein zweites Stück war ganz bestimmt nicht einprogrammiert, das hätte ich längst bemerken müssen. Mir wurde ganz mulmig zumute. Ich rief meine Großmutter in München an und wollte mich erkundigen, ob alles in Ordnung war, aber es hob niemand ab.

Am nächsten Tag musste ich zur Schule. Bevor ich das Haus verließ, bat ich meine Mutter zu versuchen, Oma zu erreichen. Als ich mittags heimkam, erwartete Mama mich schon mit verweinten Augen. Meine Omi war am Vorabend nach einem schweren Sturz ins Krankenhaus eingeliefert worden und dort gestorben.

Todesarie

Ich mochte meine Tante Annegret wirklich gern und ging oft mit, wenn meine Mutter sie besuchte. Annegret lebte allein und freute sich immer über Besuch. Das Einzige, was mir auf die Nerven ging, war ihr Musikgeschmack. Den ganzen Tag über lief Klassikradio: Opern, Operetten, alte Musik, Filmsoundtracks aus den Fünfzigern und Sechzigern. Bei uns zu Hause hörten wir so etwas nie. Eines Tages machte meine Mutter das Mittagessen. Sie ging hinunter in den Keller, Kartoffeln holen. Als sie wieder in die Küche kam, klang ihr laut eine Don-Giovanni-Arie entgegen. Das war seltsam, denn sie hörte beim Kochen immer unseren lokalen Dudelfunk. Meine Mutter schaute nach und bemerkte, dass sich die Sendereinstellung anscheinend selbständig gemacht hatte und beim Klassikradio stehengeblieben war.

Beim Mittagessen erzählte sie mir davon, aber wir dachten uns nichts dabei. Am späten Nachmittag bekamen wir einen Anruf von einer Nachbarin meiner Tante. Annegret war um die Mittagszeit an einem Herzanfall gestorben.

Die kaputte Küchenuhr

Meine Oma war schwer herzkrank und lag im Krankenhaus, nachdem sie drei Bypässe bekommen hatte. An diesem Nachmittag saß ich zu Hause und schaute mit einem Kumpel Videos. Wir bekamen Hunger und ich ging in die Küche, um ein paar Brote zu schmieren. Über der Spüle hing eine Uhr. Ich machte den Kühlschrank auf, da knallte plötzlich die Küchentür zu. Wahrscheinlich wegen des Durchzugs, denn die Balkontür im Wohnzimmer und ein Küchenfenster standen offen. Durch die Erschütterung fiel die Uhr hinunter und krachte auf die Spüle. Ich erschrak. Es war eine billige Plastikuhr mit Batterien, und der Aufprall dellte sie mehr als nur ein bisschen ein. Das Teil war total hinüber. Die Zeiger hatten sich verdreht und zeigten jetzt ungefähr auf zwanzig nach sechs, obwohl es erst halb vier nachmittags war. Sie bewegten sich nicht mehr, kein Ticken war zu hören. Ich legte die kaputte Küchenuhr auf den Tisch und ging zurück ins Wohnzimmer. Wir hatten gerade den zweiten Film durch (nein, es war kein Mystery- oder Geister-Streifen), als das Telefon klingelte. Meine Mutter war dran. Und sie weinte. »Ich bin gerade im Krankenhaus«, sagte sie leise in den Hörer. »Oma hat es nicht geschafft.« Ich fing auch zu heulen an und wollte wissen, was passiert war. Mama erzählte, Großmutters gesundheitlicher Allgemeinzustand sei zu schlecht gewesen und sie habe um zwanzig nach sechs für immer die Augen zugemacht.

Flügel der Seele

Dass in einem Pflegeheim manchmal seltsame Dinge geschehen, glauben die meisten Menschen wohl unbenommen. Den Häusern scheint stets eine Atmosphäre von Alter und Bedrückung anzuhaften, ein an Agonie erinnernder Hauch, der ihren Mauern innewohnt. Als hätten Kummer und Leid hier ein eigenes Reich errichtet, in dem die lebende Welt nichts verloren hat. Natürlich stimmt das gar nicht. Normalerweise sind die Einrichtungen vielleicht nicht unbedingt behaglich, aber doch familiär und freundlich. Das seltsame Unbehagen, das manche Besucher empfinden, spiegelt nur die Angst vor der eigenen Vergänglichkeit wider.

Ich arbeite seit mehr als 20 Jahren in einem Altersheim. Und natürlich sind dort auch viele Menschen, deren Leben zu Ende geht. Oft war ich die letzte Person, zu der sie gesprochen hatten. Die letzte, die sie berührt hatte. Einmal starb eine Frau eine halbe Stunde, nachdem ich ihr das Abendessen gebracht hatte. Ihr letzter Wunsch war, dass ich die leere Wasserflasche mit in die Küche nehmen sollte. Auch um dieser Banalität des Todes etwas entgegenzusetzen, pflegten meine Kolleginnen und ich ein Ritual: nämlich das Fenster des Zimmers weit zu öffnen, wenn ein Bewohner oder eine Bewohnerin darin starb, damit die Seele davonfliegen konnte. Nur einmal vergaß ich es. Und davon möchte ich erzählen.

Die Nacht war still und fast endlos gewesen. Als die Dämmerung kam, wirkte die Morgensonne grell und hart. Ich machte meine Runde und kam in einen Flur im hinteren Teil des Gebäudes. Ich sperrte Zimmer 19 auf und lugte durch den Türspalt. Die alte Dame im Bett rührte sich nicht. Ich steckte den Kopf hinein. Keine Atemzüge waren mehr zu hören. Als ich ans Bett trat, sah ich, dass die Frau tot war.

Ich ging zurück ins Schwesternzimmer und rief den dienst-habenden Arzt im Ort an. Das ist Vorschrift, denn nur ein Mediziner darf den Tod feststellen und die erforderlichen Leichenschaupapiere ausstellen. Dann schnappte ich mir eine Kollegin, die mich zu der verstorbenen Bewohnerin begleitete. Ich hatte die Tür abgeschlossen. Das war sie immer noch, aber als wir ins Zimmer kamen, lief der Fernseher. Ohne Ton. Meine Kollegin sah mich stirnrunzelnd an. Es war vollkommen unnötig, ihr zu erklären, dass ich das Gerät nicht eingeschaltet hatte und dass es bei meinem Kontrollgang auch nicht an gewesen war. Sie wusste auch so, dass das der Fall war. Als Nächstes fiel uns auf, dass die Uhr auf dem Nachttisch der Verstorbenen stehengeblieben war. Das Zifferblatt zeigte 4.30 Uhr morgens. Jetzt war es kurz nach halb sieben. In derselben Sekunde hatten wir beide den gleichen Gedanken. Wir sahen zu den Fenstern. Durch die schweren, samtenen Vorhänge rieselte nur ein schmaler Streifen Licht ins Zimmer, der auf sonderbare Weise blass und farblos wirkte, als würde er von einem unsichtbaren Schleier aufgesogen. Ich zog die Vorhänge zurück und öffnete das Fenster. Die Helligkeit und Wärme des Tages drängten herein. Das Sonnenlicht umspielte den Körper der verstorbenen alten Dame wie eine streichelnde Hand. Ich spürte eine Präsenz, wie eine Berührung der anderen, den menschlichen Sinnen normalerweise verschlossenen Welt, aber als ich mich darauf konzentrieren wollte, entglitt sie meinen Gedanken und war verschwunden. Mit einem plötzlichen Knistern ging der Fernseher aus. Und dann setzte sich der Sekundenzeiger der Uhr wieder in Bewegung.

Häufig, wenn ich diese Geschichte Menschen erzähle, die ebenfalls in Altersheimen oder Krankenhäusern arbeiten, bekomme ich Berichte von ähnlich eigenartigen Erlebnissen zu hören. Eine Kollegin etwa hatte zu einer Heimbewohnerin ein besonders inniges Verhältnis. Als es der alten Dame sichtlich schlechter ging, sagte die Kollegin halb im Spaß, halb ernsthaft zu ihr, sie dürfe erst von dieser Welt gehen, wenn sie, ihre Pflegerin, aus dem Urlaub zurück sei, damit sie bei ihr sein könne. Leider starb die Bewohnerin aber genau während dieser drei Wochen. Einige Tage später – das Zimmer war leer, also noch nicht wieder bewohnt – klingelte fast jeden Abend, wenn diese Kollegin Dienst hatte, das Empfangsgerät der Rufanlage im Personalzimmer. Immer um die Zeit, zu der sie die verstorbene alte Dame ins Bett gebracht hatte. Und das Sendegerät, von dem das Signal kam, befand sich unzweifelhaft in ihrem ehemaligen Zimmer. Niemand konnte sich das erklären. Techniker überprüften die Anlage, aber sie war völlig in Ordnung. Dann fiel der Pflegerin ein, was sie vor ihrem Urlaub zu der Bewohnerin gesagt hatte. Nach Einbruch der Dunkelheit ging sie in das Zimmer und rief die Verstorbene laut bei ihrem Namen. Sie sagte ihr, sie möchte sich nun von ihr verabschieden. Es tue ihr leid, dass sie nicht habe da sein können. Sie solle aber nicht mehr klingeln, da die Mitarbeiterinnen es mit der Angst bekämen. Die Kollegin redete noch eine Weile mit der Toten. Dann ging sie und verschloss die Tür. An jenem Abend hörte das Klingeln auf.

Der 90. Geburtstag

Ich war gerade im Grundschulalter, als der 90. Geburtstag meines Großvaters bevorstand. Erst viel später erzählte mir meine Mama, dass er immer wieder gesagt hatte, niemals 90 Jahre alt werden zu wollen, um nichts auf der Welt. An jenem Abend saß ich mit meinen Eltern im Wohnzimmer, der Fernseher lief. Auf einer Kommode stand ein Foto meines Opas. Auf einmal fiel das Bild um. Wir fuhren zusammen und fragten uns, wie das passieren konnte. Kein Fenster war offen und nicht einmal der Hauch eines Luftzugs wehte durchs Zimmer. Meine Mutter stand auf und stellte das Bild so hin, wie es immer gestanden hatte. Kaum hatten wir uns wieder ins Fernsehprogramm vertieft, rutschte das Bild über die Kante der Kommode, trudelte zu Boden und blieb mit der Aufnahme nach unten liegen.

Am nächsten Morgen klingelte in aller Frühe das Telefon, und man teilte uns mit, dass Großvater am Abend zuvor gestorben war – zwei Tage vor seinem neunzigsten Geburtstag.

Das Schreckensgesicht

Als Studentin wohnte ich in einem kleinen Ein-Zimmer-Appartement im Erdgeschoss. Am 14. Dezember spätnachmittags – aus verständlichen Gründen werde ich das Datum nie vergessen – saß ich am Schreibtisch und beschäftigte mich im Schein einer kleinen Lampe mit meiner Hausarbeit. Ab und zu hob ich den Kopf und schaute kurz aus dem Fenster. Draußen war es noch nicht ganz dunkel, aber wegen des Winternebels drang keine Helligkeit ins Zimmer.

Und plötzlich sah ich es: ein Gesicht. Vor der Scheibe. Es zeigte eine kalkige Blässe und wirkte seltsam verzerrt. Nase, Kinn und Ohren schienen eingefroren zu sein. Augen und Mund waren weit aufgerissen, als würde gerade etwas Furchtbares geschehen. Einen dazugehörigen Körper konnte ich nicht erkennen, auch einen Ausdruck zeigte das geisterhafte Antlitz nicht. Das Gesicht schien ganz auf den geöffneten Mund und die schreckgeweiteten Augen reduziert zu sein, eher einen Gemütszustand darstellend als eine Person. Und gerade dieses angedeutete, schweigende Schreien jagte mir Angst ein. Es war noch nicht spät, das Fenster ging zu einer belebten Straße raus und ich war nicht allein im Haus. Etwas Courage konnte ich mir also schon leisten. Zur Eingangstür waren es nur wenige Schritte, ich sprang aus meinem Zimmer, rannte durch den Hausflur, und schon stand ich in der dunstigen Kälte.

Mein Blick wanderte an der Häuserfront entlang. Das blassgelbe Licht meiner Schreibtischlampe sickerte durch die Fensterscheibe an der Fassade herab. Aber niemand stand da draußen und schaute in mein Zimmer.

Ich ging wieder hinein und setzte mich auf die Couch, etwas weiter vom Fenster weg. Hatte mein Kopf mir nach dem stundenlangen konzentrierten Lernen einen Streich gespielt? Dann ging das Telefon. Ich nahm den Hörer ab. Und brach weinend zusammen. Meine Mutter war gestorben – plötzlicher Herztod, auch Sekundentod genannt. Ursache war ein bis dahin unerkannter Herzklappenfehler gewesen. Ohne jedes Warnsignal hatte von einer Sekunde zur nächsten Kammerflimmern eingesetzt, die extremste Art der Herzrhythmusstörungen, die innerhalb weniger Minuten zum Tod führt. Hatte ich mehr als hundert Kilometer weit weg den entsetzlichen Schock und die Agonie meiner Mutter auf irgendeine geheimnisvolle Weise miterlebt?

Die Tagseite

Als ich 14 war, bin ich nachts aufgewacht und hatte so ein furchtbares Gefühl, lesen wir in einem weiteren Bericht im *bestatterweblog. Ich war fest davon überzeugt, dass mein*

25

Opa stirbt. Ich hab die ganze Nacht geweint. Inzwischen bin ich 30 und mein Opa lebt immer noch.[12]

Dunkle Ahnungen und Omen bewahrheiten sich also bei weitem nicht immer. Eigentlich dürften geheimnisvolle Geschichten wie die geschilderten sogar eher selten sein. Klar, diese Situation kennen wir alle: Seit Wochen haben Sie von Ihrer alten Freundin nichts gehört. Just in dem Moment, da Sie nach dem Hörer greifen, um sie anzurufen, klingelt das Telefon. Und wer ist dran? Natürlich genau diese alte Freundin.

Psi-Power? Nicht unbedingt.

Denn folgende Gegebenheiten passieren ebenfalls ständig: Wir denken an eine alte Freundin – und sie ruft nicht an. Wir denken nicht an eine alte Freundin – und sie ruft an. Wir denken nicht an eine alte Freundin – und sie ruft auch nicht an.

Das allerdings hinterlässt keinen bleibenden Eindruck bei uns. Denn wir nehmen vor allem Dinge wahr, die uns ins Konzept passen.

Schauen wir uns noch einmal ganz nüchtern die Geschichte von Frank und der zerbrochenen Kristallschale an. Keine Kamera war dabei, die das Unerklärliche dokumentierte. Keine Uhr hat gemessen, wann genau die Schale zersprang und wann der Sohn starb. Alles, was bleibt, ist die Erinnerung daran.

Und es genügt schon, die oft völlig entgegengesetzten Zeugenaussagen nach einem Autounfall anzusehen, um unserem Gedächtnis nicht mehr fraglos zu trauen. Psychologen

---

12 http://bestatterweblog.de/archives/Bleiben-Uhren-stehen,-wenn-jemand-stirbt/2327#c34949, eingestellt von »Anita« am 11. 09. 2008 um 20.47 Uhr.

wissen, wie sehr unser Gehirn nach einer Erklärung sucht, wenn die wahrgenommenen Fakten mysteriös erscheinen. Und je mehr wir emotional betroffen sind, desto drängender wird es für uns, die Puzzlestücke der subjektiven Erinnerungen zu einem harmonischen Bild zusammenzufügen, das unseren tiefsten Wünschen entspricht. Skeptiker bezweifeln nicht die Aufrichtigkeit des Erzählenden – sondern die Genauigkeit der Erinnerung.

Und dann gibt es noch eine weitere, oft übersehene psychologische Weisheit, die zudem gewaltig heruntergespielt wird: dass wir Menschen sehr empfindlich auf Zufälle reagieren. Die Psychologie des Zufalls ist ein so weites Feld, dass man ihr eigentlich ein eigenes Buch widmen müsste.[13]

Fragen wir uns zum Beispiel, warum im Jahr 2004 zahlreiche Zuschauer bei RTL anriefen und berichteten, dass während eines Auftritts des »Psi-Stars« Uri Geller bei »Stern TV« Glühbirnen im Haus funktionsunfähig wurden. Hat Geller tatsächlich übersinnliche Kräfte? Wohl kaum. Wenn wir annehmen, dass pro Zimmer eine Birne brennt und diese eine durchschnittliche Lebensdauer von 1000 Betriebsstunden hat, dann ist es ganz natürlich, dass in jeder Minute einer »Stern TV«-Sendung etwa 50 Glühbirnen kaputtgehen – bei rund vier Millionen Zuschauern und zirka zwei Stunden Sendedauer. Auch dass Geller Uhren anhalten oder wieder zum Laufen bringen kann, ist nichts Paranormales. Der Unterhaltungskünstler nutzt dabei lediglich die Tatsache, dass alte Uhren, die nach längerer Lagerung wieder hervorgeholt und dabei unweigerlich geschüttelt und erwärmt werden, oftmals wieder zu ticken anfangen, weil eingedicktes Schmieröl sich verflüssigt.

13 Vyse, Stuart A. (1999): *Die Psychologie des Aberglaubens*, Basel-Boston-Berlin: Birkhäuser, Seite 74.

Schon in den 1970er Jahren ergaben Versuche, bei denen eine Kontrollgruppe – also ohne Gellers Einfluss – ähnliche, teilweise sogar bessere Ergebnisse als der selbsternannte »Mystifier« erzielte. Es ist immer damit zu rechnen, dass zwischen 30 und 80 Prozent der Uhren plötzlich wieder funktionieren.

Dass der Mensch Schwierigkeiten mit dem Zufall hat, ist die Folge unserer Fähigkeit, geradlinig zu denken. Das Gehirn ist spezialisiert auf das Erkennen von Zusammenhängen: Der Himmel wird grau, kurze Zeit später regnet es. Die Säule wankt, dann kippt sie um. Die Fähigkeit, Zeichen zu deuten, ist überlebenswichtig. Sie führt aber dazu, dass auch zufällige Ereignisse in Verbindung miteinander gebracht werden. Zum Beispiel die Beschwörung der Handauflegerin und die Heilung einer Krankheit. Oder die Warnung des Astrologen und der Autounfall. »Alle Menschen haben die Tendenz, den Zufall zu unterschätzen«, sagt der Schweizer Neuropsychologe Dr. Peter Brugger.[14] Bei einem seiner wissenschaftlichen Experimente stieß der Leiter der Abteilung Neuropsychologie an der Neurologischen Klinik der Universität Zürich auf ein erstaunliches Phänomen: Versuchspersonen mussten eine möglichst zufällige Folge von Zahlen aufschreiben. Das war alles. Dennoch scheiterten die Probanden an der banalen Aufgabe. Warum? Der Mensch ist nicht imstande, eine zufällige Zahlenfolge aufzusagen. Unbewusst folgt er immer irgendwelchen Mustern. Brugger ist davon überzeugt, dass sich ein großer Teil von vermeintlich unerklärlichen Phänomenen auf diese Eigenschaft unseres Gehirns zurückführen lässt.

Sind solche Erklärungen verkopft und unbefriedigend? Mag

---

14 »Zufälle gibt's«. In: *NZZ Folio* – die Zeitschrift der Neuen Zürcher Zeitung, 12/04.

sein. Machen diese Erklärungen Betroffene und deren Erlebnisse lächerlich? Nein.

Der Großvater stirbt – und in diesem Moment bleibt die alte Wanduhr stehen. Fraglos ein seelisch aufwühlendes Zusammentreffen zweier Ereignisse. Diese Dinge, wird etwa im Leserforum bei *freundin.de* diskutiert, sollen sich auch im Krieg an der Front abgespielt haben. Die Soldaten haben in den letzten Sekunden wohl so stark an ihre Liebsten gedacht, dass genau dann der Uhrzeiger stehenblieb, es an der Tür geklopft hat oder Schränke und Türen klapperten.

Eine quantenmechanische Verschränkung? Physiker widersprechen hier den Parapsychologen vehement. Mit guten Gründen: Für eine funktionierende Gedankenübertragung oder energetische Beeinflussung müssten Milliarden Teilchen in den miteinander kommunizierenden Objekten (Gehirn und Uhr beispielsweise) »verschränkt« sein. Das sind sie aber nicht. Selbst in gezielten wissenschaftlichen Experimenten gelingt es ausschließlich unter Aufbietung aller Tricks der Experimentalphysik, die Verschränkung zweier Photonen auch nur für Sekundenbruchteile aufrechtzuerhalten. Danach sind die Teilchen schon wieder entschränkt.

Wir müssen zwei Aspekte der Quantenphysik unterscheiden: Geräte, wie zum Beispiel ein Computer oder ein Laser, funktionieren aufgrund von quantenphysikalischen Effekten. Ja, sogar unser Sehen und unser Atmen, das Wirken von Medikamenten und vieles mehr beruht auf atomaren Vorgängen, die nur mit Hilfe der Quantenphysik beschrieben werden können. Insofern ist unser ganzes Leben von der Quantenphysik beeinflusst. Das ist gewissermaßen die »normale« Quantenphysik, die beschreibt, wie die Atome miteinander umgehen.

Parapsychologen und Grenzwissenschaftler meinen aber etwas ganz anderes. Sie beziehen sich in ihren Erklärungsversuchen für übersinnliche Phänomene auf eine »verrückte« Quantenphysik. Und tatsächlich ist es richtig, dass die Quantenphysik Effekte zeigt, die unserer menschlichen Erfahrung völlig widersprechen und uns deshalb »verrückt« oder »absurd« erscheinen.

Würde beispielsweise der sogenannte Welle-Teilchen-Dualismus der Quantenphysik in unserer Alltagsumgebung zum Tragen kommen, könnten wir etwas sehr Seltsames beobachten: Ein Skiläufer fährt bergab auf einen Baum zu, teilt sich vor dem Baum in zwei Hälften, fährt links und rechts um das Hindernis herum, setzt sich anschließend wieder zusammen und verschwindet ins Tal. Das würden wir als unmöglich empfinden, weil wir so etwas nie gesehen haben. Aber Quanten verhalten sich mitunter so: Erst sind sie ein Körper (also ein Teilchen), dann verwandeln sie sich in eine Welle, die um ein Hindernis herumläuft, und werden danach wieder zu einem Körper. Nur: Es ist prinzipiell nicht möglich, quantenphysikalische Vorgänge, die ja nur in den allerkleinsten Elementarteilchen wirksam werden, auf Tische, Stühle, Tassen, Uhren oder Menschen zu übertragen. Hier sitzen die Parapsychologen zahlreichen Denkfehlern auf.

Alles in allem legt das den Schluss nahe, dass paranormale Erlebnisse in erster Linie wohl als psychologische Phänomene betrachtet werden sollten – von denen wir durchaus viele noch nicht erklären können. Wie auch im nächsten Kapitel.

2. Die Sache mit den Geistern

Die Nachtseite

Amy Winehouse und Paul McCartney, Veronica Ferres und Sandra Bullock, Jeanette Biedermann und Samuel L. Jackson, Claudia Schiffer und Kate Winslet – sie alle wollen schon einmal gruselige Erlebnisse mit Geistern gehabt haben. Der Schauspieler Samuel L. Jackson (»Pulp Fiction«, »Star Wars«) etwa sagte dem Onlinedienst *femalefirst:* »Es gab Leute aus unserer Nachbarschaft, die gestorben sind und die wir noch lange nach ihrem Tod gesehen haben. Wenn du nachts draußen warst und dich an den falschen Orten umgesehen und was Falsches gemacht hast, war da plötzlich diese Lady. Sie war tot, sie konnte nicht dort sein. Aber ich war nicht der Einzige, der sie gesehen hatte.«[15] Überspannter Hollywood-Klatsch? Marketinggag eines Stars, der auch Geisterfilme wie »Zimmer 1408« gedreht hat?

Oder nehmen wir den Skandalrocker Pete Doherty: »Mein Haus wird definitiv von Geistern heimgesucht«, erklärte der Exlover von Kate Moss in einem Interview. »Plötzlich hörst du eine wilde Party im Westflügel. Da war früher einmal der Angestelltenflügel, was gruselig ist. Wenn ich den Lärm höre, verstecke ich mich einfach.«[16]

Aber nicht nur sensible Künstler sehen manchmal Geister, sondern auch nüchterne Wissenschaftler. Der Brite Vic Tan-

15 http://www.focus.de/panorama/boulevard/bekenntnis_aid_63677.html
16 http://www.gofeminin.de/w/star/n490623/news/Pete-Doherty-glaubt-an-Geister.html

dy, Computeringenieur an der Universität von Coventry, arbeitete zu später Stunde noch allein in seinem Labor, als ihn plötzlich ein unheimliches Gefühl beschlich, welches in zahllosen Gruselgeschichten üblicherweise als »Schaudern« beschrieben wird. Obwohl niemand im Raum war, fühlte Tandy sich beobachtet. Dann huschte eine schemenhafte graue Gestalt an ihm vorbei und war in der nächsten Sekunde wieder verschwunden. Der Wissenschaftler wähnte sich übermüdet und maß dem Vorfall keine Bedeutung bei. Doch in der nächsten Nacht tauchte die Gestalt erneut auf: »Grau, verschwommen und an der äußersten Sichtgrenze«, beschrieb Tandy sie. Zugleich fingen die Bleistifte auf seinem Schreibtisch sowie eine Florettklinge von seiner Fechtausrüstung leicht zu vibrieren an.

Angesichts solcher handfester Erlebnisse rüsten sich auch im deutschsprachigen Raum immer mehr Para-Fans zur Geisterjagd. In Internetforen wie *geisternet.com* oder *gespensterweb.de* tauschen sie sich über ihre Vorgehensweise aus.[17] Die Organisation CEPI (Central European Paranormal Investigations) lädt sogar regelmäßig zu einer »Spuknacht im Geisterschloss« ein. Auf Schloss Fürsteneck bei Passau können Interessierte eine echte Geisterjagd mit einem Team von Geisterjägern miterleben – freilich ohne Gewähr. »Da es sich um eine authentische Untersuchung paranormaler Phänomene handelt, werden keine Tricks angewandt oder Dinge inszeniert. Falls sich Vorfälle ereignen sollten, so handelt es sich um reale Phänomene, die wir dokumentieren möchten«, erklärt die Organisatorin Lucia

---

17 Auch online kann man Geistern nachspüren. Eine Linksammlung zu »Ghost Cams« findet sich z. B. unter *http://ghoststudy.com/camlinks. html* oder *http://www.geisternet.com/Dokumentationen/GhostCams/ Ghost%20Cams.htm*

Moiné. »Allerdings ist zu sagen, dass es keinerlei Garantie dafür gibt, dass sich paranormale Phänomene ereignen werden.«

Was Geister eigentlich sind, darüber gibt es zahllose Vermutungen, von denen keine eine höhere Wahrscheinlichkeit für sich beanspruchen kann als eine x-beliebige andere: auf die Erde zurückkehrende Seelen? Tote, die sich noch nicht aus ihrem weltlichen Leben lösen wollen oder können? Gestalt gewordene Gedanken von Menschen mit außergewöhnlichen Fähigkeiten? Nichtmenschliche Lebewesen, Kreaturen aus einer anderen Dimension?

Die Zeitschrift *Glamour* stöberte einem Spuk auf Schloss Tratzberg im Tiroler Inntal hinterher.[18] Das 500 Jahre alte Renaissance-Bauwerk soll einige »unerlöste Seelen« beherbergen. Vor allem in den oberen Stockwerken wollen die Angestellten Geräusche wie schlurfende Schritte gehört haben, obwohl niemand dort sein konnte. Beim Besuch der Journalisten indes blieb alles ruhig. »Auf Schloss Tratzberg werden unterdessen die letzten Lichter gelöscht«, beschloss das Blatt seine Geistergeschichte. »Im angrenzenden Wald hinter dem großen Tor raschelt etwas. Genau an dieser Stelle werden in wenigen Stunden wieder Hunderte von Besuchern aus dem Touristenbähnchen steigen und sich mit einer spannenden Schlossführung ins Mittelalter entführen lassen. Dass Menschen jener Zeit noch heute durch die Gemäuer geistern, erfahren sie dabei nicht, denn darüber redet die gräfliche Familie nicht. Aber der eine oder andere wird es spüren, vielleicht.«

Gelegenheiten, vielleicht etwas zu spüren, gibt es viele. Nicht nur bei der CEPI-Spuknacht auf Schloss Fürsteneck[19], son-

18 »Gibt es Geister wirklich?« In: *Glamour* Nr. 24/03, Seite 56.
19 www.spuknacht.de

dern auch bei eher historisch angehauchten Ghostwalks[20] oder beim sogenannten »Urban Exploring«. Das ist eine neue Bezeichnung für – nicht immer ganz legale – nächtliche Ausflüge zu angeblichen Spukhäusern und unheimlichen Orten.[21]

Ob die Empfindsamen dann die Gegenwart der Seelen längst Verstorbener wahrnehmen? In den nachfolgenden Berichten scheint kein Zweifel daran möglich.

Im Dämmerlicht

Das Klopfen

Da wir als Großfamilie gern unter einem Dach leben wollten, kauften meine Eltern einen alten Bauernhof mitten in der Mark Brandenburg. Er war ziemlich heruntergekommen, aber innerhalb eines Jahres hatten wir das Anwesen umgebaut und saniert, nebst einem Neubau für meine Großeltern. Wenige Wochen vor Weihnachten zogen wir ein. Es war ein trüber Tag. Der Himmel zeigte sich von einem bleiernen Grau, wie es nur der November bringen konnte. Trotzdem waren wir bester Stimmung, auch wenn am Abend der Nebel direkt an der Hauswand festzukleben schien. Glühweinduft schwängerte die große Wohnstube, wo wir alle zusammen unser neues Domizil feierten. Überall standen mit Herbstblumen gefüllte Vasen.

Kurz nach 22 Uhr klopfte es plötzlich an die Tür. Dreimal

---

20 Infos z. B. unter www.historix-tours.de/Touren/Ghostwalks/
   ghostwalks.html
21 Zum Beispiel www.ortederangst.de oder www.forbidden-places.net

erklang ein dumpfes Pochen, dann war wieder Ruhe. Wir sahen einander verblüfft an. Unser Heim war relativ abgelegen, der Nachbarhof lag verlassen und die Erben wohnten in Hannover. Mein Vater stand auf und öffnete langsam die massive Holztür. Es war niemand da. Mein Vater ging ein paar Schritte nach draußen, starrte und lauschte in die Dunkelheit und kam dann mit einem Achselzucken zurück. Ich hatte mich ebenfalls erhoben und schaltete das Außenlicht ein. Der Schein des glockenförmigen Strahlers fiel wie ein großer, durchsonnter Trichter auf das Terrain. Durch das Licht bewegten sich zähe Dunstschwaden. Sonst nichts. Wir verschlossen die Tür und gingen bald schlafen.

Am nächsten Tag dachten wir nicht mehr daran – nicht ahnend, dass der Vorfall sich wiederholen und uns in den kommenden Wochen keine Ruhe mehr lassen sollte. An diesem Abend war es nur meine Mutter, die das Klopfen hörte. Sie saß in einem Lehnstuhl am Kamin und strickte. Die alte Wanduhr hatte gerade zehn Uhr geschlagen, da riss ein hohles Wummern gegen die schwere Tür meine Mutter aus ihrer Konzentration. Sie verharrte in ihrer Position und bewegte sich keinen Millimeter. Wenig später kam ich in die Wohnstube, um gute Nacht zu sagen. Etwas nervös, aber sehr gefasst erzählte mir meine Mutter, was geschehen war. Am darauffolgenden Abend versammelten wir uns alle gegen 22 Uhr in der Wohnstube und warteten schweigend darauf, dass das mysteriöse Geschehen sich wiederholte. Obwohl wir damit gerechnet hatten – oder vielleicht gerade deswegen –, schraken wir heftig zusammen, als es pünktlich um kurz nach zehn pochte. Dreimal. Dumpf, wie Herzschläge. Und diesmal dröhnte es uns besonders laut und unangenehm in den Ohren. Wie ein Laut aus einer fremden, irrealen Welt. Mein jüngerer Bruder überwand seine Erstarrung am schnellsten, sprang vor und riss die Tür auf. Soll ich sagen, dass ich einen Schatten zurückweichen sah, ein Phantom, verwischend wie ein Schleier aus Dunst? Die Wahrheit ist: Ich weiß nicht, was ich im Türrahmen gesehen habe. Vielleicht war da auch gar nichts.

Wir begannen, ein wenig in der Vergangenheit zu graben. Mein Vater führte ein langes Telefonat mit dem Vorbesitzer des Bauernhofs. Der druckste eine Weile herum, ehe er schließlich zugab, dass er das Klopfen auch gehört habe – jeden Abend um dieselbe Zeit, mehr als 20 Jahre lang. Eine Erklärung für das sonderbare Phänomen hatte er nicht. Es sei ja auch nie etwas passiert. Es klopfte halt nur, als ob jemand an der Tür wäre. Da dies aber offenkundig nie der Fall war, hatte der Landwirt dem Ganzen irgendwann einfach keine Beachtung mehr geschenkt. Möglicherweise war das gar kein so schlechter Rat, dachte ich mir. Aber dann lernte ich eines Tages zufällig eine alte Frau kennen, die schon sehr lange in der Gegend lebte. Mir blieb der Mund offen stehen, als sie mich geradeheraus fragte, ob mich und meine Familie das nächtliche Klopfen nicht stören würde. Ohne meine Antwort abzuwarten, erzählte sie mir von einer lange zurückliegenden Begebenheit.

Um das Jahr 1830 herum hatte ein Reisender sich hierher verirrt. Eine Bande von Wegelagerern heftete sich nach Einbruch der Dunkelheit an seine Fersen und er rannte um sein Leben durch die stockfinstere, menschenleere Einöde. Da sah er ein fernes Licht, wie einen einsam stehenden Stern. Und das bedeutete Hoffnung, Schutz. Mit letzter Kraft erreichte er das Gehöft. Er hämmerte gegen die Tür, schrie um Hilfe. Doch die Bewohner ließen ihn nicht ein. Am nächsten Tag fand man ihn mitten auf dem Feld – tot.

Jetzt verstand ich. Und beschloss, dem Spuk ein Ende zu bereiten. Gegen 22 Uhr wartete ich im Lehnstuhl in der Wohnstube. Nur eine Stehlampe ließ ich leuchten. Dennoch umgab mich mehr Schatten als Licht. Und dann klopfte es an der Tür.

Ich stand auf und öffnete. Es nieselte. Der Wind hatte zugenommen, aber die Bäume ringsum standen still und warfen unheimliche Silhouetten. Ich machte einen halben Schritt in die Dunkelheit und sagte laut: »Die Tür ist offen, bitte kommen Sie herein. Hier sind Sie in Sicherheit. Es ist alles gut.« Dann ging ich mit zittrigen Knien ins Haus zurück. Es war das letzte Mal, dass ich das Klopfen gehört hatte. Niemand von uns hörte es je wieder. Mein Bruder sagte zu mir, er fände es irgendwie schade, dass wir keinen Hausgeist mehr hätten. Aber ich kann gut darauf verzichten.

Sanfte Stimme

Meine Mutter war zu Besuch, um ihre kleine Enkeltochter mal wieder zu sehen. Inka war jetzt zwei Jahre alt. Als es Zeit für den Mittagsschlaf wurde, legten wir sie in das Kinderbettchen in ihrem Zimmer und setzten uns anschließend nach draußen in den Garten. Das Babyphon war eingeschaltet und plötzlich hörten wir über das Empfängergerät, dass Inka aufgewacht sein musste. Sie weinte und schrie. Ich drückte mich aus dem Stuhl hoch und war noch keine zwei Meter in Richtung Haus gegangen, da hörten wir eine andere Stimme aus dem Babyphon. Eine Frau. Sie sang. Ein wunderschönes Wiegenlied, sehr zart, sehr liebevoll.

Irritiert blieb ich stehen. Auch meine Mutter legte fragend die Stirn in Falten. Im Haus war niemand. Außer Inka natürlich. Ich überlegte kurz, ob das Gerät vielleicht ein falsches Signal aufgefangen hatte. Andererseits hatten wir erst kurz davor ein älteres 27-Megahertz-Babyphone ausrangiert, weil diese Frequenz auch von CB-Funkern genutzt wird und deshalb sehr störanfällig ist. Mit dem neuen 40-MHz-Gerät gab es eigentlich keine Probleme. Seltsam.

Der helle Gesang erklang weiter. Und Inka schien sich schnell zu beruhigen, ihr Weinen verebbte. Trotzdem wollten wir natürlich nachsehen, was da los war. Als wir Inkas Zimmer betraten, lag die Kleine ganz friedlich da und schlief gerade wieder ein. Zu hören war jetzt nichts mehr. Zu sehen auch nicht. Wir vergewisserten uns, dass nirgendwo ein Radio, Fernseher oder Kassettenrekorder lief, und gingen wieder zurück in den Garten. Auch das Babyphon selbst war kein Gerät der Sorte, welches Schlaflieder abspielen konnte.

Wir saßen etwa eine halbe Stunde draußen, da begann Inka wieder zu schluchzen. Und erneut fing sogleich eine leise Frauenstimme zu singen an. Diesmal rannte ich nach oben, so schnell ich konnte. Inka lächelte mich an. Ich nahm sie auf den Arm und trug sie nach draußen. Meine Mutter war in ihrem Gartenstuhl sitzen geblieben. Mit einem merkwürdigen Gesichtsausdruck betrachtete sie das Babyphon, das jetzt stumm war. »Ich kenne dieses Lied«, sagte sie sehr nachdenklich – und erzählte mir dann, es sei ein uraltes Wiegenlied, das ihre Mutter ihr beim Einschlafen immer vorgesungen hatte. Ich kannte meine Großmutter nicht, sie war schon vor meiner Geburt gestorben. Aber ich weiß jetzt, dass ich nicht panisch oder besorgt zu reagieren brauche, wenn ich übers Babyphon mal wieder die sanfte Stimme einer unsichtbaren Frau höre.

Alles ist gut

Die ganze Klasse war geschockt, als unser Mitschüler Torben tödlich verunglückte. »Geboren werden hat seine Zeit,

Sterben hat seine Zeit«, las der Pfarrer bei der Beerdigung aus der Bibel vor. Ich verstand zwar, dass dieser Satz mehr beinhaltete als bloß die biologischen Eckdaten. In dieser Formulierung schwang auch Einverständnis mit. Aber ich konnte mich nicht mit seinem Tod abfinden. Ich hatte Torben sehr gemocht. Ich war nicht in ihn verliebt und ich kannte auch kein Mädchen, das in ihm den schillernden Helden im trüben Alltag erblickt hätte. Aber er war ein wirklich prima Kumpel gewesen. Zuweilen hatte ich ihm sogar ein paar Details anvertraut, wenn ich Stress mit meinem Freund hatte. Danach fühlte ich mich stets ein wenig besser als vorher. Torben hatte zugehört, manchmal seine Meinung dazu gesagt und mich voller Mitgefühl, aber seltsam traurig angesehen. Er schien tiefer zu sehen als nur in meine Augen. Vielleicht hatte er heimlich für mich geschwärmt.

Mir kam die Idee, mit Torben Kontakt aufzunehmen. Zuerst übers Gläserrücken. Ich fing an damit, als ich wieder einmal total von meinem Freund genervt war. Während der Séance hatte ich das Gefühl, dass mich jemand am Kinn kitzelte. Wie ein superstarkes, überfallartiges Jucken oder Kribbeln. Schwer zu beschreiben, aber es tat seine Wirkung. Ich fühlte mich getröstet und glücklich. Später ging es auch ohne Hilfsmittel wie Glas, Pendel oder Quija-Brett. Wir kommunizierten oft in Gedanken und manchmal spürte ich ein Streicheln oder einen Luftzug. Eines Tages passierte etwas Seltsames: Ich radelte in die Stadt und trat kräftig in die Pedale. Die Sonne blendete. Für den Bruchteil einer Sekunde verlor ich die Orientierung. Ich kam von meiner Fahrspur ab, da hörte ich auch schon ein Geräusch hinter mir. Ein großer schwarzer Kombi kam mit röhrendem Motor auf mich zu. Der Wagen war keine fünf Meter mehr entfernt. Meine Wahrnehmung schien auszusetzen. Wie durch einen langen Tunnel erblickte ich plötzlich eine verschwommene Gestalt vor mir. Es war Torben. Ich sah, wie sein Mund sich öffnete und schloss, seine Stimme drang jedoch nicht zu mir durch. In meinem Kopf aber fügten sich blitzartig Bruchstücke von Worten zu einer Botschaft zusammen: »Hab keine Angst, es ist alles gut.«

Ein Reflex befahl meinem Körper, sich zur Seite fallen zu lassen. Das Fahrrad krachte scheppernd auf den harten Asphalt. Bremsen kreischten. Zentimeter neben mir kamen die Autoreifen zum Stehen. Die Fahrertür schwang auf, ein Mann sprang heraus und brüllte mit gerötetem Gesicht zugleich aufgebracht und erleichtert: »Bist du auf Blindflug oder was!?« Mühsam rappelte ich mich hoch. Es war nichts passiert.

Eigentlich hätte ich Gefallen an meinem jenseitigen Freund und Beschützer finden müssen. Aber unerklärlicherweise war das Gegenteil der Fall. Ich kam mir langsam genauso schäbig und egoistisch vor, wie ich es mitunter leise empfunden hatte, wenn ich Torben mit irgendwelchen Storys über meinen Freund zuquasselte. Wieso war Torben auch jetzt immer noch für mich da? Wollte er noch einmal Liebe empfinden, bevor er gänzlich auf die andere Seite wechselte? Ich spürte, dass ich Torben loslassen musste, damit er zur Ruhe kommen und gehen konnte. Obwohl es mir wahnsinnig schwerfiel, habe ich das schließlich getan. Und hoffe, dass er nun seinen Platz im Himmel finden kann.

Das Mädchen im Spiegel

Schon immer hatte ich mich im Haus meiner Schwiegereltern unwohl gefühlt. Es war nicht nur dieser typische muffige Museumsgeruch, der entsteht, wenn alte Wohnungen dämmrig und wenig belüftet sind. Auch das Knistern und Knarren der alten Dielen des Holzfußbodens störte mich nicht. Sondern diese düstere und irgendwie beklemmende Atmosphäre, die in mir eine instinktive Abneigung hervorrief. Ohne dass ich hätte sagen können, warum.

Mit den beiden alten Leutchen kam ich ganz gut aus, das war nicht das Problem. Und als sie kurz hintereinander starben, vermachten sie uns das Haus. Klaus, mein Mann, überredete mich, unser kleines Appartement aufzugeben und dort einzuziehen. Ziemlich unsentimental schmissen wir den ganzen alten Krempel raus, renovierten von Grund auf, strichen alles hell und eigentlich war es dann ganz okay. Auch von den Möbeln behielten wir nichts, bis auf die eine oder andere Antiquität. Darunter befand sich auch ein großer, schwenkbarer Standspiegel mit Eisenrahmen im klassischen Landhausstil. Er hatte im Schlafzimmer meiner Schwiegereltern gestanden, das wir ebenfalls zum Schlafen nutzten. Und dort fand er auch weiterhin seinen Platz.

Aber wenn ich gedacht hatte, mit ein paar kosmetischen Veränderungen im Haus auch meine negativen Gefühle zukleistern zu können, war das ein Irrtum. In der ersten Nacht fühlte ich mich so unwohl, dass ich unseren kleinen Fernseher im Schlafzimmer anmachte und laufen ließ, bis ich eingeschlafen war. Das wurde zur Gewohnheit. Mein Mann hatte einen gesegneten Schlaf und bekam meistens gar nichts davon mit. Der Apparat stand auf einem Sideboard direkt vorm Bett, der Spiegel etwa zwei Meter rechts davon. Das TV-Gerät leuchtete nur so vor schwarzer Helligkeit und erzeugte einen diffusen Raumeindruck. Es war schon spät, ich konnte wieder nicht einschlafen und mein Blick huschte unstet im Schlafzimmer umher. Der schwere Spiegel stand unbeweglich da. Kurz blieben meine Augen auf der Glasfläche haften. Und plötzlich sah ich in der Mitte eine Bewegung. Zuerst glaubte ich an eine Täuschung. Ich blinzelte, um das unheimliche Geschehen besser ausmachen zu können. Sehr schwach zeichnete sich in dem Spiegel ein Gesicht ab. Das Gesicht eines kleinen Mädchens. Das Bild wirkte seltsam verzogen und unscharf.

Ich erschrak auf das Heftigste. Ich riss das Kopfkissen hoch und hielt es mir vors Gesicht. Ich zwang mich dazu, klare Gedanken zu fassen. Konnte es sein, dass ich im Halbschlaf das Bild vom Fernseher mit einer Erscheinung im Spiegel verwechselt hatte? Das war die einzige vernünftige Erklärung. Langsam ließ ich das Kissen sinken und linste über den oberen Rand.

Der Anblick traf mich wie ein Schlag in die Magengrube. Etwas tat sich in dem Spiegel. Für mich sah es so aus, als würde etwas aus der Tiefe hervorsteigen. Das kleine Mädchen war immer deutlicher und konturenscharf auf der Spiegelfläche zu sehen. Ihr Körper schien ständig in Bewegung zu sein und sich dabei geringfügig zu verändern. Es hatte ein blutverschmiertes Kleidchen an, das vielleicht einmal rosa gewesen war. Das Gesicht des bleichen, körperlosen Phantoms brachte Trauer und Wut zum Ausdruck – mit einer beängstigenden Intensität, die mich zurückweichen ließ.

Ich saß jetzt aufrecht im Bett und bekam vor Anspannung feuchte Hände. Wie in Zeitlupe sah ich mich zu Klaus hinüberdrehen. Endlich löste ich mich aus meiner Erstarrung und versuchte, meinen Mann wachzurütteln. Er schnaubte nur kurz und reagierte nicht weiter.

Der Fernseher strahlte eine helle Szene in den Raum, dann folgte ein schneller Bildwechsel zwischen hellen und dunklen Motiven. Das Flackern zerrte an meinen ohnehin schon überreizten Nerven. Mein Blick irrlichterte wieder zum Spiegel. Die Glasfläche reflektierte ein wenig von dem unsteten Licht- und Schattenspiel, das vom Fernseher ausging. Sonst nichts. Das Mädchen war verschwunden.

Ich richtete meinen Oberkörper ganz auf und schaute vorsichtig in den Spiegel. Eine rasche, wellenförmige Bewegung lief über die Oberfläche. Ein Gesicht erschien, mein Herz setzte für einen Schlag aus, aber es war nur mein eigenes, das irgendwie ganz anders aussah als sonst. Als würde der Spiegel alles Gute ausfiltern und nur das Schlechte zurückwerfen. Kraftlos sank ich ins Kissen zurück. Und stieß vor Entsetzen einen Schrei aus, der grässlich von den Wänden widerhallte. Das kleine Mädchen stand direkt neben mir, am Kopfende des Betts. Ein kalter, widerlicher Blick traf mich, als wollte er mich zerteilen und meine Seele spalten. Das Gesicht des Kindes wirkte grau, aschig und gleichzeitig verzerrt. Über dem kleinen Wesen lag ein düsterer Schatten, als würden Dunstfetzen an ihm vorbeistreichen.

Klaus fuhr aus dem Schlaf hoch. Die Luft im Schlafzimmer schien immer noch unter dem Klang meines panischen Schreis zu erzittern. »Was ... was ist los?«, stammelte er völlig desorientiert und griff instinktiv nach meinem Arm. Schnell sah ich mich um. Aus dem Fernseher flimmerte irgendeine Comedy-Sendung ins Schlafzimmer, schepperndes Gelächter aus der Konserve und schrille Pfiffe schwollen an und verebbten wieder. Alles war wie immer.

Meine Gedanken flossen ohne mein Zutun und verschwammen ineinander, bis das, was geschehen war, mir nur noch wie ein nebelgraues, unbestimmtes Etwas vorkam. Meine Stimme war kaum mehr als ein Flirren, als ich stockend zu erzählen begann. Klaus runzelte die Stirn, verzog den Mund, sah mich prüfend an. Verständlicherweise hielt er alles für einen bösen Traum. Sanft versuchte er mich zu trösten, aber so schnell konnte und wollte ich mich nicht beruhigen. Keine Minute mehr würde ich mit diesem verfluchten Spiegel in einem Raum verbringen. Mein Mann seufzte leise und wusste nicht, was er darauf antworten sollte. Er schaute zum Spiegel, der völlig normal aussah. Dann schälte Klaus sich träge aus dem Bett. Er trat so nahe an den Spiegel heran, dass er ihn mit den Fingerkuppen berühren konnte, und strich leicht über das Glas. Und dann, nur für einen flüchtigen Moment, änderte sich fast unmerklich sein Gesichtsausdruck. Obwohl ich meinen Mann schon seit mehr als acht Jahren kannte, wusste ich seine Mimik nicht zu deuten. Augenblicklich hatte er sich wieder unter Kontrolle. Seine Züge verrieten nichts. Wie abgeschaltet. Stoisch packte Klaus den schweren Eisenrahmen und wuchtete den Spiegel aus dem Schlafzimmer in die Diele. Trotzdem lagen wir beide wach bis zum Morgengrauen.

Ich wollte den Spiegel zerschlagen, aber eine abergläubische Furcht hielt mich davon ab. Was, wenn ich das Grauenvolle, das darin gefangen zu sein schien, durch eine solche Handlung erst freilassen würde? Ein Antiquitätenhändler holte das Ding schließlich ab. Seitdem haben wir nie wieder etwas davon gehört.

Ein paar Wochen später fand ich auf dem Dachboden, in einer der noch verbliebenen Kisten, die schon vor unserem Einzug dort still vor sich hin moderten, ein altes Fotoalbum. Mein Magen zog sich zusammen und ich schluckte nervös, als ich es durchblätterte. Auf den Bildern waren kleine Kinder zu sehen. Mädchen. Zuerst in Alltagsposen, im Garten, im Haus, bei Geburtstagsfesten oder Weihnachtsfeiern. Dann veränderten sich die Situationen und Kulissen. Ein Foto zeigte ein kleines Mädchen am Strand, das durchs knietiefe Wasser watete und lachend auf den Betrachter zukam. Ein dünnes, durchsichtiges Kleidchen klebte nass an seinem kindlichen Körper und enthüllte alle Konturen. Es folgten eine Reihe von FKK-Aufnahmen anscheinend desselben Mädchens. Und dabei blieb es nicht.

Ich spürte, wie die Übelkeit in mir hochstieg. Ahnungsvoll und dennoch fast zwanghaft blätterte ich immer weiter. Bis ich die vor Schreck geweiteten Augen des Mädchens, das flehentlich in die Kamera starrte, nicht mehr ertragen konnte.

Klaus kam an diesem Abend spät nach Hause. Zuallererst wollte ich von ihm wissen, was er in jener Nacht in dem Spiegel gesehen hatte. Klaus versuchte es mit ein paar Witzchen, aber ich ließ nicht locker. Dann wurde er ernst. Sehr ernst sogar. Selbstverständlich gehe er davon aus, dass er sich bloß etwas eingebildet habe, holte er umständlich aus. Schließlich sei der Übergang von Realität zu optischer Täuschung fließend, wenn man in einem dunklen Raum konzentriert in einen Spiegel starre und die eigene Partnerin eine scheußliche Gruselgeschichte dazu erzähle.

Aber wenn ich es unbedingt wissen wolle: Er habe einen Schrei in dem Spiegel gehört. Einen verzweifelten Schrei, der aus der Tiefe von Raum und Zeit an sein Ohr zu dringen schien. Und er sah ein kleines Mädchen, das von einem Mann brutal geschlagen wurde. Die Szenerie habe wie ein verlaufenes Gemälde gewirkt. Etwa eine Sekunde lang. Dann sei da wieder nur die glatte Spiegelfläche gewesen.

Ich zeigte Klaus das Fotoalbum. Er war total schockiert. Woher die Kisten auf dem Dachboden kamen, konnten wir nicht mehr nachvollziehen. Gut möglich, dass seine Eltern sie für jemanden eingelagert hatten, ohne zu wissen, was sich so alles darin befand.

Kurzum: Die Kisten ließen wir wegschaffen und verbrennen. Das Rätsel um das kleine Mädchen aber blieb ungelöst.

Und einen Geist sah ich auch nicht mehr. Ich fand nie heraus, wer die Kleine war oder was aus ihr geworden ist.
Und ganz offen gesagt weiß ich auch gar nicht, ob ich das wirklich wissen will.

Geschenkte Lebenszeit

An einem Samstagabend brachten meine Eltern mich ins Krankenhaus. Seit einigen Tagen schon schwitzte ich, dass ein Saunabesuch eine Lachnummer dagegen war. Obwohl ich wahnsinnig viel trank, wurde es kein bisschen besser, im Gegenteil. Ich bekam starke Brustschmerzen und fing wie wild an zu husten. Den ganzen Samstag über ging es mir total schlecht. Plötzlich wurde mir eiskalt, und ich wusste nichts Besseres, als mich in die heiße Badewanne zu legen. Das war ein Fehler. Anschließend brach der Schweiß erst so richtig aus allen Poren, ich kroch eigentlich nur noch im Bad herum und wusste nicht mehr so recht, wie mir geschah. In der Klinik sahen sie mir die akute Lungenentzündung schon von weitem an. Ich bekam gleich eine Sauerstoffmaske und ein paar Schläuche verpasst. Richtig cool war die Warmluftdecke, wie gesagt, fror ich ja vor Hitze. Ich wollte eigentlich nur noch in Ruhe schlafen – auch wenn sich von irgendeinem Winkel meines Gehirns wie eine Giftschlange der Gedanke anschlich, dass ich vielleicht nicht mehr aufwachen würde.
Aber als ich so dalag, geschah etwas Seltsames: Neben mir hörte ich leises, sehr helles Kinderlachen. Mühsam drehte ich mich auf die Seite. Es war schon dunkel und nur eine Neonleuchte an der Decke strahlte ein bläuliches, fluoreszierendes Licht aus. Rechts von mir befand sich ein leeres Bett. Sauber und desinfiziert und auf den nächsten Patienten

wartend. Aber das Bett war eingedrückt, als ob dort jemand sitzen würde! Dann verschwand die Sitzmulde plötzlich. Und im nächsten Augenblick starrte ich auf ein kleines, mageres Mädchen, das mitten im Zimmer stand. Es war nichts Besonderes an der Kleinen, ein ganz normales Kind, und es wirkte auch nicht gruselig. Ich war sogar versucht, einfach »hallo« zu sagen, aber die Sauerstoffmaske über Mund und Nase hinderte mich daran. Die Kleine musterte mich reglos und neugierig. Jemand machte sich an der Tür zu schaffen, die Nachtschwester kam mit einem Arzt herein. Für eine Sekunde war ich abgelenkt, und als ich wieder hinsah, war das Mädchen nicht mehr da. Ein Fiebertraum? Mag sein, aber normalerweise sind Fieberträume richtig ätzend – nicht so klar und real wie das, was ich erlebt hatte.

Gegen ein Uhr nachts war alles Lebensbedrohliche erst mal ausgestanden. Dem Arzt war die Erleichterung anzusehen. Meinen Eltern sagte er später, er habe das Schlimmste befürchtet. Und meine rasche Heilung sei äußerst ungewöhnlich. Denn bei jungen Menschen breche Pneumonie sehr plötzlich und stark aus. Erst zwei Wochen zuvor sei ein sieben Jahre altes Mädchen tragischerweise an Lungenentzündung gestorben – im selben Krankenzimmer, in dem ich lag. Natürlich habe ich dem Doktor mein nächtliches Erlebnis nicht auf die Nase gebunden. Aber ich bin mir auf jeden Fall sicher, dass die Kleine ihre Jahre, die sie nicht leben kann, weil sie zu früh gehen musste, mir überlassen hat.

Love you forever

Ich hatte meinen Freund bei einem Uniseminar kennengelernt. Er war ein romantischer Typ und konnte seine Empfindungen stets gefühlvoll und leidenschaftlich zum Ausdruck bringen. Heimlich steckte er mir kleine herzförmige Liebesbriefe in die Tasche. Und nie vergaß er Termine wie unseren Jahrestag oder den Valentinstag.

Obwohl wir untertags fast immer zusammen waren, rief Florian abends regelmäßig an. Am 5. März 2007 war das Telefonat nur kurz. Florian hatte Fieber und fühlte sich müde und schwach. Was er sagte, hörte sich ungewöhnlich dramatisch, fast beschwörend an: Ich solle immer daran denken, dass er mich aus tiefstem Herzen und von ganzer Seele liebe und nicht einmal der Tod uns trennen könne.

Mitten in der Nacht spürte ich im Halbschlaf, wie etwas Kaltes meine Wange berührte. Jemand flüsterte meinen Namen. In mein Bewusstsein sickerte die merkwürdige Gewissheit, dass etwas Unwiderrufliches geschehen war. Trotzdem schlief ich wieder ein. Am nächsten Morgen bemerkte ich als Erstes, dass Florian noch keine SMS geschickt hatte. Das war ungewöhnlich. Etwa eine Stunde später rief mich seine Schwester an. Florian sei noch in der Nacht ins Krankenhaus eingeliefert worden und dort an einer akuten Herzmuskelentzündung gestorben.

In den darauffolgenden Tagen fand ich noch immer seine herzförmigen Liebesbriefe in meiner Tasche, aber in meinem Schmerz und meiner Verwirrung konnte ich nicht mit Sicherheit sagen, ob es nicht vielleicht alte waren. Weitere seltsame Dinge geschahen: Wenn ich fast ohnmächtig vor Verzweiflung war und mich kaum noch rühren konnte, erklang im Radio plötzlich unser All-Time-Song, »Only a women's heart« von Eleanor McEvoy, der normalerweise sehr selten gespielt wird.

Etwa sechs Wochen nach Florians Tod bat mich seine Mutter, ihr dabei zu helfen, einige seiner Sachen auszuräumen. Als ich hinkam, fiel mir gleich der intensive Duft von Maiglöckchen auf. In dem kleinen Vorgarten hatten Florian und ich Anfang März Maiglöckchen und andere Frühlingsblumen gepflanzt. Seitdem war das Beet nicht mehr gegossen worden. Doch nun blühte ein Teppich von Maiglöckchen, die herrlich dufteten – meine Lieblingsblumen. Alle anderen Pflanzen waren eingegangen.

Am 22. August hatte ich Geburtstag. Von meinen Eltern bekam ich morgens einen bunten, ausgefallenen Blumentopf mit Dekoherzballons geschenkt. Am Abend, als ich schon ein paar Gläser Sekt getrunken hatte, sah ich, dass ein Ballon sich hin und her bewegte, obwohl die Fenster geschlossen waren und kein Luftzug ging. Jetzt erst bemerkte ich, dass der Ballon den roten Aufdruck »I love you« trug. In Gedanken bat ich Florian, die Verzierung so herumzudrehen, dass ich den Schriftzug ganz lesen konnte. Und tatsächlich: Der Folienballon vollführte eine Drehung, bis die drei Wörter direkt vor meinen Augen standen.

Seitdem weiß ich, dass Florian immer und überall bei mir ist.

Was machst du in meinem Haus?

Als Studentin wohnte ich zur Untermiete bei einem älteren Ehepaar. Die beiden waren sehr nett und herzlich und ich hatte nie Probleme mit ihnen. Aber einige Wochen nach meinem Einzug begannen sich rätselhafte Vorfälle zu häufen. Obwohl ich einen sehr gesunden Schlaf habe, wachte ich eines Nachts plötzlich auf. Der Vollmond schien durchs Fenster, das Bett badete in seinem kalten Licht. Ich hörte, wie im Flur vor meiner Zimmertür jemand auf und ab ging. Dumpf und traurig klangen die Schritte. Trotzdem konnte ich sie laut und deutlich hören. Ich richtete mich kerzengerade auf. Von meinen Vermietern lief nie jemand nachts in diesem Teil des Hauses herum. Die Schritte verstummten direkt vor der Tür. Dann war es wieder still.

Am nächsten Morgen trank ich mit Alma, der Ehefrau des Vermieters, einen Kaffee. Beiläufig erwähnte ich, dass sich letzte Nacht jemand meiner Tür genähert habe. Zu meiner Überraschung erntete ich keinerlei skeptische Reaktion. Im Gegenteil. Alma fing an zu erzählen, dass sie schon seit vielen Jahren nachts im Haus Schritte hörte. Am Anfang habe sie das beunruhigt, aber Gelassenheit komme schließlich durch Klugheit und Alter.

Da mochte wohl was dran sein. Seltsam fand ich das Ganze trotzdem. Am selben Abend war Fritz, ihr Mann, bei seiner wöchentlichen Skatrunde. Ich saß mit Alma im Wohnzimmer, wir sahen fern. Aus der Küche drangen unvermittelt Geräusche, wie von Haushaltsgegenständen, die sich selbständig machten. Ich stand auf und ging nachsehen. Als ich den kleinen Raum betrat, verstummte das Getöse abrupt. Eine Ursache für das, was wir gehört hatten, war nicht auszumachen. Noch während ich mir über dieses Problem den Kopf zerbrach, ließ mich ein lautes Poltern zusammenfahren, wie von einem schweren Aufprall. Die Decke vibrierte leicht. Der Krach kam eindeutig vom Dachboden. Ich stürzte zurück ins Wohnzimmer und fragte Alma, ob sie das auch gehört habe. Sie sah mich leicht verwirrt an und sagte: »Ich dachte, das wärst du.« Ich ließ den Speicher Speicher sein. Finden würde ich wohl sowieso nichts, genauso wenig wie in der Küche.

Ein paar Tage darauf kam ich spätnachmittags nach Hause. Am Wohnzimmerfenster im ersten Stock stand eine Frau und starrte zu mir herunter. Sie trug eine einfache Kittelschürze und hatte die Haare streng nach hinten gekämmt und zu einem Dutt zusammengebunden. Vom Gesicht der

Frau konnte ich kaum etwas erkennen. Es wirkte ausdruckslos und monochromatisch, als würde ich ein Schwarzweiß-Negativ betrachten.

Ich betrat das Haus durch einen separaten Eingang, der direkt zu meinem Zimmer führte. Abends fragte ich Alma, wer ihr Besuch gewesen sei, den ich am Fenster gesehen hatte. Sie schüttelte irritiert den Kopf. Niemand war da gewesen.

Alma und Fritz fuhren zwei Wochen auf Kur. Ich goss im ganzen Haus die Blumen und wischte Staub. Und bekam den Schock meines Lebens. Ich musste an diesem Morgen nicht zur Uni und erledigte meinen täglichen Kontrollgang durch das ganze Haus. Ich kam zum Schlafzimmer meiner Vermieter, drückte die Klinke herunter, die Tür schwang langsam nach innen auf. Schwungvoll trat ich ein – und prallte zurück, als wäre ich gegen eine Glaswand gelaufen.

Das Bett hätte leer und unberührt sein müssen. War es aber nicht. Eine Frau lag darin. Sie war tot. Die Hände waren ihr auf der Brust zusammengelegt worden. Sie sah aus, als würde sie friedlich schlafen. Vier große Kerzenleuchter standen rechts und links um das Bett. Das Licht floss über das Gesicht der Frau und bildete ein Muster aus Hell und Dunkel. Ich kannte die Tote nicht. All das registrierte ich innerhalb von einer Sekunde. Vor Schreck erstarrte ich. Vor meinen Augen hatte sich etwas Fremdes, völlig Unvorstellbares ausgebreitet. Das ging über meinen Verstand. Ich schrie nicht, ich lief nicht weg. Es war grässlich, aber ich musste einfach hinsehen. Und dann schien ich aus einem verstörenden Traum zu erwachen. Eine wunderbare Entspannung verdrängte schlagartig meine Erschütterung. Unendlich erleichtert bemerkte ich, dass die Dinge sich wieder so verhielten, wie sie sollten. Da war ein leeres Schlafzimmer. Und ein gemachtes Bett mit unberührter Tagesdecke. Ich ging rückwärts hinaus und ließ die Tür offen.

Ich zögerte lange, Alma davon zu erzählen, tat es aber schließlich doch. Sie reagierte wieder ziemlich gelassen. Früher habe man die Toten meist zu Hause aufgebahrt, erzählte sie, damit die Verwandten im engen Kreis Abschied von ihnen nehmen konnten. Dann wurde der oder die Verstorbene von zu Hause zum Friedhof überführt. Das war der normale Ablauf bis zum Zweiten Weltkrieg.

Ihre Mutter, eröffnete mir Alma schließlich, sei 1937 gestorben. Von ihr habe sie das Haus geerbt. Immer habe ihre Mutter gesagt, dass sie keine fremden Leute in ihren vier Wänden haben wolle – also keine Mieter. Alma lächelte entschuldigend, als sie das sagte.

Seitdem glaube ich an Geister.

Endgültig

Mein Mann ging am 18. November 2008. Wir hatten einen schweren Streit und er verließ die Wohnung, um »frische Luft zu schnappen«, wie er sagte. Ich hielt ihn nicht zurück. Das verfolgt mich heute noch bis in meine Träume, aber wie hätte ich ahnen sollen, dass ein ungnädiges Schicksal in diesem Augenblick unsere endgültige Trennung bestimmte?

Das Einzige, was mir etwas Halt gibt, ist ein merkwürdiges Erlebnis, das ich hatte, bevor der Verlust Wirklichkeit wurde. Mein Mann schnappte sich seine Jacke und ging in die Nacht hinaus. Ich legte mich entnervt ins Bett und konnte natürlich nicht sofort einschlafen. Ich weiß nicht, wie lange ich so dalag. Die Stille war bedrückend. Immer wieder wälzte ich mich von einer Seite auf die andere. Ich bemerkte kaum, dass mir die Augen zufielen.

Plötzlich wurde ich wach. Ein leises Geräusch drang durch die Dunkelheit, ein Schluchzen. Andy, mein Mann, saß auf dem Bettrand, mit dem Rücken zu mir, und hielt sein Gesicht in den Händen. Ich konnte Männer noch nie weinen sehen und murmelte ein paar Trostworte. Sie klangen matt und waren auch eher aus Verwirrung geboren. Andy ließ sich nicht beruhigen. Er stammelte, es sei nur seine Schuld, es sei alles seine Schuld. Und dass es nun endgültig sei.

Ich fühlte eine unerklärliche Müdigkeit, die mich ins Bett drückte. Zugleich empfand ich Andys Worte als schlimm und beklemmend. Ich versuchte zu widersprechen, sagte ihm, dass er nicht übertreiben solle und wir morgen noch mal über alles in Ruhe reden würden. Wahrscheinlich flüsterte ich nur, aber es hörte sich ebenso laut an wie ein normal gesprochenes Wort. Andy schüttelte den Kopf. Er fing an, sich selbst anzuklagen, und sagte, dass er mich nun verlassen müsse. Ich solle ihm verzeihen, wenn ich könne.

Ich dachte, dass Andy wohl betrunken sei, und mit diesem Gedanken schlief ich wieder ein. Das Letzte, was ich sah, war eine Art Nebelwolke, die ins Schlafzimmer hineingeweht wurde und die sich lautlos Andy näherte. Als ich am Morgen erwachte, war das Bett neben mir leer. Mehr noch: Es war völlig unberührt. Eine dumpfe Angst wuchs in mir. Leider sehr begründet, wie sich wenig später herausstellte, als zwei Polizeibeamte sowie ein Seelsorger an der Tür klingelten. In den frühen Morgenstunden war Andys Leiche gefunden worden. Anscheinend hatte ihn spätnachts ein Auto mit hoher Geschwindigkeit angefahren und in den Straßengraben geschleudert. Von dem Fahrer fehlte jede Spur.

Wenn ich traurig bin, hilft mir die Erinnerung an dieses mysteriöse Ereignis. Konnte Andy nach seinem kurzen Besuch bei mir versöhnt sterben? Ich hoffe es.

Omi und Verena

Mein erstes Kind war nach einer Herzoperation gestorben. Dementsprechend besorgt war ich, als Maike wegen einer Mandelentzündung ins Krankenhaus musste. Sie war gerade erst fünf geworden. Aber der Eingriff verlief problemlos. Schon bald danach spazierte ich mit ihr durch den Park des Kinderklinikums. Außer uns war kaum jemand in der weitläufigen Anlage unterwegs. Wir setzten uns auf eine Bank. Maike schaute dauernd zu der kleinen Sitzgruppe mit zwei Parkbänken direkt gegenüber. Ich wollte wissen, was sie dort sah. Maikes Antwort verschlug mir fast die Sprache: »Da sind doch Verena und Omi.«

Verena – das war der Name meiner verstorbenen Tochter. Maike war erst zwei Jahre nach ihrem Tod auf die Welt gekommen. Auch ihre Omi, also meine Mutter, hatte sie nie kennengelernt. »So, so«, lächelte ich schließlich, »dann sag mir doch mal, wie die Omi aussieht.« In unserem Wohnzimmer stand ein Foto von meiner Mutter, auf dem sie 68 Jahre alt war – graue Haare, hell leuchtende blaue Augen, weiße Bluse. Ich erwartete, dass Maike ihre Omi nach diesem Bild beschreiben würde. Aber da täuschte ich mich.

Die Person, die Maike schilderte, entsprach in geradezu unheimlicher Genauigkeit meiner Mutter – allerdings zu der Zeit, da ich selbst etwa in Maikes Alter gewesen war. Ich fragte sie nach Verena, genauer gesagt nach dem, was sie anhatte. Maike redete munter drauflos. Mit jedem Wort rutschte ich nervöser hin und her. Maike kannte natürlich auch Fotos von ihrer Schwester. Aber sie beschrieb exakt die Kleidung, die Verena an dem Tag getragen hatte, als sie ins Krankenhaus kam. Und davon hatte ich ganz bestimmt keine Aufnahme gemacht.

Ich wusste nicht, was ich sagen oder tun sollte. Ich saß einfach nur da und beobachtete Maike. Nach einer Weile hob sie ihre kleine Hand und winkte. Dann wandte sie sich wieder mir zu. »Sind Omi und Verena jetzt weg?«, fragte ich sie mit zitternder Stimme. Maike nickte bestimmt. Die beiden seien ganz lieb, erklärte sie mir. Sie hätten ihr zugelächelt und seien dann wie in einem Nebel verschwunden.

Der tote zukünftige Schwiegervater

Ich sah das Foto – und dachte, ich spinne. Seit einem halben Jahr war ich mit meinem neuen Freund zusammen. An diesem Abend besuchten wir zum ersten Mal seine Familie, die weit entfernt in einer anderen Stadt lebte. Genauer gesagt: seine Mutter, seine jüngere Schwester und seine Oma. Andreas' Vater war etwa ein Jahr zuvor bei einem Arbeitsunfall ums Leben gekommen. Ich hatte ihn nicht mehr kennengelernt.

Aber das Gesicht auf dem Foto, das auf einer Ablage des Wohnzimmerschranks stand, kannte ich. Ich muss wohl ziemlich bleich geworden sein, denn Andreas fragte mich scherzhaft, ob ich einen Geist gesehen hätte. So etwas Ähnliches, dachte ich bei mir und wollte wissen, wer der Mann auf dem aufwendig gerahmten Bild sei. Obwohl ich die Antwort schon ahnte. »Das ist mein Vater«, sagte Andreas. Zum Glück fragte in dem Moment seine Mutter irgendwas wegen des Abendessens, so dass ich mich nicht zu erklären brauchte. Erst vier Jahre später, am Tag unserer Hochzeit, erzählte ich Andreas, was es mit dem Bild auf sich hatte.

Es geschah zwei oder drei Monate, bevor ich Andreas traf. Mitten in der Nacht weckte mich etwas. Körperlich war niemand bei mir, aber ein warmes Kribbeln lief durch mich hindurch. Ich lag da und schaute zur Decke. Und plötzlich schien die nächtliche Schwärze an einem bestimmten Punkt über mir zu flüchten. Aus der Dunkelheit schälte sich ein Gesicht und graublaue Augen blickten mich an wie zwei ferne Sterne. Ich schrak zusammen und in meinem Kopf gab es in diesem Moment sicherlich keine freie Stelle mehr fürs Denken, aber ich hatte keine Angst. Es war das Gesicht eines Mannes. Es senkte sich etwas zu mir herab, wirkte weder verschwommen noch geisterhaft oder furchteinflößend, sondern schien mich einfach nur interessiert zu mustern. Nach einigen Sekunden – ich weiß nicht, wie viel Zeit verging – zerfloss die Erscheinung zu einem breiigen Schein, die Intensität nahm ab. Ich war wieder allein. Aus der Traum.

Aber war es das überhaupt – ein Traum? Seitdem ich das Bild in Andreas' Elternhaus gesehen habe, bin ich sicher: Nein. Denn es war das Gesicht seines Vaters, das in jener Nacht über meinem Bett schwebte. Einige Wochen bevor wir uns kennenlernten.

Als wir uns dann das Jawort gaben, erzählte ich Andreas davon. Er war zuerst skeptisch, aber ich sagte, ich wisse genau, was ich gesehen hatte. Da nahm er mich lachend in den Arm und sagte: »Dann kann ja wohl nichts schiefgehen mit uns beiden.«

Helfen Sie meinem Baby!

Im Polizeibericht stand natürlich nichts davon. Und auch nicht in der Presse. Nur mein bester Freund Ingo und ich wissen von der Geschichte.

Es ist jetzt drei Jahre her. Wir fuhren nachts auf einer Landstraße, auf dem Heimweg von einem Mittwochabend-Spiel unseres Lieblingsvereins. Die Reifen schmatzten über den Asphalt. Die Straße führte durch eine flache und un-übersichtliche Waldlandschaft. Unsere Scheinwerfer warfen einen weißen Lichtkegel auf die Fahrbahn, der an seinen Rändern über die Stämme der am Wegrand stehenden Bäume huschte und versuchte, in das Unterholz einzudringen. Ich saß auf dem Beifahrersitz und drückte auf der Taste für den automatischen Sendersuchlauf herum. Mit einem Mal wurde ich abrupt nach vorn katapultiert, dann riss es mich mit einem heftigen Ruck zurück und presste mich in den Sitz. Der Wagen schlingerte, die Reifen quietschten – Ingo legte eine Vollbremsung hin.

Wir kamen zum Stehen. Ich wusste nicht, weshalb Ingo so reagiert hatte. Ich starrte durch die Windschutzscheibe. Und da sah ich den Grund. Mitten auf der Straße, umgeben von dünnen Nebelschleiern, stand eine Frau. Sie gestikulierte wild mit beiden Armen und rief uns etwas zu. Ich hatte die ganze Zeit über unwillkürlich den Atem angehalten. Jetzt stieß ich geräuschvoll Luft aus den Lungen. Meine Knie zitterten. Auch Ingo blieb hinter dem Lenkrad sitzen und atmete tief durch.

Die Frau kam nicht näher. Die Scheinwerferstrahlen des Autos fingerten durch die Dunkelheit und verliehen der Gestalt vor uns eine schimmernde Aura. Endlich schnallten wir uns ab und stiegen aus. Eine sich überschlagende Stimme wehte uns entgegen wie ein kalter Windstoß: »Mein Baby! Bitte helfen Sie meinem Baby!« Ingo und ich gingen rasch auf die Frau zu. Dabei traten wir ins Scheinwerferlicht, verdunkelten dadurch ein wenig die unheimliche Szenerie – und mit einem Mal war die Frau verschwunden.

Wir suchten die Straße und den Waldrand ab. Nichts. Nur ein Meter abseits der breiten Straße schien sich eine andere Welt aufzutun. Düster, voller Schatten, die von den wuchtigen und dicht belaubten Bäumen geworfen wurden. Hier und da hörten wir ein Knacken, ein leises Rascheln aus dem Unterholz. Aber was immer wir gesehen hatten, es war nicht mehr vorhanden. Wir fuhren weiter. Unsere Gedanken drehten sich. Die Straße machte eine scharfe Kurve nach links. Dahinter erwartete uns der nächste Schreck. Ein Auto war von der Fahrbahn abgekommen und gegen einen Baum geprallt. Zusammengefaltet wie eine Ziehharmonika sah es aus. Wir wagten kaum, uns vorzustellen, was mit den Insassen passiert war. Zum zweiten Mal innerhalb weniger Minuten bremsten wir scharf ab.

Vorn saßen zwei Personen zusammengesunken auf dem Fahrer- und Beifahrersitz. Ein Mann und eine Frau. Beide offenbar nicht mehr am Leben. Ehrlich gestanden trauten wir uns nicht, etwas zu tun. Ingo lief zu unserem Auto zurück und rief über Handy die Polizei. Ich stand einfach nur da.

Plötzlich durchzuckte mich ein seltsamer Gedanke. Ich spurtete Ingo hinterher und brüllte »Warte!« Er erklärte gerade den Beamten in der Notrufzentrale die Situation. Mein Kumpel unterbrach kurz sein Gespräch und sah mich fragend an. Ich sagte ihm, dass wir dringend so schnell wie möglich Rettungssanitäter und einen Notarzt bräuchten, es sei nämlich noch ein kleines Kind im Auto. Die Einsatzkräfte waren bald da. Und unglaublich, aber wahr: Meine Eingebung war richtig. Auf der Rückbank hatte ein zwei Jahre altes Mädchen den Horrorunfall überlebt. Na ja, »Eingebung« ist in diesem Zusammenhang wohl das falsche Wort. Bis heute wissen nur Ingo und ich von dem, was uns widerfahren war, kurz bevor wir an die Unfallstelle kamen.

Die Frau im Nebel

Es war schon spät, als wir das Lokal verließen. Vor uns lag eine Heimfahrt von etwa zehn Kilometern. Ein paar einsam stehende Straßenlaternen begleiteten uns noch bis zum Ortsausgang, dann kamen wir auf die Landstraße. Um diese Zeit gehörte sie uns allein. Wir tauchten hinein in die Dunkelheit wie in einen Tunnel. Rechts und links wuchsen Schatten heran. Mal waren es alte Scheunen oder Schuppen, dann wieder knorrige Baumgruppen. Mein Mann fuhr langsam, denn überall lag feuchtes Laub auf der Fahrbahn. Nebelschwaden huschten schattengleich durch die Lichtlanzen der Scheinwerfer.

Wir hatten die Ortschaft vielleicht drei- oder vierhundert Meter hinter uns gelassen, da sah ich an der rechten Straßenseite Konturen in dem wallenden grauen Dunst. Die Formen einer alten Frau zeichneten sich ab. Sie bewegte sich merkwürdig, fast wankend, als hätte sie Mühe, sich auf den Beinen zu halten. An einer Leine führte sie einen kleinen Hund mit sich.

Volker, mein Mann, murmelte etwas wie »Die hat vielleicht Nerven, in dieser Suppe hier auf der Straße rumzulaufen, mitten in der Nacht.« Der Nebel lag jetzt wie eine vom Himmel gefallene Wolke über der Gegend. Unser Scheinwerferpaar glotzte in das faserige Grau. Volker bremste ab und riskierte einen vorsichtigen Blick auf die Gestalt. Mit unbewegtem Antlitz stakste die Frau weiter. In ihrem Gesicht schien kein Leben zu sein. Der Nebel umgab sie und ihren Hund wie hauchdünne Schleier. Manche von ihnen zeigten Löcher und waren aufgerissen – wie die Fetzen eines alten Leichenhemds. Ich bekam eine Gänsehaut. Volker gab endlich Gas und ich achtete wieder auf den Weg.

Als wir das nächste Mal in dem Lokal zum Abendessen

waren, erzählten wir beiläufig dem Wirt von der alten Frau auf der Straße. Der zuckte nur die Schulter und sagte, dass vor etwa einem Jahr gleich hinter dem Ortsausgangsschild eine Frau mit ihrem Hund in einer schauderhaften Nebelnacht überfahren worden sei.

Der Fremde

Wir hingen damals öfter im Stadtpark ab. Bäume, Büsche, Wege, alles wuchs ineinander. Diese grüne Insel zog uns immer wieder an – mich und meine zwei Kumpel Holm und Ronnie. Was sollten wir in unserer Kleinstadt auch sonst tun an den Nachmittagen? Meistens sahen wir ein gemischtes Publikum: Junge, Ältere, Männer, Frauen, auch Jugendliche.

Eines Tages saß auch ein Mann im dunklen Mantel, mit einem Bier und einer Zigarette in der Hand, auf einer der Bänke. Wir fragten ihn nach Feuer, er drückte uns bereitwillig eine ganze Packung Streichhölzer in die Hand. Dann zog er seinen letzten Glimmstengel hervor, zündete ihn mit einem Feuerzeug an, knüllte die Schachtel zusammen und warf sie zielsicher in einen Abfallkorb. Nach einer Weile stand er auf, brachte auch die leere Bierflasche zum Müll und verschwand im Toilettenhäuschen. Wir schauten noch einige Male rüber, aber er kam nicht mehr heraus. Als Ronnie sich später noch mal eine anstecken wollte, kramte er nach den Streichhölzern, die der Fremde uns gegeben hatte, fand sie aber nicht mehr. Holm und ich leerten ebenfalls unsere Taschen aus – Fehlanzeige. Als wir nach Hause gingen, kamen wir wieder an der Bank vorbei. Auf der wetterbeständigen Lehne hockte ein großer schwarzer Rabe und fixierte uns.

Von da an sahen wir den Mann immer wieder im Park. Meistens auf der Bank, aber auch beim Umherschlendern. Die merkwürdigste Begegnung mit ihm hatten wir an einem Spätsommerabend. Vier Typen kamen uns entgegen. Älter als wir. Verschlagene Gesichter, denen die Vorfreude auf irgendetwas anzumerken war. Breitbeinig bauten sie sich vor uns auf, provozierend und abwartend. Anscheinend waren sie auf Ärger aus.

Der zu Ende gehende Tag lag noch in der Luft. Wir vernahmen Tierstimmen aus einem der Gehege im Park. Mal ein schrilles Schreien, dann wieder raschelnde Laute und hier und dort die Stimme von Menschen. Leider ziemlich weit weg.

Das Quartett Marke Krawallmacher wollte jetzt Action. Doch dann sahen die Typen anscheinend etwas hinter uns. Sie rempelten uns übelgelaunt an und drängten uns aus dem Weg, gingen aber weiter. Warum, wurde Ronnie, Holm und mir erst klar, als wir uns umdrehten und ihnen nachschauten. In einiger Entfernung stand unser seltsamer Freund, wie immer in seinem dunklen Mantel und mit Bierflasche in der Hand, und beobachtete aufmerksam die Szenerie.

Etwa eine Woche danach brachte Holm erregt die neueste Ausgabe der Lokalzeitung zu unserem Treffpunkt mit. Darin war das Foto einer unbekannten Person abgedruckt. Die Polizei bat die Bevölkerung um Hinweise, um wen es sich dabei handelte. Denn der Mann war einen Monat zuvor überfahren worden, als er bei Rot einfach über die Straße gegangen war. Er hatte keine Papiere bei sich gehabt und konnte deshalb noch nicht identifiziert werden. Ronnie, Holm und ich erkannten ihn sofort. Wir liefen im Park umher und suchten nach ihm – nach dem Mann im dunklen Mantel. Aber wir sahen ihn nie mehr wieder.

Wink des Schicksals

Meine Mutter hat mir diese Geschichte erzählt: Es geschah kurz nach Ende des Zweiten Weltkriegs. Freiburg, die Heimat meiner Mutter, war fast völlig zerstört. Die Stadt bot einen zutiefst deprimierenden Anblick. Zahllose Ruinen reckten sich mahnend in den Himmel, reichten jedoch kaum höher als die meisten der nur noch in Bruchstücken vorhandenen Gebäude. Der Alltag bestand aus Hunger, beengten Wohnverhältnissen und dem täglichen Kampf um ein Stück trockenes Brot. In dem Wirrwarr aus Steinen und schmalen Wegen befand meine Mutter sich abends auf dem Heimweg. Sie musste sich beeilen, denn nach Einbruch der Dunkelheit herrschten eine strenge Ausgangssperre und ein Aufenthaltsverbot auf den Straßen. Vielerorts, wo einst Häuser und Läden gestanden hatten, gähnten nur noch Löcher im Boden. Meine Mutter ging mit großen Schritten und hatte den Kopf nach vorn gebeugt. Manchmal peitschte der Wind so hart durch die meterbreiten Lücken zwischen den Häuserwänden, dass sie zur Seite gedrückt wurde. Auf dem matschigen Boden fand sie kaum Halt. Der Weg führte geradeaus weiter. Leere Fensterhöhlen starrten wie ausgestochene Augen auf die Straße hinab. Auf der gegenüberliegenden Seite bemerkte sie eine schattenhafte Bewegung. Meine Mutter blickte auf. Auf einem Schutthaufen stand eine Gestalt. Der Abenddunst hatte die Umgebung schon eingepackt, alles wirkte seltsam weiß und aufgequollen. Auch die Gestalt war mehr ein Phantom als ein Mensch, ohne erkennbares Gesicht oder andere Merkmale. Einfach ein Körper, der auf zwei Beinen stand. Die Erscheinung hob die Arme. Meine Mutter deutete die Bewegung als eine Art Winken – weshalb, vermag sie bis heute nicht genau zu sagen. Auch nicht, warum sie der Einladung folgte. Jedenfalls änderte sie ihren

Weg und ging unsicher und mit einem mulmigen Gefühl auf die Gestalt zu, die im selben Moment von der Dämmerung verschluckt wurde. Hinter ihr hörte sie ein hässliches Geräusch. Mehrere Häuserfassaden stürzten mit Getöse ein, Steine, Balken und Ziegel schlugen auf dem Erdboden auf. Genau an der Stelle, wo meine Mutter vorbeigegangen wäre. Der Schreck saß ihr in den Gliedern. Zu Hause erzählte sie meiner Großmutter, was passiert war. Großmama sagte, in dem Haus, das einst dort gestanden hatte, wo die eigenartige Gestalt aufgetaucht war, habe eine alte, sehr freundliche Frau gewohnt, die bei den Bombenangriffen gestorben sei.

Der unzerstörbare Schatten

Wir mussten umziehen, als mein Bruder auf die Welt kam und unsere Wohnung zu klein wurde. Ich war 13 Jahre alt. Nur zwei Straßen weiter war gerade ein schönes Reihenhaus frei geworden – weshalb, wusste ich zu diesem Zeitpunkt nicht. Ich erfuhr es erst viel später. Dass mit dem Haus etwas nicht stimmte, bemerkte ich jedoch ziemlich schnell. Ich bekam ein kleines Zimmer für mich. Als ich am ersten Abend das Licht einschaltete, sah ich ihn: einen Schatten an der noch kahlen Wand, wo mein Bett stand. Der vage Umriss des Kopfes einer menschlichen Gestalt. Der Anblick machte mir Angst. Irgendetwas Unsichtbares schien den Raum zu erfüllen, wie ein eisiger Hauch. Ich versuchte, das Schattenbild zu zerstören, indem ich die Möbelstücke verrückte und die gestapelten Umzugskisten beiseiteräumte. Meine eigenen Bewegungen zeichneten sich auf der weißen Wand ab. Was aber ebenfalls blieb, war der Schatten. Ich löschte das Licht und die schwarze Finsternis hüllte mich ein.

Ich schlief in dem neuen Haus ziemlich schlecht. Häufig hatte ich Bauchschmerzen, und kein Arzt konnte sagen, warum. Nach ein paar Monaten überredete ich meine jüngere Schwester, ihr Zimmer mit mir zu tauschen. In ihrem Zimmer fühlte ich mich wohler. Wann immer ich abends bei meiner Schwester vorbeischaute – der eigentümliche Schatten war noch da. Aber es gab nichts und niemanden, der ihn warf. Wie ein mit groben Strichen vorgezeichnetes und dann dunkel ausgemaltes Gesicht. Wie etwas, das weniger mit den normalen Sinnen als vielmehr in der Seele spürbar war. Erschreckend und fremd. Meine Schwester schien nichts davon zu bemerken. Vielleicht hatte ich auch nicht mehr alle Tassen im Schrank.

Wir blieben zwei Jahre lang in diesem Haus. Dann nahm mein Vater einen Job in einer anderen Stadt an und wir zogen erneut um. Am Umzugstag war das Haus leer. Die nackten Dielenbretter bewegten sich unter meinen Schritten.

Zusammen mit meiner Mutter stattete ich meinem ehemaligen Zimmer einen letzten Besuch ab. Kein Regal bedeckte mehr die Wände und an der Decke hing auch keine Lampe. Wie üblich war tagsüber, ohne künstliches Licht, von dem Schatten nichts zu sehen. Erst in diesem Moment erzählte meine Mutter mir, warum die Vorbesitzer das Haus damals verkauft hatten. Ihre Tochter war hier gestorben, an den Folgen einer verschleppten Grippe. Sie musste in meinem Alter gewesen sein. Wo genau damals ihr Krankenzimmer gewesen war, wusste meine Mutter nicht. Ich konnte es mir aber denken.

Opas Nähe

Noch auf dem Sterbebett sagte mein Opa, ich solle mir keine Sorgen machen – wenn ihn die Ärzte wieder hinbekämen, würden wir wie immer nach Frankreich in die Ferien fahren. Ich war damals 15 Jahre alt. Opa starb an Lungenkrebs. Die letzten Wochen im Krankenhaus waren wohl ziemlich schlimm. Ich war selbst nicht dabei, aber meine Mutter erzählte es mir. Trotz der Schmerzen bewahrte mein Opa sich bis zum Ende eine fast heitere Zuversicht. Bewundernswert.

Ach ja, Frankreich: Seit meiner Kindheit hatten meine Eltern dort ein Ferienhaus, genauer gesagt in der Bretagne. Opa war oft und gerne mitgefahren. Und es war immer eine tolle Zeit mit ihm gewesen. Die Beerdigung fand vier Tage nach seinem Tod statt. Gleich darauf mussten wir wegen dringender Reparaturarbeiten zu unserem Urlaubsdomizil aufbrechen. Lust dazu hatte natürlich keiner von uns. Aber noch länger aufschieben konnten wir es nicht. Wir kamen spätnachmittags an, packten ein paar Sachen aus und machten uns ans Abendessen. Ich hing meinen Gedanken nach, während ich den in Blätter geteilten Salat in viel Wasser in der Spüle schwimmen ließ. Ich hob kurz den Kopf und sah durchs Fenster – und erschrak. Ich glaubte, draußen eine Bewegung wahrgenommen zu haben. Ich konnte mich auch getäuscht haben, doch irgendwie überkam mich das Gefühl, dass sich am Fenster für einen kurzen Augenblick eine Gestalt gezeigt hatte. Ich rechnete damit, dass es gleich läuten oder an die Tür klopfen würde, weil vielleicht ein Nachbar unser Kommen bemerkt hatte und uns begrüßen wollte. Aber nichts dergleichen geschah.

Stattdessen ließ ich vor Schreck das Küchenmesser fallen, als Mama plötzlich laut aufschrie. Sie starrte zu einem anderen Fenster, rechts neben der Haustür, und stand steif wie eine Puppe auf dem Fleck. »Opa«, flüsterte sie erstickt. »Da draußen!« Mein Vater zögerte einen Moment, dann durchmaß er mit großen Schritten den Raum und riss die Tür auf. Blickte nach rechts. Nach links. Zog den Kopf wieder zurück und ließ die Tür ins Schloss fallen. »Da ist niemand«, sagte er mit Nachdruck.

In unserem Ferienhäuschen war es jetzt sehr still. Mama zwang sich zu einem Lächeln, aber es sah ziemlich unecht aus. Später, als mein Vater das restliche Gepäck aus dem Wagen auslud, erzählten wir uns gegenseitig, was wir gesehen hatten. Mama meinte, sie habe Opa an seinem grauen Anzug genau erkannt. Ich selbst zweifelte noch, aber in der folgenden Nacht schlief ich so wunderbar, dass ich am anderen Morgen davon überzeugt war: Opa befand sich auch diesmal in unserer Nähe.

Das Zeichen

Gibt es ein Leben nach dem Tod? Diese Frage beschäftigte meine Mutter schon als kleines Mädchen. Damals lebte sie mit ihrer Familie auf einem kleinen Bauernhof. Mit ihrer Oma – also meiner Urgroßmutter – konnte sie über alles reden, auch übers Sterben. Als sie wieder einmal fragte, ob denn »danach« wirklich noch etwas käme, sagte meine Urgroßmutter: »Ja, wenn ich tot bin, gebe ich dir ein Zeichen, du wirst sehen.« Meine Urgroßmutter wurde 87 Jahre alt. Zwischen ihrem Tod und dem Begräbnis geschah nichts Außergewöhnliches. Und auch danach nicht. Trotzdem dachte meine Mutter immer wieder an das erhoffte Zeichen. Und dann, fast ein Jahr später, hörte sie eines Nachts schwere Schritte auf dem Dachboden über ihrer Kammer. Meine

Mutter lag stocksteif da und lauschte. Aufzustehen und nachzusehen traute sie sich nicht – aber sie erkannte den typischen schlurfenden Gang ihrer Oma an der Art, wie diese ein Bein nachzog. Nach mehreren Schlaganfällen war meine Urgroßmutter nämlich teilweise gelähmt gewesen. Von da an hörte Mama jede Nacht dasselbe. Irgendwann hielt sie es nicht mehr aus und rief laut: »Oma, bitte hör auf, ich habe Angst.« Und tatsächlich – die Schritte verstummten und die nächtlichen Geräusche kehrten nie wieder.

Abschied

Mir ist etwas sehr Seltsames passiert. 2002 starb mein Mann an Bauchspeicheldrüsenkrebs. Er war erst 33, als er die Diagnose bekam, und dann ging alles ganz schnell. Das bösartige Gewächs breitete sich aus, durchbohrte die Leber, eine schwere Insuffizienz führte rasch zum Tod.

An einem Freitagnachmittag rief die Klinik an, dass ich sofort kommen solle. Der Arzt sagte, mein Mann habe getobt, weil er sich mit aller Kraft gegen den nahenden Tod gestemmt habe, und man habe ihn mit Medikamenten beruhigen müssen. Ich hielt seine Hand, bis alles vorbei war, und weinte.

In der Nacht lag ich wach. Die Luft in unserem Schlafzimmer kam mir klebrig wie Sirup vor, als würde sie sich nach dem Einatmen nur im Mund verteilen. Ich hob die Schultern an, weil mich ein plötzlicher Schauer überlief. Ich sah auf und verfolgte mit weit aufgerissenen Augen, wie eine schemenhafte Gestalt zu mir ins Schlafzimmer kam. Dann wurde auf der Seite, auf der mein Mann immer geschlafen hatte, die Bettdecke hochgehoben. Als sie wieder herabsank, spürte ich eine eisige Kälte neben mir. Seltsamerweise hatte ich keine Angst, denn ich wusste, dass es nur mein Mann sein konnte. Als ich die Nachttischlampe anknipste, verflüchtigte sich die Empfindung. Ich denke, mein Mann wollte sich noch einmal von mir verabschieden.

Die Gestalt unter der Kapuze

An einem besonders kalten Wintermontag besuchte mich eine gute Freundin. Am späten Nachmittag mussten wir vor die Tür, um ein paar Kleinigkeiten fürs Abendessen zu besorgen.

Dick eingepackt machten Carolin und ich uns auf den Weg. Mit langen Schritten hasteten wir dem Supermarkt entgegen. Noch waren die Tage ziemlich kurz und die Dunkelheit kam jetzt sehr schnell. Blaugraue Schatten fielen auf den Weg. Müde torkelte die eine oder andere Schneeflocke zu Boden.

Als wir um die Ecke der Straße bogen, die zu dem Geschäft führte, passierte es: Wir liefen in ein Kind hinein, das plötzlich vor uns aufgetaucht war. Von seinem Gesicht war nicht viel zu erkennen, denn die kleine Person trug eine Art Kapuzenumhang, dessen ausgefranster Saum über den kalten Boden schleifte. Caro und ich tauschten einen verwunderten Blick. Der Statur nach zu urteilen hatten wir es mit einem Mädchen zu tun. Die Kleine machte einen ziemlich verwahrlosten Eindruck. Für die Jahreszeit war sie jedenfalls viel zu dünn angezogen. Und sie hatte keine Schuhe an. Barfuß stand sie da und schien die Kälte gar nicht zu spüren. Ihre Hose klebte wie feuchtes Papier an den dünnen Beinen.

Ich spürte den Abendwind unangenehm in den Haaren. »Ist ... ist alles okay bei dir?«, brachte ich zögernd hervor und beugte mich ein wenig zu dem Mädchen herunter. Aber der magere Körper rührte sich nicht. In einer plötzlichen Anwandlung kam mir der Gedanke, sie mitzunehmen. Caro war jedoch weitaus weniger altruistisch eingestellt. Sie zog an meiner Jacke und bedeutete mir, endlich weiterzugehen. Widerstrebend entfernte ich mich von dem Kind. Schneeregen fiel im selben Augenblick wie ein Schleier vom Himmel.

Das Mädchen schien zu einer Statue aus steinerner Unbeweglichkeit geworden zu sein. Nur sein Umhang wurde vom Wind bewegt, so dass der Stoff kleine Wellen schlug. Je weiter Caro und ich uns entfernten, desto mehr verschwamm die von Schneekörnern umtanzte Silhouette des Kindes. Mit einigem Abstand wirkte es nur noch wie ein Schattenriss.

Wir kamen an einer Bäckerei mit Straßenverkauf vorbei und Carolin blieb stehen, um ein paar Croissants mitzunehmen. Ich war noch ziemlich durcheinander und fragte die Verkäuferin, ob ihr in der Gegend schon mal ein kleines Mädchen mit einem Kapuzenumhang aufgefallen sei. Sie runzelte die Stirn. Dann erzählte sie, dass eine sehr liebe Achtjährige namens Miriam jeden Tag Brezeln bei ihr gekauft habe. Vor zwei Monaten sei Miriam auf dem Schulweg tödlich verunglückt. Gleich hier um die Ecke.

Leuchtspur ins Jenseits

Wie das ist, wenn die beste Freundin sich umbringt? Wie ein Stich ins Herz. Du fühlst dich zurückgestoßen. Du hast das Gefühl, mit deiner Freundschaft und mit allem, was du zu geben bereit warst, abgewiesen worden zu sein. Du denkst, du warst ihr völlig egal und sie wollte noch nicht einmal versuchen, deine Zuneigung und Hilfsbereitschaft in Anspruch zu nehmen.

Der Selbstmord meiner Freundin Anja war wie ein ungeheurer Vorwurf, eine vernichtende Anklage ohne die Möglichkeit einer Verteidigung, einer Erklärung oder Wiedergutmachung. Eine Woche nachdem Anja von einer Brücke vor einen Zug gesprungen war, stand ich an ebenjener Stelle. War es Einbildung oder spürte ich tatsächlich, dass die eigentümliche Atmosphäre an diesem Ort auch mich beeinflusste? Sie kroch regelrecht in mich hinein, obwohl nichts darauf hinwies, was hier sieben Tage zuvor geschehen war. Niemand war Zeuge gewesen.

Ich lehnte mit dem Rücken am Brückengeländer und dachte an Anja. Plötzlich wischte eine grausame Kälte über mich hinweg, eine Kälte, die nichts mit den normalen Temperaturen zu tun hatte. Durch das Geländer lief fast unmerklich ein Zittern. Aus dem Nichts schwoll das Geräusch eines herannahenden Zuges an, das Dröhnen von Dieselmotoren, das Rattern der Räder. Mein Herz machte einen Sprung. Ich wirbelte herum, in der Erwartung, schnell vorbeifließende Waggons zu sehen. Aber da war kein Zug. Die Schienen verloren sich irgendwo in der Weite, aus dem Schotter wuchsen beige, lange Gräser hervor, die der Wind umgeknickt hatte. Fast idyllisch – wenn nicht das metallische Kreischen von Stahl auf Stahl gewesen wäre, das rollende Geräusch eines Zuges, das nicht in diese Welt zu gehören schien, sondern zu einer anderen, weit entfernten.

Dass mir nicht ganz geheuer zumute war, wäre die Untertreibung des Jahres. Ich hatte würgende Angst vor dem, was hier gerade vor sich ging, nicht fassbar, nicht erklärbar. Und mit einem Mal war es vorbei. Die plötzliche Stille traf mich fast mit der gleichen Wucht wie das Geratter des vorbeirasenden Geisterzuges davor. Ich starrte am ganzen Leib zitternd von der Brücke runter auf die Gleise. Und sah ein hellweißes Leuchten zwischen den Schienen, wie eine kurz auflodernde Flamme. Lautlos, geisterhaft, unheimlich.

Bis heute erlaube ich mir keine Deutung meines Erlebnisses. Ich bin weder gläubig noch Esoterikerin. Hatte sich Anjas Seele zu einer Umkehr gezwungen gefühlt, als ich am Ort ihres Freitods aufgetaucht war? Hatte sie sich doch noch von mir verabschieden wollen? Oder war in meinem Kopf bloß eine geistige CD des Geschehens rotiert? Aber wer hatte die »Play«-Taste gedrückt?

Gruselnacht

Manchmal ist mir mein Freund um einiges unheimlicher als, sagen wir mal, ein alter Friedhof. Sein Horrorfimmel geht mir jedenfalls ziemlich auf die Nerven. Wie kann man so etwas Brutales und Gruseliges wie »Saw« oder »Freitag der 13.« gut finden? An jenem Abend wollte Bernd mich wohl »bekehren« und schleifte mich in ein wüstes Spuk-Spektakel, das angeblich auf einer wahren Geschichte basierte. Ich fand's einfach nur lächerlich und nach dem Kino stritten wir noch eine Weile herum. Bernd versuchte mir einzureden, dass es völlig okay sei, sich ab und zu bewusst Angst und Ekel auszusetzen. Ich hielt dagegen, dass er wohl schon so abgestumpft sei, dass er immer stärkere künstliche Reize brauche, um noch etwas zu empfinden. Na ja, ich übertrieb vielleicht ein bisschen, schließlich wusste ich selbst am besten, dass mein Freund total sanft und zärtlich sein konnte. Bernd fing an, sich über meine niedrige Gruseltoleranzgrenze lustig zu machen. Ich sagte, ich hätte damit überhaupt kein Problem, ärgerte mich aber trotzdem.

In dem Stadtteil, in dem ich aufgewachsen bin, gibt es einen uralten Friedhof. Der sieht schon am Tag unheimlich aus, denn alles ist ziemlich verwildert und zugewuchert. Auf dem Nachhauseweg kamen wir daran vorbei. Bernd meinte, ich sei zu feige, allein den Hauptweg runterzugehen, bis zu einem Kriegerdenkmal, das sich etwa im Zentrum der Anlage befand, und wieder zurück. Das war noch alberner als der blödeste Horrorfilm – aber in meiner Wut ging ich darauf ein. Das schmiedeeiserne, drei Meter hohe Tor war nur angelehnt. Ich drückte es auf und verspürte schon einen Schauer, als die Angeln quietschten.

Es war ein kalter Novemberabend. Das fühlbare Schweigen über dem Totenacker gab mir kein Gefühl des Friedens, im Gegenteil. Die Stille war bedrückend. Geräusche hörte ich keine, ich achtete nur auf meine eigenen vorsichtig gesetzten Schritte. Wie eine erstarrte Schlafstätte der Natur wirkte die Umgebung auf mich. Wie ein bodenloser See, in dem das Mondlicht versickerte. Ein unheimliches Gelände, in dem ich mich genauso wenig wohl fühlte wie in einem von Bernds Gruselheulern. Immerhin ging ich die Strecke nicht zum ersten Mal. Langsam schlurfte ich meinem Ziel entgegen. In der Finsternis wirkte der Weg wie ein schmaler Tunnel. Die Büsche und Bäume um mich herum sahen aus wie mit Tuschestrichen gemalte Gespenster. Dann dachte ich an das Gezanke mit meinem Freund und schalt mich eine Närrin. Die Umgebung forderte mich heraus – na und? Schließlich glaubte ich offiziell nicht an Geister und Spukkram, also wollte ich mich auch so benehmen.

Ich erreichte das Kriegerdenkmal, einen Obelisken aus Sandstein, der wie ein Berg aus Schwärze vor mir aufragte. Davor stand eine Bank. Ich dachte an Bernd, der am Tor auf mich wartete, und hoffte, dass er seinen dämlichen Einfall inzwischen bereute. Oder sollte ich vielleicht einfach ein wenig nachhelfen? Ich setzte mich hin, wild entschlossen, mindestens zehn Minuten verstreichen zu lassen, bevor ich mich auf den Rückweg machte.

Meine Augen irrten umher. Ich atmete die Nachtluft ein. Die Schatten um mich schienen sich enger zusammenzuziehen. Und dann beschlich mich das Gefühl, dass jemand neben mir war. So ähnlich wie in einem vollbesetzten Bus, wenn sich eine Person neben einen auf den Sitz quetscht. Das spürt man ja auch ziemlich eindeutig. Nur mit dem Unterschied: Hier war nichts! Jedenfalls nichts Sichtbares. Außer dünnen Nebelschwaden, die lautlos über den Boden krochen. Auch das noch.

Ich blieb ganz starr sitzen. Etwas berührte mich. Ich empfand ganz deutlich, dass ein kühler Finger mir über die Wange fuhr, wie eine unbeholfene Liebkosung. Ich sprang auf. Meine Gedanken wirbelten wie in einem wüsten Traum durcheinander. Die grauweißen Schleier wallten immer höher, umflorten schon meine Oberschenkel. Ich stand Augenblicke heißer Angst durch. Dann verspürte ich ein sachtes Stupsen an der Schulter, das mir zu bedeuten schien, dass ich gehen solle. Ich setzte mich in Bewegung. Der Nebel erreichte die blattlosen Zweige der Büsche und ließ sie noch unheimlicher aussehen. Aber ich hatte keine Angst mehr. Etwas begleitete mich, unsichtbar, aber positiv. Ich schaute zum Nachthimmel, der eine winterliche Klarheit und den metallischen Glanz der Sterne zeigte. Von weitem hörte ich meinen Freund rufen. Seine Stimme wurde immer lauter und ich folgte ihr. Wie ein Gespenst kam er mir aus dem Nebeldunst entgegen. Er eierte im Slalom herum, weil er nicht aus Versehen auf ein Grab treten wollte. Die Brühe fraß nun alles auf.

Ich fühlte, dass ich wieder allein war. Als Bernd mich endlich erreicht hatte, nahm er meine Hand und zog mich Richtung Tor. »Sichtweite unter zwei Meter«, witzelte ich. »Ne-

bel des Grauens«, zitierte er dumpf einen seiner Lieblings-
filmtitel. Zu meiner eigenen Überraschung war ich bester
Laune. Zum Horrorfan bin ich in dieser Nacht zwar nicht
geworden. Aber dass Mystisches und Unerklärliches seinen ganz eigenen Reiz haben kann, gebe ich seitdem gerne
zu.

Die Klinke

Es war am helllichten Tag und ich saß mit meiner Mutter im
Wohnzimmer. Die Tür war geschlossen. Auf einmal bemerkten wir beide, wie die Türklinke übertrieben kräftig hinun-
tergedrückt wurde. Wir bekamen einen Riesenschreck, da
wir allein im Haus waren.
Dann bewegte sich die Klinke wieder langsam nach oben.
Ich lief zur Tür und riss sie auf. Es war aber niemand da.
Niemand hätte so schnell wegrennen können. Außerdem
hörten wir keinerlei Geräusche, nichts. Zumindest Schritte
hätten wir wahrnehmen müssen, denn die alten vernagel-
ten Holzdielen im Flur knarrten bei jeder Bewegung. Zwei
Wochen später wurde im Nachbarhaus eingebrochen. Sollte
der seltsame Zwischenfall eine Warnung gewesen sein? Meine Mutter konnte sich – so wie ich auch – noch Jahre später daran erinnern, als ich sie fragte. Ich glaube nicht an
Geister, aber dieses Erlebnis konnte und kann ich mir nicht
erklären.

Die Tagseite

Der Psychologe Dr. Richard Wiseman von der Universität Hertfordshire hat vor einiger Zeit angekündigt, ein Gruselhaus bauen zu wollen, in dem es spuken soll. Etwa mit blitzenden Lichtern, Glockengeläut, schleppenden Schritten, lautem Klopfen und mysteriösen Botschaften an den Wänden? Nicht ganz. Wiseman setzt auf hinter Bildern angebrachte elektrische Windungen, Luftabzugslöcher in den Fußbodenleisten, versteckte Lautsprecher, aus denen Infraschall kommt, eine verstörende innen- wie außenarchitektonische Gestaltung und eine perfekte Lichtregie. Auf Knopfdruck sollen Töne jenseits des Hörvermögens Kerzen zum Flackern bringen und für unheimliche Vibrationen sorgen, und subtile Luftzüge sollen das diffuse Unbehagen verstärken. Und was ist der Sinn dieses Vorhabens?

Wiseman ist ein ehemaliger Meisterzauberer mit der fröhlichen Entschlossenheit, allen Tricks auf die Schliche zu kommen, und nimmt es mit den verrufensten englischen Gruselorten auf. 2003 blies er zur größten Geisterjagd aller Zeiten: Hunderte Freiwillige verbrachten dafür eine gewisse Zeit an einigen der unheimlichsten Orte Großbritanniens. So gingen allein 462 Testpersonen den »Spukkorridor« von Schloss Hampton Court bei London ab. Dieser Gang soll von Catherine Howard, der 1542 hingerichteten fünften Frau von Heinrich VIII., heimgesucht werden. Unzählige Menschen wollen der Erscheinung in den letzten 500 Jahren in der Galerie vor dem Zimmer Heinrichs VIII. begegnet sein.

So auch diesmal: Etwa jeder zweite Teilnehmer der Studie berichtete von »ungewöhnlichen Erfahrungen«. Manche spürten, dass da noch jemand mit ihnen im Raum gewesen sei. Andere fühlten sich unwohl. An anderen düsteren Orten empfanden sie dagegen nichts Ungewöhnliches, auch wenn sie vorher nicht wussten, welche Lokalität für Gespenster bekannt war. »Spuk existiert in dem Sinn, dass es in der Tat Orte gibt, an denen Leute ungewöhnliche Erlebnisse haben«, folgerte der Wissenschaftler.[22]

So wie Vic Tandy in unserem Eingangsbeispiel. Der Ingenieur, der 2005 starb, beschloss, der Sache auf den Grund zu gehen, und nach einigen Tagen und zahlreichen Messungen hatte er des Rätsels Lösung gefunden: Eine kürzlich installierte Klimaanlage mit Ventilator in der Wand erzeugte Infraschall. Das sind Töne mit einer so niedrigen Frequenz, dass sie nicht gehört, aber gefühlt werden können. Und zwar konkret als Angst, Beklemmung, Nervosität.

Für die Wissenschaft ist die Sache denn auch ziemlich eindeutig: Geister kann es nicht geben. Denn: Um einen bestimmten Ort aufzusuchen, etwa den Schauplatz eines Verbrechens oder auch eine bestimmte Person, muss sich der Geist an diesen Ort erinnern beziehungsweise ihn wiederfinden können. Er braucht also ein Gedächtnis. Nach allem, was die heutige Physik weiß, benötigt man zum Speichern von Information Materie. Materie ist nicht Information, wohl aber eine notwendige Voraussetzung dafür. Auch Genies wie Goethe, Beethoven, Einstein waren auf Materie angewiesen – Papier und Tinte beispielsweise –, um ihre Gedanken als Information für ihre Mitmenschen wirksam werden zu lassen. Also müsste auch ein Geist informationsspeichernde Materie besitzen. Dann aber unterliegt er den bekannten Gesetzen der Physik, kann also nicht durch Wände gehen oder Ähnliches.[23]

Richard Wiseman jedenfalls ist davon überzeugt, dass an-

22 www.richardwiseman.com/resources/BJP-hauntings.pdf
23 www.gwup.org/images/stories/pdf/skeptiker/2008/spuk.pdf

geblicher Spuk keinen Beweis für eine Aktivität von Geistern darstelle. Spuk sei vielmehr die Reaktion von Menschen, die – auch ganz unbewusst – auf normale Faktoren in ihrer Umgebung reagieren, wie etwa »Cold Spots«, also Bereiche mit abruptem Temperaturabfall, als ob man gegen eine kalte Wand liefe, magnetische Schwankungen, Infraschall oder Lichtveränderungen.

Aber was ist mit sogenannten Poltergeistphänomenen, für die Enthusiasten des Übersinnlichen einen »personengebundenen Spuk« – im Gegensatz zum »ortsgebundenen Spuk« – verantwortlich machen? Zur näheren Erklärung führen Parapsychologen den zungenbrecherischen Begriff »Recurrent Spontaneous Psychokinesis« (RSPK) ins Feld, was so viel heißt wie »wiederkehrende spontane Bewegung von Gegenständen durch Geisteskraft« oder kurz gesagt: psychokinetische Energie. Die Vorstellung dahinter: Seelische Krisen und Spannungen bei zumeist jugendlichen »Fokuspersonen« würden eine unbekannte Kraft in ihnen aktivieren, die stellvertretend für den Betroffenen/die Betroffene zum destruktiven Rundumschlag gegen die Umgebung aushole. Dieses Motiv greift auch Horrorkönig Stephen King in seinem Roman »Carrie« auf.

Wenn kritische Wissenschaftler solche Fälle untersuchen, kommen sie indes regelmäßig zu einem anderen Ergebnis. Der Psychologe Massimo Polidoro beispielsweise ist der einzige hauptberufliche »Geisterjäger« in Europa und Chef des italienischen Skeptikerverbands CICAP.[24] Sein allererster Fall konfrontierte ihn mit einem Poltergeistphänomen, das sich um einen Jungen rankte, »der nur sechs Jahre jünger war als ich. Die Medien hatten einen großen Rummel um diese Poltergeistgeschichte veranstaltet. Möbel fielen

24 http://www.cicap.org

um, Fenster zerbrachen, Lampen explodierten. Das Haus der Familie in Mailand sah aus wie nach einem Erdbeben.« Mit einer bestimmten Strategie fand der Psychologe heraus, dass es lediglich der Junge war, der das alles veranstaltete, wenn gerade keiner aufpasste. Polidoro: »Das Kind machte eine schwere Zeit durch; es fühlte sich vernachlässigt von den Eltern, die zu viel arbeiteten. Durch Zufall fand der Junge heraus, dass er nach dem Zerschlagen einer Lampe Aufmerksamkeit auf sich zog, statt bestraft zu werden. Er machte also weiter, und die Aufmerksamkeit nahm zu.«

Bald mischte sich die Presse ein und das Haus der Familie erlebte eine Invasion von allerlei Leuten mit den unterschiedlichsten Interessen. Zum Beispiel Hellseher, die das Kind lediglich zum Zweck der Eigenwerbung ausbeuten wollten. »Im Grunde«, resümiert Polidoro, »hatte der Junge nur eine Geisterbahnfahrt gewagt und wusste nicht, wie er wieder aussteigen konnte. Deshalb habe ich diesen ›Poltergeist‹ nie öffentlich entlarvt. Stattdessen habe ich mit dem Jungen geredet und versucht ihn zu verstehen – und die ganze Sache löste sich auf.«[25]

Ist das alles? Natürlich nicht.

Selbstverständlich kann jeder, der etwas so Ungewöhnliches wie eine Geistererscheinung erlebt, dies völlig aufrichtig auf ganz persönliche Weise deuten. Psychologen wie Wiseman und andere weisen nur darauf hin, dass Wahrnehmungen nie objektiv sind, sondern eine Konstruktion unseres fehleranfälligen Gehirns. Auch Wunschdenken kann Geister erscheinen lassen, vorzugsweise die von unlängst verstorbenen Angehörigen. Wir haben von einem geliebten Menschen noch einen riesigen Fundus von Erinnerungen: den Geruch,

25 »Detektiv des Übersinnlichen«. In: *Skeptiker* 1/2009, Seite 30 ff., zu beziehen über www.gwup.org.

den Gang, den Atem, die Stimme, das Gefühl seiner Anwesenheit. Im Halbschlaf kann unser Gehirn solche Erinnerungen und die Wirklichkeit vermengen. Wenn man dann mit halber Aufmerksamkeit ein solches Wahrnehmungsbild vor sich hat, weiß man oft schon eine Minute nach dem Erleben nicht mehr, ob man wach gewesen ist oder nicht.

Sind Geister also die Seelen von Verstorbenen? Oder Ausgeburten unserer Psyche? Nach außen verlagerte innerseelische Projektionen und Traumgestalten, die so aussehen, als sei alles Wirklichkeit? Manche »Geisterforscher« wie der Amerikaner Jeff Belanger, der das Onlineportal *ghostvillage.com* betreibt, behaupten, skeptische Wissenschaftler sähen die Welt nur als Abfolge von Einsen und Nullen, und was sie nicht erklären könnten, mache sie wütend.

Falsch. Es macht sie neugierig darauf, ob und wie eine Erklärung für ungewöhnliche Phänomene gefunden werden kann.

3. Die Sache mit dem Gläserrücken

Die Nachtseite

Im 19. Jahrhundert gab es kein Fernsehen und kein Kino – aber es gab Séancen. Und was dabei ablief, scheint manchmal interessanter gewesen zu sein als ein Grusical à la »The Sixth Sense« oder »Das Geisterschloss«. Denn bei den Séancen waren die Zuseher so hautnah am Geschehen und die Ereignisse gingen so direkt an die Psyche, wie es keine moderne filmische Illusion auch nur annähernd ermöglichen kann. Da gab es zum Beispiel ein amerikanisches Medium namens Charles Foster, dessen übersinnliche Fähigkeit nur noch absoluten Insidern unter der Bezeichnung »Dermographismus« bekannt ist. Übersetzt heißt das so viel wie »Hautschrift«. Botschaften der Jenseitigen erschienen wie aus dem Nichts auf Fosters Armen oder seiner entblößten Brust: »Sein Körper war über und über bekritzelt wie ein Schreibblock.«[26]

Und heute? Heute gibt es immer noch das Quija- oder Hexenbrett, Gläserrücken, Pendeln. Dass es dabei mitunter recht grausig zugehen kann, zeigt dieser Erfahrungsbericht, den ein junges Mädchen an das auf Geheimnisvolles und Übersinnliches spezialisierte Onlineportal *noraja.de* schickte.

Mit meinen zwei besten Freundinnen hatte ich Gläserrücken ausprobiert. Es passierte eigentlich nicht viel dabei – aber damit war es nicht zu Ende … Als sich die beiden von mir

---

26 Fodor, N. (2004): *Diese mysteriösen Leute,* Bensheim: Reichmann, Seite 83.

*verabschiedeten, ging ich in mein Zimmer und legte mich
schlafen. So gegen fünf Uhr morgens wachte ich dann im
Wohnzimmer auf der Couch auf. Meine Mutter saß im Sessel vor mir und sah sehr besorgt aus. Ich fragte sie, warum
ich denn im Wohnzimmer sei. Sie wollte wissen, ob ich mich
denn nicht erinnern könne. Ich wusste gar nicht, wovon sie
sprach. Daraufhin erzählte sie mir, was passiert war.*

*Meine Mutter hatte mich nachts gellend schreien gehört. Sie
rannte in mein Zimmer und machte Licht. Sie traf beinahe
der Schlag, als sie mich aufrecht sitzend im Bett vorfand,
angstvoll auf eine bestimmte Stelle im Zimmer starrend. Ich
hatte die Augen weit aufgerissen und war leichenblass. Meine Mutter sprach mich an, aber ich antwortete nicht. Meine
Pupillen waren geweitet und ich murmelte unverständliches
Zeug vor mich hin.*

*Irgendwie brachte meine Mutter mich runter ins Wohnzim-
mer und legte mich dort auf die Couch. Das war um zehn
vor fünf. Meine Mutter überlegte, einen Krankenwagen zu
rufen, aber dann bin ich aufgewacht. Verwirrt und ohne Erinnerung an die Stunden davor. Sie fragte mich, was ich denn
in meinem Zimmer Schreckliches gesehen hätte? Das wüsste ich selbst gern. Oder vielleicht auch besser nicht.*[27]

In anderen einschlägigen Internetforen[28] kursieren Warnun-
gen wie diese: »Stell dich nie um Punkt Mitternacht mit
einer Kerze vor einen Spiegel!« Oder: »Schau nicht Schlag
zwölf in den Spiegel!«

Wieso nicht?

Anscheinend haben auch hiesige, meist jugendliche Okkult-
fans die in Amerika seit langem bekannte »Bloody-Mary-

---

27 Zitiert nach www.noraja.de/html/body_836.html, eingestellt ohne Na-
   mens- und Datumsangabe.
28 Zum Beispiel www.allmystery.de/themen/mt13048

Beschwörung« entdeckt. Mal nennt die Prozedur »Spiegel-ritual« oder »Maria im Spiegel« oder eben »Bloody Mary«. Gemeinsam ist allen Erzählungen, dass man sich in völliger Dunkelheit um Mitternacht mit einer brennenden Kerze vor einen Spiegel stellen muss. Über das, was dann geschieht, kursieren unterschiedliche Ansichten. Davon erzählt der erste der folgenden Berichte.

Im Dämmerlicht

Bloody Mary

Alle meine Klassenkameradinnen kannten Bloody Mary. Nicht das Getränk mit Wodka und Tomatensaft – den Geist meine ich. Angeblich erscheint sie, wenn man sich um Mitternacht mit einer brennenden Kerze vor einen Spiegel stellt und in einer Art Singsang fünfmal ihren Namen sagt: »Bloody Mary. Bloody Mary. Bloody Mary. Bloody Mary. Bloody Mary.«

Dieses Ritual ist aber nicht ganz ungefährlich. Man munkelt, dass der rachsüchtige Geist von Bloody Mary aus dem Spiegel heraustritt und jedem, der es wagt, sie in ihrer düsteren »Twilight Zone« zwischen Leben und Tod anzurufen, das Gesicht zerkratzt. Oder dass sie denjenigen tötet. Oder mit in den Spiegel nimmt.

Wer sie ist, darüber kursieren verschiedene Vermutungen. Eine Hexe, sagen die einen, die als Meisterin der Schwarz-kunst auf dem Scheiterhaufen verbrannt wurde. Eine Kin-dermörderin, deren Drang zum Morden über ihre irdische Existenz hinausreicht, sagen andere. Dann wiederum gibt es Erzählungen, in denen Bloody Mary als eine junge Frau unserer Zeit beschrieben wird, die bei einem Autounfall schwere Gesichtsverletzungen erlitt und den Rest ihres Lebens nie mehr in einen Spiegel blickte. Dem Unfallverursacher, der nicht ermittelt werden konnte, schwor sie Rache noch über den Tod hinaus. Seitdem lebt sie in den Spiegeln und lauert auf ihre Chance.

Meine beste Freundin hatte noch eine andere Version gehört: Bloody Mary soll einst einfach nur Mary geheißen haben. Eines Abends stand sie vor ihrem großen Schlafzimmerspiegel, als ein Einbrecher sich ihr unbemerkt näherte. Es kam zu einem Kampf, sie zerkratzte ihm das Gesicht, aber das rettete sie nicht mehr. Der Mann erwürgte die hilflose junge Frau. Unmittelbar bevor sie starb, soll Mary sich noch einmal im Spiegel gesehen haben. Ihre verbitterte Seele ging daraufhin in den Spiegel – schließlich galten Spiegel schon in den alten Volksmärchen als Tore zur Geisterwelt. Und im Spiegel erschreckt Mary jetzt andere zu Tode.

Spiegel können ganz schön unheimlich sein. Dass diese Haushaltsgegenstände einen Menschen töten können, war mir allerdings neu. Na ja, abgesehen vielleicht von Supermodels, die darin gerade ihre erste Falte entdeckt haben. Solche Witze rissen jedenfalls die meisten Jungs in unserer Klasse über die ganze Geschichte. Und dass sie in der Nacht lieber Jim Beam treffen würden als böse Ladys im destruktiven Wahn. Ich lachte mit, denn so richtig glaubte ich selbst nicht an Bloody Mary. Die Geschichte klang aber horrormäßig spannend. Warum also nicht mal ausprobieren? Ich versuchte es einfach im Badezimmer, denn dort haben wir einen großen, runden Spiegel. Es war Mitternacht, das Licht blieb aus, nur eine Kerze auf der Waschbeckenarmatur drängte die völlige Dunkelheit etwas zurück. Die Flamme stand ruhig und senkrecht. Der Raum erschien seltsam konturlos. Nirgendwo im ganzen Haus war ein Laut zu hören.

Ich hob den Kopf und schaute in den Spiegel. Mich selbst auf der glatten, rahmenlosen Glasfläche zu sehen, kam mir mit einem Mal seltsam befremdlich vor. Alles dahinter war tiefschwarz. Ich beobachtete die Finsternis in meinem Rücken. Obwohl es sich völlig unsinnig anhört, hatte ich das unbehagliche Gefühl, mich vergewissern zu müssen, dass ich wirklich allein war. Der Klang meiner Stimme erschien mir eigentümlich, als ich den Namen zu flüstern begann. »Bloody Mary.« Einmal, zweimal. Ich konnte dem Sog meiner Augen im Spiegel nicht mehr entkommen. »Bloody Mary.« Dann zum vierten Mal. Ich wurde mir fremder und fremder dabei. War ich das, da im Spiegel? Ich machte den Mund wieder zu, meine Augen flackerten nervös umher. Mühsam kämpfte ich den Drang nieder, mich umzudrehen und nachzuschauen, ob da etwas näher kam. Lächerlich, schalt ich mich selbst. Und sagte den Namen zum fünften Mal: »Bloody Mary.«

Ich merkte gar nicht, dass ich vor Anspannung den Atem anhielt. Aber nichts geschah. Ich fühlte Erleichterung und Enttäuschung zugleich. Argwöhnisch suchten meine Augen die Spiegeloberfläche ab. Mein Gesicht sah darin aus wie mit Rost überzogen. In diesem Moment bäumte sich die Kerze grell auf und mein Spiegelbild wurde zu einem Horrorszenarium.

Alles geschah in wenigen Sekunden, aber die Zeit schien plötzlich langsamer abzulaufen und das Entsetzen schärfte mein Wahrnehmungsvermögen, so dass ich jede Kleinigkeit mit fast übernatürlicher Schärfe registrierte.

Es war einfach grauenvoll und kaum auszuhalten. Kein Schatten erschien, kein Phantom, keine Hexe. Sondern etwas viel Schlimmeres. Es sah aus, als hätte ich ein großes scharfes Messer in der Hand und würde damit auf mein eigenes Gesicht einhacken. Die Haut wurde plötzlich von bluttriefenden Ritzen zerfurcht. Die Augen wirkten wie verdrehte, gläserne Kugeln. Alle Einzelheiten meines Gesichts schienen verzerrt, der Mund, die Nase, die Ohren, bis mein gequältes Spiegelbild Veränderungen abbildete, die nicht mehr zu beschreiben waren. Und dabei lachte die entstellte Fratze aus Leibeskräften.

So richtig bewusstlos bin ich nicht geworden, obwohl ich kaum noch mitbekam, was um mich herum passierte. Irgendjemand hob mich hoch, dann wurde ich weggetragen. Als ich die Augen öffnete, lag ich auf der Wohnzimmercouch. Vor mir standen meine Eltern. Ich bekam kaltes Wasser und leerte das Glas mit kleinen Schlucken. Mit einer Mischung aus Ärger und Sorge wollte mein Vater von mir wissen, was ich mitten in der Nacht mit einer brennenden Kerze im stockdunklen Badezimmer tun würde? Und wieso ich das ganze Haus zusammengeschrien hätte?

Ich gab ihm eine halbherzige Erklärung, dass ich zur Toilette gemusst und schlaftrunken gedacht hätte, das Licht würde nicht funktionieren. Und dass ich im Finstern über irgendetwas erschrocken sei, wie eine Schlafwandlerin, die plötzlich aufwache. Meine Eltern glaubten mir wohl nicht, nahmen es aber schließlich so hin.

Ich habe keine Ahnung, was ich wirklich im Spiegel gesehen habe. Vielleicht war es bloß eine Art Selbsthypnose, in die ich durch das makabere Bloody-Mary-Ritual hineingeraten war. Den Rest hatte dann meine überreizte Phantasie besorgt. Ich weiß nur, dass meine Angst sehr real war und sehr plötzlich kam. Und dass ich mit solchen Praktiken nie mehr etwas zu tun haben will.

Geist, wir rufen dich

Vor ein paar Jahren fuhren wir mit unserer Klasse ins Schullandheim. Abends spielten wir in unserem Fünferzimmer Gläserrücken. Die Rollläden waren heruntergelassen, um jede Helligkeit von draußen auszusperren. Kerzen brannten. Ein grauflackernder Schein hing in der Luft wie graues Licht. Wir saßen auf dem Boden. Meine Freundin Denise brachte ein Weinglas und stellte es umgedreht auf den Boden. Außerdem lagen 36 kleine Kärtchen aus Pappkarton vor uns, im Kreis angeordnet und beschriftet mit allen Buchstaben des Alphabets und den Zahlen von null bis neun. Im Innern des Kreises, eine Handbreit links und rechts des Glases, befanden sich zusätzlich eine Ja- und eine Nein-Karte.

Eine geheimnisvolle, spannungsgeladene Atmosphäre breitete sich im Raum aus. Denise legte zuerst einen Finger auf den Rand des umgestülpten Glases. Wir anderen vier taten es ihr nach. »Geist, bist du da?«, rief Denise halblaut. »Geist, wir rufen dich!«, wiederholte sie eindringlich. Aber nichts geschah, minutenlang. Denise sagte, dass wir uns stärker konzentrieren müssten. Und dann, ganz plötzlich, bewegte sich das Glas. Erst langsam und zögernd. Als wüsste es noch nicht, wohin es wollte. Millimeter um Millimeter glitt das Glas mit den fünf Fingern über den Tisch. Zu dem Kärtchen mit der Aufschrift »Ja«. Denise lächelte triumphierend und verkündete: »Kontakt!« Mir rieselte ein kalter Schauer den Rücken hinunter. Unsere drei Zimmerkameradinnen bebten. »Wer bist du?«, fragte Denise leise. Das Glas bewegte sich schneller und schien nun unsere Finger förmlich mitzuziehen. Es wanderte von Kärtchen zu Kärtchen, bis die Kette der Buchstaben ein Wort ergab: Belial.

»Ihr könnt jetzt Fragen stellen«, forderte Denise uns auf. Nonti, die rechts neben mir saß, wollte wissen, woran ihr

Großvater gestorben sei, als sie noch ganz klein war. Das Glas ruckelte los. Zuerst zum L. Dann zum U. Von dort zum N. Denise schrieb mit der linken Hand die Buchstaben mit. Als das Glas sich schließlich nicht mehr rührte, stand ungelenk »Lungenkrebs« auf ihrem Zettel. Nonti wurde ganz bleich und flüsterte uns zu, dass die Antwort tatsächlich richtig sei.

Dann war Alexandra an der Reihe. Sie wollte wissen, ob sie das Schuljahr schaffen würde. Das Glas meinte »Ja« und Alex stieß geräuschvoll die Luft aus. »Kommen meine Eltern wieder zusammen?«, brachte sie hektisch hervor. Wieder schob sich das Glas zur Ja-Karte. Alexandra seufzte erleichtert. Nach zwei positiven Antworten wollte sie anscheinend das Schicksal nicht herausfordern und beließ es dabei.

Ich fühlte mich langsam unbehaglich. Der trübe Schein der gelben, flackernden Flämmchen betäubte mich regelrecht. Mein rechter Zeigefinger, der immer noch den Boden des Glases berührte, fühlte sich seltsam taub an, als sei er nur noch ein bloßes Anhängsel meines Körpers. Außerdem tat mir langsam das Handgelenk weh.

»Geist, bist du noch da?«, hörte ich Denise sagen. Das Glas irrte etwas unsicher zwischen den Buchstaben B und S umher, entschied sich dann aber für die Ja-Karte. »Du bist dran«, wand Denise sich mir zu. Ich wusste nicht, was ich fragen sollte. Es fiel mir in dem Moment einfach nichts ein. Mein Blick irrte über den Kreis aus Buchstaben. Dann entfuhr mir, ohne dass ich es eigentlich wollte: »Muss meine Omi bald sterben?«

Denise schlug erschrocken die linke Hand vors Gesicht. Nonti tat einen kurzen, heftigen Atemzug. Auch Alexandra und Marthe saßen da wie erstarrt. Ich war selbst entsetzt über mich, aber jetzt war es zu spät. Ich machte mir seit einigen Wochen total Sorgen um meine Oma, weil es ihr immer schlechter zu gehen schien. Meine Mutter meinte nur, das sei normal in dem Alter. Das Glas beschrieb eine steile Kurve. Dann machte es eine plötzliche Kehrtwendung rückwärts und peilte in rasender Geschwindigkeit die Ja-Karte an. Ich unterdrückte mühsam einen Aufschrei. Gleich danach beendeten wir die Sitzung. Denise versuchte halbherzig, mich zu trösten. Es werde schon nichts passieren, murmelte sie, aber sehr überzeugend klang das nicht. Vier Wochen später war meine Omi tot.

Der Test

Gläserrücken? Geister? Davon hielt ich gar nichts. Wenn meine Freundin Eva von ihren Sitzungen erzählte, schüttelte ich nur den Kopf. Irgendwann überredete sie mich dann doch, mitzumachen. Wir saßen zu viert auf dem Fußboden. Flackerndes Kerzenlicht brachte wie unruhiges Leben in den Raum. Es malte zuckende Reflexe und dunkle Schatten auf unsere Gesichter und gab den Zügen meiner Freundinnen ein anderes Aussehen. Das Glas bewegte sich. Ich stellte ein paar simple Fragen, die Antworten waren immer richtig. Dann wollte ich es genau wissen. Flüsternd beriet ich mich mit den anderen über das weitere Vorgehen. Niemand widersprach, als ich einen Test startete. Ich stand auf, schob mich zur Tür hinaus und rief übers Handy meinen Freund an. Er war zu Hause und arbeitete gerade am Computer. Ich sagte zu ihm, er solle ein leeres Dokument aufrufen und ein beliebiges Wort aufschreiben, ohne mir zu sagen, welches. Ich würde ihn später noch mal anrufen. Dann ging ich zurück. Der Kerzenschein reichte in seinen Ausläufern nicht bis zur Zimmertür, so dass sich dort die Dunkelheit förmlich ballte, als ich eintrat. In ihr verschmolzen Eva und die beiden anderen jungen Frauen. Der Geist war noch da. Ich fragte ihn, welches Wort mein Freund gerade am Computer geschrieben habe. Das Glas meinte »Inge« – das war mein Name.

Auf leisen Sohlen begab ich mich wieder in den Flur und klingelte noch mal bei meinem Freund durch. Ich fragte ihn nach dem Wort. Er wollte wissen, was das für ein Spiel sei, sagte dann aber schließlich lachend: »Inge.«

Zufall? Eva, ich und die anderen verabredeten uns zu einer weiteren Sitzung. Schon am nächsten Abend trafen wir ins wieder. Wir bekamen erneut Kontakt und ich forderte den Geist auf, er solle einen Gegenstand verschwinden lassen, den wir gut kannten und der sich in unserer Nähe befand. Zunächst geschah nichts weiter. Aber als ich später heimradeln wollte, war mein Fahrrad nicht mehr da, das in der Garageneinfahrt gestanden hatte. Ich habe es auch nicht mehr zurückbekommen. Seitdem halte ich mich von Evas Gläserrücksitzungen fern.

Like a bullet

Meine Freundin Anni und ich dachten uns fürs Gläserrücken etwas Besonderes aus: Statt eine ruhige und mystische Atmosphäre zu schaffen, ließen wir den CD-Player dabei laufen. Wir stellten den Shuffle-Modus ein, der die Lieder in zufälliger Reihenfolge abspielte. Mit den Geistern verabredeten wir, dass sie die Songs auswählen sollten.

Zehn Kerzen flackerten in meinem Zimmer. Die tanzenden Flammen ließen dunkle und helle Figuren auf den Möbeln und an den Wänden erscheinen. Es knisterte aus den Lautsprechern, dann erklang »Light My Fire« von den Doors.

Uns stieg die Hitze ins Gesicht, Annis Wangen waren gerötet. Wir machten weiter. Ein Geist meldete sich, der uns etwas mitteilen wollte. Die Buchstaben, die das Glas anpeilte, ergaben das Wort »Pistole«. Anni sah mich verwirrt an. Durch die Nase holte sie Luft. Vor uns an der Wand stand der Umriss des großen Regalschranks wie ein Schatten, der an seiner Unterseite mit dem Boden verschmolz.

Das CD-Laufwerk in einem der Fächer surrte, dann wummerte das Stück »Pistol Pistol« zu uns herunter. »I walk the streets, I got my gun«, rappte Eminem. »Like a bullet came back that just missed then hit you. I'm goin' to sleep.«

»Sollen wir eine Pistole nehmen?«, fragte Anni unsicher den Geist. Das Glas streifte die Ja-Karte. Ich sprang auf und knipste das Licht an, so dass der Raum erhellt wurde. Zerschmolzenes Wachs war über die Tischplatte gelaufen und zu Boden getropft. Anni erhob sich ebenfalls und schaltete den CD-Player aus.

Wir hatten genug von dem Geisterkram.

Unsichtbares Tor

Wir wollten mit Corinnas verstorbener Oma Kontakt aufnehmen, mit Hilfe eines Ouija-Brettes. Manche nennen es auch »Hexenbrett«. Das funktioniert so ähnlich wie Gläserrücken, nur mit einem Brett aus Holz, auf dem die Buchstaben des Alphabets, die Zahlen von eins bis neun und die Wörter Ja und Nein aufgemalt sind. Anstelle des Glases benutzt man beim Ouija-Brett eine Art Zeiger, die sogenannte Planchette, welche die Zeichen ansteuert. Man muss den Finger darauflegen und warten, bis die Planchette sich auf dem Brett bewegt.

Am Anfang funktionierte es nicht, wahrscheinlich, weil wir

zu nervös waren. Doch dann stellten wir einen Kontakt her. Wir ließen den Geist »gut« buchstabieren. Heraus kam aber bloß »gvt« – fast so, als ob das, was am anderen Ende der »Leitung« war, das Wort »gut« nicht aussprechen konnte oder wollte.

Und kaum dass die Planchette diese drei Buchstaben markiert hatte, bellte der Hund meiner Freundin Ina wie verrückt drauflos. Ich wischte mir über die Stirn, auf der ein leichter Schweißfilm lag. Die Kerzen in Corinnas Zimmer verbreiteten eine merkwürdig farblose Helligkeit. Der hintere Teil des Raumes wurde von der Dunkelheit verschluckt. Dort kauerte Inas Hund Shaggy und knurrte und kläffte die Wand an. Ina brauchte eine ganze Weile, um ihn wieder zu beruhigen.

Wir fuhren fort. Und schließlich meldete sich Corinnas Großmutter. Es klappte ganz prima, wir bekamen viele Informationen.

Dann machten wir wieder denselben Test, mit dem wir herausfinden wollten, ob wir es wirklich mit einem guten Geist zu tun hatten. Wir baten die Oma, einmal »gut« zu schreiben. Die Planchette wanderte zum »g«, zum »m« und zum »t«: »gmt«. Wieder zerriss Shaggys lautes Bellen die fast andächtige Stille. Mit gesträubtem Fell und eingeklemmtem Schwanz sprang er im schattigen Halbdunkel an der Wand auf und ab, knurrte, winselte und stemmte sich mit seinen vier Pfoten dagegen, unentwegt hektisch schnüffelnd.

Wir vier Mädchen sahen einander unsicher an. Jede von uns dachte das Gleiche: Es war, als würde Shaggy ein unsichtbares Tor zwischen dieser und einer anderen Welt bewachen. Vielleicht auch bloß ein Vorhang, der dünn und zerschlissen war. Und was immer hinter dem Vorhang war – es schien uns nicht gerade wohlgesinnt zu sein. Es machte mir Angst. Und nicht nur mir. Wir brachen die spiritistische Sitzung ab.

Soweit ich weiß, hat Corinna das Hexenbrett nie mehr benutzt.

Buch der Toten

Ein Buch, in dem der Wahnsinn haust ... So wird es beschrieben – und ich wollte es unbedingt lesen. Das sagenumwobene »Necronomicon«. Zum ersten Mal hörte ich in einem Horrorfilm davon. In »Tanz der Teufel« sagt der Off-Erzähler: »Ein Buch mit uralten sumerischen Begräbniszeremonien und Totenbeschwörungen. Es heißt, grob übersetzt, Buch der Toten. Das Buch ist in Menschenhaut gebunden und mit menschlichem Blut geschrieben. Es handelt von Dämonen, von der Wiederauferstehung der Toten, und von jenen Kräften, die in den finstersten Abgründen der menschlichen Seele stecken. Auf den ersten Seiten wird vor diesen Dämonen gewarnt: verfluchten Kreaturen, die zwar lange Zeit ruhen können, aber niemals richtig tot sind. Sie können jederzeit ins Leben zurückgerufen werden, und zwar mit den Beschwörungsformeln, die in diesem Buch stehen. Durch lautes Sprechen dieser Formeln erhalten die Dämonen den Befehl, aufzuwachen und sich der Lebenden zu bemächtigen.«
Gruselig.
Das »Necronomicon« soll etwa im Jahr 730 von einem Araber namens Abdul Alhazred geschrieben worden sein. Angeblich hält der Vatikan das Original streng unter Verschluss. Andere dagegen sagen, es handle sich um ein reines Phantasieprodukt des Schriftstellers H. P. Lovecraft aus der ersten Hälfte des 20. Jahrhunderts. Fest steht jedenfalls: Das »Necronomicon« existiert. Ob das, was drinsteht, real ist oder bloß eine Erfindung, ist eine andere Frage. Also trieb

ich das Buch auf. Es prophezeit die Zukunft des Bösen, den Sieg über das Gute, und enthält Beschwörungsformeln, welche die Dämonen rufen sollen. Die klingen zum Beispiel so: »IA ATHZOTHTU! IA ANGAKU! IA ZI NEBO! MARZAS ZI FORNIAS KANPA! LAZHAKAS SCHIN TALSAS KANPA!« Ziemlich irre, was?

Im halbdämmrigen Schein der Schreibtischlampe sprach ich einige der magischen Formeln laut aus. Eine kribbelnde Stimmung lustvollen Grauens ergriff mich. Noch betrachtete ich das Ganze als harmlosen Spaß. Aber dann spürte ich einen Schauder auf meinem Rücken, eine ungewöhnliche Kälte, die mich wie mit klammen Fingern immer fester umspannte. Vielleicht hatte ich mich etwas zu sehr in die Sache hineingesteigert.

Und plötzlich war da eine Kraft, als würde jemand ein gewaltiges Tor aufschieben zu unbekannten Welten. Das Licht flackerte leicht, innerhalb weniger Sekunden mehrfach nacheinander, und in seinem Schein war etwas Fremdes, Störendes. Meine überreizten Nerven gaukelten mir schlurfende Schritte vor und Schatten, die auftauchten und sich hastig wieder zurückzogen. Dann begriff ich, dass es nicht nur eingebildete Schritte waren, so wenig, wie ich mir die Schatten einbildete. Die Tür zu meinem Zimmer machte sich selbständig und flog wuchtig auf, wie von Geisterhand geführt. Ich erschrak bis ins Mark, knallte das Buch zu und rannte hinaus.

Heute, mit einigem Abstand, würde ich nicht unbedingt darauf beharren wollen, dass mich wirklich eine feindliche Macht berührt hatte. Möglicherweise war es nur der seelenerschütternde Ruf des unheimlichen Buchs mit dem düsteren Inhalt, der mich damals packte. Mag sein.

Jedenfalls verbrannte ich bald danach mein Exemplar des »Necronomicon«. Ein paar Sätze daraus kann ich aber immer noch auswendig: »Die Nacht ist ruhig geworden, das Heulen der Wölfe ist ruhig geworden und kaum noch zu hören. Vielleicht war es jemand anderes, den sie suchten? Die Sterne werden düster an ihren Orten, und der Mond erbleicht vor mir, als ob ein Schleier über seine Flamme geblasen worden wäre. Hundgesichtige Dämonen nähern sich dem Umkreis meines Heiligtums. Fremdartige Linien erscheinen, in meine Tür und Wände geritzt, und das Licht vom Fenster wird zunehmend düsterer … Ein Wind ist aufgekommen. Die dunklen Wasser bewegen sich. Dies ist das Buch des Dieners der Götter.«

Die Tagseite

Klar, beweisen können Wissenschaftler nicht, dass es keine Geister gibt. Das ist auch gar nicht möglich, denn die Nichtexistenz von etwas kann man grundsätzlich nicht beweisen. Was indes okkulte Praktiken wie Gläserrücken oder Pendeln angeht, gibt es zumindest gute Gründe, nicht an Botschaften von feinstofflichen Wesen am anderen Ende der »Leitung« zu glauben.

Simple Kontrollversuche bringen erste Erkenntnisse: Ein paar Tropfen Spülmittel auf dem umgestülpten Glas bringen die Reibung auf null und das Glas rückt keinen Zentimeter mehr vor. Oder: Wenn die Pappkärtchen mit den Buchstaben nach unten im Kreis verteilt werden (also so, dass keiner der Akteure sie lesen kann), bekommt man als Ergebnis nur wirre und sinnlose Botschaften.[29]

29 Hund, W. (2004): *Gibt's das wirklich?* Neuried: Careline, zu beziehen bei *www.hund-hersbruck.de.*

Die vernünftigste Erklärung für das Phänomen wäre, dass sich die Vorstellungs- und Einbildungskraft der Beteiligten bemerkbar macht, die über unbewusste Muskelbewegungen der aufliegenden Finger das Glas oder das Pendel oder die Planchette in Gang setzen. Nicht umsonst sind diese Utensilien so instabil, dass sie sich schon bewegen, wenn man sie nur schief anschaut.

Wenn der Tisch glatt und das Glas leicht genug ist, würde das Gewicht eines aufgelegten Fingers ausreichen, um das Glas früher oder später leicht nach vorn zu bewegen. Beim Gläserrücken sind aber mehrere Finger im Spiel, und somit addieren sich die von den Teilnehmern aufgebrachten Einzelkräfte zu einer Gesamtkraft. Diese Kraft ist stark genug, um das Glas kreuz und quer über den Tisch zu schieben. Dass das Glas dabei häufig die Richtung ändert und mal langsamer und dann wieder sehr schnell losruckelt, liegt daran, dass die Teilnehmer unterschiedlich engagiert zur Sache gehen. Manche winkeln den Arm an, andere strecken ihn aus, der eine legt seinen Zeigefinger flach auf das Glas, der andere leicht geknickt und so weiter. In der Summe ergibt diese Heterogenität ein scheinbar »geisterhaftes« Ergebnis: Das Glas bewegt sich wie von selbst in eine Richtung, in die keiner der aufgelegten Finger zeigt und in die keiner der Teilnehmer drückt oder zieht.

Okkultpraktiken sind also nichts Geheimnisvolles, sondern sie sind abhängig vom Erwartungsdruck und von den Gedanken der Teilnehmer, die, ohne es zu merken, die Vorgänge steuern. Den Rest besorgen mitunter eigentümliche Zufälle – oder, meistens, psychologische Effekte.

Ein Beispiel: Eine junge Frau erfährt beim Gläserrücken von dem »Geist«, dass ihr Großvater an Lungenkrebs starb. Die Frau wusste dies gar nicht; erst die Eltern bestätigen ihr, dass die Antwort des Glases richtig war.

Hier handelt es sich mutmaßlich um einen Fall von unbewusstem Wissen: Im Alter von drei Jahren hatte sie den Tod des Großvaters miterlebt. Dabei sprach die versammelte Familie natürlich auch über die Krankheit, ohne dass das Kind etwas mit dem Wort »Lungenkrebs« anfangen konnte. Erst viele Jahre später, bei flackerndem Kerzenschein, Räucherstäbchen und mit dem rückenden Gläschen als eine Art »Fahrstuhl« in die Tiefenschichten ihrer Persönlichkeit, kehrte jener Tag wieder in das Bewusstsein der jungen Frau zurück. Diese Gegebenheiten sind bestens bekannt und erforscht.

Und was hat es mit dem düsteren Spiegeldämon »Bloody Mary« auf sich? Eine lupenreine Wandersage, die Erzählforscher in den späten 1970er Jahren verorten, als US-Teenager ein neues, gruseliges »Campfire Tale« aus den Ferienlagern mit nach Hause brachten. Dass die Erscheinung »Mary« heißt, könnte auf die englische Königin Maria I. aus dem Hause Tudor zurückgehen, die 1553 den Thron bestieg und einige hundert Protestanten als Ketzer verbrennen ließ, was ihr den Beinamen »Bloody Mary« (die blutige Maria) einbrachte. Denkbar ist auch, dass die Urheber der Schauergeschichte das katholische Mariengebet »Hail Mary« (Gegrüßet seist du, Maria) sprachlich zu »Hell Mary« abwandelten.

»Man muss wohl kaum betonen, dass niemand Bloody Mary je zu Gesicht bekommen hat«, schreibt die amerikanische Autorin Jane Goldman dazu.[30] Wirklich?

Sogar die Betreiber des Hexenportals *witchboard.net* sehen sich diesbezüglich zu einer Warnung veranlasst: »Es gibt Bilder im Spiegel, die optische Täuschungen sein können.

---

30 Goldman. J. (1997): *Die wahren X-Akten*, Band 2, Köln: vgs, Seite 263.

Dies ist beispielsweise ein Phänomen, wenn sich die eigenen Gesichter im Kerzenschein in verschiedene Formen verziehen. Dazu gehört, dass das Gesicht sich gänzlich verformen kann, mutieren kann, verstümmelt sein kann. Dies ist lediglich eine optische Täuschung, da durch ein zu langes In-den-Spiegel-Starren, in Verbindung mit den Schattierungen, die durch den Kerzenschein fallen, das Hirn die Gesichter verformt. Hierzu benötigt man keine Beschwörungen!«

Alles ganz harmlos also?

Nein. Von »hysterischen Anfällen« liest man auf verschiedenen Webseiten in Verbindung mit dem »Bloody Mary«-Ritual immer wieder. Andere Teilnehmer leiden seitdem »an Angstzuständen, sobald sie in einen Spiegel schauen«.

Der Unterhaltungswert von Gläserrücken und anderen okkulten Praktiken ist begrenzt – selbst dann, wenn keine Geister oder bösen Mächte im Spiel sind. Zumeist schafft die Beschäftigung damit mehr Probleme, als sie löst. Neben den schon erwähnten Angstzuständen kann psychische Abhängigkeit von den »Botschaften« des Glases oder Pendels die Folge sein, bis hin zur Unfähigkeit, eigene Entscheidungen zu treffen.

4. Die Sache mit dem sechsten Sinn bei Tieren

Die Nachtseite

Oscar ist fluffig, seine Pfötchen sind blütenweiß und samtig weich. Trotzdem ist der Schmusekater vielen Bewohnern im Pflegeheim »Steere House« im US-Bundesstaat Rhode Island unheimlich. Denn das Tier scheint den Tod von Kranken vorauszuahnen. Das Kätzchen wuchs in der Abteilung für Demenz des Pflege- und Rehabilitationszentrums auf. Dort werden Patienten, die an Alzheimer, Parkinson und anderen Krankheiten leiden, behandelt. Nach etwa sechs Monaten fiel den Pflegern auf, dass Oscar in dem Heim seine eigenen Runden machte, ganz wie die Ärzte und Krankenschwestern. Er riecht an Patienten, beobachtet sie und setzt sich neben Menschen, deren Tod direkt bevorsteht. In 25 Fällen traf seine »Vorhersage« bislang zu.[31] Das Pflegepersonal ist inzwischen dazu übergegangen, die Angehörigen zu verständigen, wenn sich der Kater zu einem Patienten gelegt hat. Denn das bedeutet in der Regel, dass der Kranke keine vier Stunden mehr lebt.

Seltsames Verhalten, das an Vorahnungen erinnert, wird von vielen Tieren berichtet. So geschah es auch nach der verheerenden Tsunami-Katastrophe kurz nach Weihnachten 2004 in Asien. Als sich das Meerwasser aus dem Yala-Nationalpark zurückzog, herrschte Totenstille. Das größte Naturreservat Sri Lankas war vollkommen verwüstet. Als die Helfer endlich eintrafen, fanden sie die Leichen von 200

---

31 Zit. nach *Spiegel-Online* vom 25. Juli 2007.

Menschen – aber keine Tierkadaver. Und das, obwohl das Reservat die Heimat von Krokodilen, Wildschweinen, Wasserbüffeln, Affen, Leoparden und 200 Elefanten ist. Alle schienen vor der Riesenwelle, die bis zu drei Kilometer tief in den Park gerast war, in weiser Voraussicht geflüchtet zu sein. »Es gibt keine toten Elefanten, nicht einmal einen toten Hasen oder ein totes Kaninchen«, sagte damals der Vizedirektor der Naturschutzbehörde Sri Lankas, H. D. Ratnayake.

Hysterisch bellende Hunde, aus dem Wasser hüpfende Fische und durchdrehendes Weidevieh vor Naturkatastrophen wie schweren Erdbeben – von solchen Phänomenen erzählen Menschen aus verschiedenen Epochen und Kulturen. Und nicht nur das: Hunde ahnen bei längerer Abwesenheit ihres Herrn schon Stunden oder sogar Tage im Voraus, wann er wieder heimkommen wird, und zeigen dies durch aufgeregtes Verhalten. Ausgesetzte oder verschenkte Katzen finden über Hunderte von Kilometern wieder zu ihren Besitzern zurück. Aber wie?

Ist es Telepathie? Ein geheimnisvoller sechster Sinn, wie ihn etwa der Biochemiker und Philosoph Rupert Sheldrake in seinen Büchern zu belegen versucht? Dieser sechste Sinn soll durch eine sogenannte morphische Resonanz zwischen den Beteiligten zustande kommen – ein noch nicht näher erklärter Rückkoppelungseffekt, der Verbindungen über Zeit und Raum hinweg möglich machen soll. Bildlich gesprochen soll das wie eine Art unsichtbares Gummiband funktionieren, welches die Tiere mit uns Menschen verbindet.

So wie in den folgenden Berichten.

Im Dämmerlicht

In die Flucht gestochen

Es gibt Leute, für die ist eine Doku über Insekten wie ein Horrorfilm. Bei mir war das immer anders. Ich liebe Insekten. Und irgendwie scheinen sie mich auch zu lieben. Motten fliegen abends nicht zum Licht, sondern auf meine Hände oder meinen Kopf und folgen mir. Schon merkwürdig, wenn ich vor dem Fernseher sitze und eine Motte mich umschwärmt, wo es doch bei mir eigentlich dunkel ist. Oder wenn ich auf dem Balkon stehe und sich – schwupps – ein Marienkäfer auf meine Schulter setzt.

Auch Bienen und Wespen fliegen geradezu auf mich. Früher dachte ich, das liege vielleicht daran, weil mein Deo oft nach einer exotischen Frucht riecht. Aber wenn ich nichts aufgetragen habe, ist es genauso. Manchmal nervt mich das ein bisschen, aber meistens ist es eine schöne Erfahrung. Anderen geht es so mit Katzen oder Hunden – mir eben mit Insekten. Spannender als Hamster fand ich die kleinen Hüpfer, Brummer und Krabbelwesen schon als Kind. Mein Vater nannte mich deshalb immer seine »Insektenkönigin«. Meinem Bruder stibitzte ich alle »Rächer«-Comicalben, weil ich die Superheldin Janet van Dyne so toll fand, die sich in eine Art menschliche Wespe verwandelte.

Das hätte ich auch gerne gekonnt! Und nie so sehr wie an jenem Tag im Sommer, von dem ich erzählen möchte. Ich war elf oder zwölf Jahre alt und spielte an diesem Nachmittag an einem Bach in der Nähe unseres Hauses. Die Ufergegend war bewachsen mit Gras und niedrigem Strauchwerk, mit dem der Wind spielte, wenn er darüberblies. Ich war allein und vergaß wohl die Zeit. Am Himmel loderte schon das Abendrot, als ich mich endlich auf den Heimweg machte. Da bemerkte ich, dass jemand hinter mir ging. Mir wurde etwas mulmig. Zuvor hatte ich niemanden in der Umgebung bemerkt, was den Schluss nahelegte, dass die Person mir möglicherweise schon eine ganze Weile aufgelauert hatte. Ein unangenehmes Gefühl. Ich beeilte mich jetzt, kleine Steine knirschten unter meinen Schuhen.

Hinter mir hörte ich schwere Schritte. Ich drehte mich um, damit ich meinen Verfolger sehen konnte. Es war ein erwachsener Mann und er kam mit einer geschmeidigen Hektik auf mich zu. Ich begann zu laufen. So schnell, wie mein Puls schlug. Abhängen konnte ich ihn trotzdem nicht. Entsetzt hörte ich sein heiseres Keuchen hinter mir. Zu nah. Ich würde es nicht schaffen. Nackte Panik überkam und lähmte mich, ich hatte das Gefühl, nicht mehr atmen zu können. Eine riesige Pranke schien mich von hinten zu packen.

Was dann geschah, werde ich bis an mein Lebensende nicht vergessen. Zuerst hörte ich ein leises Summen. Als Nächstes bemerkte ich, dass der Fremde mich wieder losgelassen hatte und wild zu fuchteln und zu klatschen begann. Das Brummen wurde immer stärker und aggressiver. Und dann sah ich es: Vom Himmel fiel ein ungeheurer Schwarm von Stechmücken. Und die Fluginsekten hatten nur ein Ziel: meinen Verfolger.

Die Luft flimmerte förmlich, als die wütende Masse der winzigen Tiere wie Geschosse seinen Kopf umkreiste, attackierte, stach. Es war, als hätten sie nur darauf gewartet, in ihrer Ruhe gestört zu werden. Der Mann versuchte die Stechmücken mit den Händen abzuwehren, vielleicht erwischte er auch ein paar, aber es waren viel zu viele. Tausende, wenn nicht Zehntausende. Alles war plötzlich voller grauer Schatten und das Schwirren und Rascheln unzähliger winziger Flügel erfüllte die Luft. Überall war flatternde Bewegung. Ich stand einen Augenblick fassungslos da. Dann rannte ich los.

Meine Eltern alarmierten sofort die Polizei, aber die Fahndung nach dem Mann blieb erfolglos. Danach hielt ich mich viele Jahre lang von dem Bach fern. Aber immer wieder dachte ich darüber nach, was mich gerettet hatte. Stechmücken reagieren auf menschlichen Körpergeruch und auf den Atem aus Wasserdampf und Kohlendioxid. Hatte mein Verfolger einfach den falschen Duftcocktail produziert? Oder sind die Insekten mir tatsächlich zu Hilfe gekommen? Gleichzeitig, blitzschnell und massiv mobilisiert?

Ich weiß es natürlich nicht. Aber seitdem habe ich nie mehr auch nur eine Fliege erschlagen.

Unzertrennlich

Mein Vater war an Lungenkrebs erkrankt und hatte nicht mehr lange zu leben. Wenn er sich nicht im Krankenhaus aufhalten musste, wohnte er bei uns, in einer kleinen Wohnung. Die meiste Zeit über spielte er dann mit Flogni, unserem Irish Setter. Die beiden waren unzertrennlich. Flogni bewies ein erstaunliches Feingefühl im Umgang mit meinem Vater. Er passte sogar seine Lebensgewohnheiten, wie seine Schlaf- und Essenszeiten oder seinen Bewegungsdrang, an den Kranken an. Auf Stimmungen und Gefühle reagierte Flogni sehr sensibel. Nachts lag er neben dem Bett und begann jedes Mal zu bellen, wenn Vater anhaltend hustete oder Anzeichen von Atemnot zeigte.

Als es dann auf das Ende zuging und die Kliniktür sich für immer hinter meinem Vater schloss, begann Flogni auffällige Verhaltensweisen an den Tag zu legen. Immer wieder lief unser Setter vor Vaters leerem Bett hin und her oder umkreiste ratlos den Gartenstuhl, in dem Vater draußen gesessen hatte, wenn das Wetter schön war.

Und dann, eines Nachts, riss uns ein klagevolles Jaulen gegen 2 Uhr aus dem Schlaf. Flogni kratzte an der Schlafzimmertür, fiepte und winselte zum Steinerweichen. Ich stand auf und versuchte ihn zu beruhigen, aber es half kein Zureden und kein Streicheln. Ein paar Minuten später klingelte das Telefon. Mein Vater war soeben gestorben.

Im Bann des weißen Wolfs

Wasser, so weit das Auge reichte. Endlose Wälder rund um zahllose Seen. Moore, Heiden und Sümpfe. Und wir mittendrin. Abenteuerferien in unberührter Natur – das bedeutete für mich und meinen Freund eine Reise zur Mecklenburgischen Seenplatte. Wild campen war zwar bis auf wenige bestimmte Stellen verboten, aber wir taten es trotzdem. Von morgens bis zum frühen Abend paddelten wir von See zu See, ließen uns auf dem Wasser treiben und sahen verträumt in den Himmel. Der Duft frischer, wilder Blumen wehte durch die Luft.

Dann brach die Dunkelheit herein und der Himmel sah aus wie ein gewaltiges Meer, auf dem Sterne glänzten. Der Mond schaute uns an wie ein leicht verzerrtes weißes Auge. Manchmal schob sich eine Wolke davor, als wollte sie ihn verstecken, überlegte es sich aber schnell wieder anders und wanderte weiter.

Eine Weile saßen wir noch am Feuer. Die Feuerstelle hatten wir dort angelegt, wo ein Hang sie zum nächsten Campingplatz hin deckte. Flammen waren in der Nacht weit zu sehen, selbst Kilometer entfernt. Hin und wieder legte Daniel Holz nach. Dann sprühten jedes Mal Funken. Der Widerschein des Feuers tanzte über unsere Gesichter, Licht und Schatten wechselten sich ab.

Wir verkrochen uns in unser Zweimannzelt. Die ganze Zeit war es um uns herum ganz ruhig gewesen. Nur wir hatten gesprochen und damit die Stille des Waldes durchbrochen. Das änderte sich abrupt, denn wir vernahmen ein unheimliches Geräusch. Wie aus einer gewaltigen Röhre oder einem Trichter drangen heulende Laute hervor. Offenbar ganz nahe bei uns. Mein Freund und ich erstarrten förmlich. Natürlich wussten wir, dass in Mecklenburg-Vorpommern seit Jahren regelmäßig Wölfe beobachtet worden waren. Mehrfach waren auch Schafe gerissen worden. Aber wir wussten auch, dass Wölfe überaus scheu sind und Berichte von Angriffen auf Menschen meist jeder Grundlage entbehren. Es waren klagende, beängstigende, zugleich auch aggressive Laute, die da zu uns drangen, bevor sie gegen den nächtlichen Himmel wehten, um sich dort zu verflüchtigen. Wir richteten uns in unseren Schlafsäcken auf und lauschten angestrengt. Zwei, drei Minuten verstrichen. Dann hörten wir ein leises Tappen um unser Zelt herum. Ein tiefes Knurren versetzte uns einen eisigen Schrecken. Wir hielten den Atem an. Was immer da draußen umherschlich, es musste direkt vor unserem Zelt sein. Aus dem Knurren wurde wieder ein langgezogenes Heulen. Was heulte dieses Wesen an? Den Mond? Die Nacht? Schließlich schwang ein merkwürdiges Jaulen, wie eine Botschaft, durch die Nacht und zerrte an unseren Nerven.

Plötzlich war Schluss. Nichts tat sich mehr. Langsam gewannen wir die Fassung wieder und überlegten, was wir tun sollten. Es war Nacht, es war dunkel, wir waren ganz allein und völlig geschockt. Unsere Gedanken kreisten irgendwo zwischen Logik und Panik.

Im Zelt bleiben? Und damit möglicherweise riskieren, dass uns das Tier doch noch überraschend angriff? Nahezu bewegungsunfähig in unsere Schlafsäcke gezwängt, würden wir wohl eine leichte Beute abgeben. Also beschlossen wir, draußen wieder Feuer zu machen und im hellen Schein der Flammen auf den Morgen zu warten. Eng aneinandergekuschelt saßen wir am auflodernden Feuer.

Plötzlich war hinter uns ein leises Knacken und Reißen zu hören, das rasend schnell bedrohlich anschwoll. Daniel und ich sprangen gleichzeitig auf, fuhren herum – und sahen, dass ein großer Baum umgeknickt war und unser Zelt unter sich begraben hatte. Nicht auszudenken, was passiert wäre, wenn wir noch darin gelegen hätten.

Da fiel mir schlagartig ein, was zu Hause auf meinem Bett lag: ein wunderschöner weißer Plüschwolf. Als ich drei Jahre alt gewesen war, hatten meine Eltern mir das Stofftier als nächtlichen Beschützer geschenkt.

Trostbringer

Woher er kam, blieb ein Geheimnis.

Eines Morgens stand er vor der Glastür, die nach hinten zum Garten rausgeht: ein schwarz-weißer Border Collie. Gelassen und treuherzig schaute er mir ins Gesicht, mit dem klassischen Hundeblick. Er sah hungrig aus. Ich gab ihm zu fressen und als er fertig war, machte er keinerlei Anstalten, wieder zu verschwinden. Das Tier drehte sich ein paarmal im Kreis, ließ seine Zunge raushängen und starrte erwartungsvoll durch die Scheibe ins Wohnzimmer. Der Collie machte einen sehr gepflegten Eindruck. Gegen Abend ließ ich ihn schließlich herein. Außer mir lebte noch meine Mutter im Haus, die ihr Reich im oberen Stockwerk allerdings seit zwei Tagen nicht mehr verlassen hatte. Sie kränkelte, und das machte mir einige Sorgen.

Ich setzte mich auf die Couch und schaute fern. Der Hund legte sich mir zu Füßen. Ich weiß nicht, ob Hunde wirklich lachen können – aber es sah jedenfalls so aus. Ich nannte ihn »Lucky«.

Doch gerade jetzt schien sich das Glück davonzumachen. Am anderen Morgen rührte meine Mutter ihr Frühstück nicht an. Gegen Mittag hatte sich ihr Zustand so verschlechtert, dass ich einen Krankenwagen rief. Abends saß ich wieder vorm Fernseher. Ich hatte meine Hand in Luckys Fell gekrallt, als könnte ich mich dort festhalten.

Auch Lucky war auffallend unruhig. Er schaute immer wieder zum Telefon, fiepte leise und suchte engen Kontakt zu mir. Gegen 22 Uhr zerschnitt das Geräusch des Telefons meine trübe Gedankenwelt. Ich erschrak. Lucky hob den Kopf und lauschte aufmerksam.

Es war das Krankenhaus. Meine Mutter war ganz überraschend gestorben.

In dieser Nacht, wie auch in den darauffolgenden Tagen, war Lucky mein einziger Trost und Halt. Er stupste mich mit der Nase an, wenn es mir schlechtging, und wenn ich nicht reagierte, stupste er stärker und sah mich mit seinen großen Augen lieb an.

Wenige Wochen danach verkaufte ich das Haus und zog in eine kleinere Wohnung. Natürlich wollte ich Lucky mitnehmen. Am Umzugstag drückte er sich fast die Schnauze an mir platt und bellte ein paarmal mit schiefgelegtem Kopf. Mittags war Lucky dann auf einmal verschwunden.

Er tauchte nie mehr auf.

Loki

Natürlich war es ein Fehler gewesen.

Nachts in einer fremden Stadt allein durch einen dunklen Park zu spazieren, gehörte gewiss nicht zu den besten Ideen, die ich je gehabt hatte. Vielleicht war es Abenteuerlust. Vielleicht hatte ich auch einfach nur zu viel getrunken. Zwar schwankte ich nicht, aber die vier Sektcocktails machten sich bemerkbar. Meine Firma hatte in dieser Stadt eine kleine Niederlassung. Ich war auf dem Weg ins Hotel, nach einem wichtigen Meeting hatte es noch einen Empfang gegeben.

Die Lichter des Restaurants blieben hinter mir zurück. Blattwerk deckte sie ab, sie verschwammen zu milchigen Inseln, mich hüllte die Dunkelheit ein. Anscheinend hatte es geregnet, denn von den Blättern der Bäume fielen die Tropfen, klatschten auf mein Haar und meine Lederjacke. Geräusche hörte ich kaum. Von der Straße her vernahm ich nur ein Summen, wenn die Autos vorbeiglitten. Nach der Hektik des Tages genoss ich die zusammengedrängte Natur, und die feuchte Luft kam mir wie eine Erfrischung vor. Endlich konnte ich etwas entschleunigen, denn der Stress wirkte langsam vergiftend. Normalerweise machte mir eine Umgebung wie diese auch nichts aus, im Gegenteil. Diesmal aber kam es mir vor, als würde ich mit jedem Schritt in geballte Schwärze treten. Vor mir schlug der Weg einen Bogen. Die nächste Lampe strahlte erst hinter der Kurve ihr Licht ab. Zwischen den hochgewachsenen Bäumen standen dichte Büsche. Etwas raschelte darin, aber das Geräusch ging im fernen Grummeln von Donner unter. Weit in der Ferne wetterleuchtete es.

Mit einem Mal spürte ich, dass ich nicht mehr allein war. Der Wind hatte eine Pause eingelegt und ich hörte Schritte hinter mir. Schnell sah ich über die Schulter. In dem schummrigen Dunkel konnte sich alles Mögliche verbergen, Gutes wie Schlechtes. In der Nacht sollte man indes eher mit dem Schlechten rechnen, dachte ich bei mir, und verfluchte meine Sorglosigkeit. Noch dazu gehörte diese Nacht nicht gerade zu den hellen Sommernächten. Die Baumkronen links und rechts über mir bildeten dichte Klumpen der Schwärze, aus denen ab und zu dicke Tropfen klatschten.

Das Gelände fiel ein bisschen ab. Ich ging rasch weiter. Jetzt war ich sicher, dass hinter mir grobes Schuhwerk dumpf auf dem Asphalt klang. Ich sah zurück. Woher der Mann so plötzlich aufgetaucht war, wusste ich nicht. Aber er kam sehr schnell näher. Sein Gesicht bildete kaum mehr als einen grauen Fleck.

Ich erstarrte. Und ich wünschte mir in dem Augenblick nur eines: dass mein Schäferhund Loki bei mir wäre. Ganz intensiv formte sich in meinem Kopf dieser Gedanke.

Plötzlich stoppte der Fremde. Ziemlich abrupt. Und da hörte ich das leise, aggressive Knurren direkt neben mir. Irritiert blickte ich zu Boden. Da war nichts – außer einer Ausstrahlung, die ich wahrnehmen konnte. Sie drang mir entgegen wie eine Botschaft und ich spürte, dass sie mir nicht feindlich gesinnt war.

Für den Mann, der einige Meter vor mir zum Stehen gekommen war, schien das jedoch nicht zu gelten. Er stand wie am Boden festgewachsen. Ein unsichtbarer Widerstand schien sich ihm entgegenzustemmen. Oder sah er etwas, was ich nicht sah? Es schien so, denn der Fremde fixierte einen Punkt rechts von mir. Das bedrohliche Knurren wurde lauter und schien plötzlich überall um mich herum zu sein. Der Mann machte auf dem Absatz kehrt und suchte das Weite. Ich stand da und konnte einfach nicht glauben, was ich gerade erlebt hatte. Kühle Luft wehte herbei und nun begleitete auch der Mond meinen Weg aus dem Park. Ein Glanz lag auf den Büschen und Bäumen, als wären sie mit frischem Lack überzogen. Vom Hotelzimmer aus rief ich meinen Freund an. Ich erzählte ihm nicht, was passiert war. Ich sagte ihm nur, er solle Loki ganz doll von mir streicheln.

Geheimnisvolle Katze

Die Trauerfeier zur Feuerbestattung meiner Oma werde ich wohl nie vergessen.

Als die Trauergäste nach und nach bei der Friedhofskapelle eintrafen, stand ich mit meinen Eltern draußen. Uns fiel eine getigerte Katze auf, die sich mit jedem Gast in die kleine Kapelle zu schleichen versuchte. Was sie aber nicht schaffte, denn den Leuten gelang es immer wieder, das Tier abzudrängen, wenn sie die schwere Tür aufzogen und kurz aufhielten. Ich streckte vorsichtig meine Hand nach der Katze aus und streichelte sie. Eigentlich glaubte ich alle Katzen in unserer Gegend zu kennen, aber diese hatte ich noch nie zuvor gesehen.

Bei der Trauerfeier saßen wir als nahe Angehörige der Verstorbenen in der ersten Reihe. Der Sarg war vor uns, in der Mitte der Kapelle, aufgestellt. Rechts davon fiel die Sonne durch ein großes Fenster aus antikem Buntglas herein. Das Licht brach sich darin auf vielfältige Weise und malte grüne, rote, gelbe und blaue Flecke auf den Boden, als hätte jemand Farbe verschüttet. Umgekehrt war das Hindurchschauen schwierig. Während der Pfarrer sprach, drehte ich langsam und unauffällig den Kopf hin und her, um eine Stelle zu finden, wo dies ohne Verzerrungen möglich war. Einen klaren, ungehinderten Blick bekam ich zwar nicht, aber ich war sicher, draußen vorm Fenster die Katze sitzen zu sehen.

Eine Bekannte meiner Oma hielt eine kurze Ansprache. Sie rezitierte ein Gedicht, es ging darin um »das letzte Blatt«, das vom Baum fällt und vom Schnee liebevoll zugedeckt wird. Im selben Moment löste sich aus einem Trauerkranz, der vor dem Sarg aufgestellt war, ein Blatt. Die Rednerin hatte es nicht bemerkt und beendete ihren Text mit dem Satz: »Das letzte Blatt ist ein Teil vom Leben.« Die Trauergäste schauten zu dem Efeublatt hin, das jetzt auf dem Boden lag.

Die Urne meiner Oma wurde erst eine Woche später im engsten Familienkreis beigesetzt. An dem Tag tauchte die Tigerkatze wieder auf, zuerst bei meinem Onkel in der Nachbarschaft und dann kam sie zu uns. Sie schlich um uns herum, streifte ein paarmal schnurrend an meinem Bein entlang und verschwand schließlich.

Seitdem hat sie keiner mehr gesehen.

Die Krähe

Ich hatte damals einen kleinen Schrebergarten, eine grüne Oase inmitten der Stadt, wo es immer etwas zu tun gab. An einem Sommernachmittag pflückte ich Johannisbeeren, als im Salatbeet gleich daneben ein Vogel landete. Eine Saatkrähe, deren schwarzes Gefieder in der Sonne metallisch glänzte. Ich klatschte laut in die Hände, um das Tier zu verscheuchen, und wandte mich wieder meiner Arbeit zu. Da spürte ich etwas am Fuß. Ich schaute zu Boden – die große Krähe hackte mit dem Schnabel auf meinen linken Schuh ein. Nicht aggressiv, eher so, als wolle sie unbedingt meine Aufmerksamkeit. Der Vogel blieb den ganzen Nachmittag über bei mir. Er saß auf dem Dach des Gartenhäuschens, während ich eine Weile in der Sonne lag. Er begleitete mich abends zum Auto und flog hinter mir her, bis ich die Hauptstraße erreicht hatte. Am nächsten Tag schien die Krähe schon auf mich gewartet zu haben. Sie saß auf dem Gartenzaun und krächzte lautstark. Ihr Blick schien sich an mir festzusaugen. Langsam wurde mir das Tier ein wenig unheimlich. Zu Hause erzählte ich meinem Mann und meinem Sohn davon und sie beschlossen, mich am Samstag mal wieder in den Garten zu begleiten. Von der Krähe war an diesem Tag allerdings keine Feder zu sehen.

Ein paar Tage später fing mein linkes Bein an weh zu tun. Es schwoll an und wurde rot und heiß. Wahrscheinlich hätte ich Eis draufgetan und sonst nichts, aber mein Sohn fuhr mich sofort zum Arzt. Glücklicherweise, denn das Ganze entpuppte sich als phlebologischer Notfall: Thrombose, sprich Blutgerinnsel, obwohl ich nie unter Krampfadern gelitten hatte. Bei der Befragung des Arztes erinnerte ich mich daran, dass meine verstorbene Mutter Probleme mit den Venen gehabt hatte. Im selben Moment fiel mir der Vogel ein. In den linken Fuß hatte er mich gepickt. Mein Sohn sagte später spaßeshalber zu mir: »Das war wohl Oma, die versucht hat, dich zu warnen.« Offen gesagt glaubte ich das beinahe auch.

One crow for sadness

Im Mittelalter war im englischsprachigen Raum dieser Reim überall bekannt:

> »*One crow for sadness, two for mirth;*
> *Three crows for marriage, four for birth;*
> *Five crows for laughing, six for crying:*
> *Seven crows for sickness, eight for dying;*
> *Nine crows for silver, ten for gold;*
> *Eleven crows a secret that will never be told.*«

Ich kenne keine passende deutsche Übersetzung für diese Verse, aber es kommt darin sehr schön zum Ausdruck, welch umfangreiche Mythologie sich um Krähen rankt. Krähen machen uns neugierig, sind uns aber auch ein wenig unheimlich. Obwohl sie in der freien Natur fast ständig zu sehen und zu hören sind, ist es schwierig, in ihre Nähe zu kommen. Und vor allem gilt die Krähe als Wächter der großen Geheimnisse. Der Film »The Crow« etwa basiert auf einer Legende, die besagt, eine Krähe trage die Seele eines Verstorbenen in das Land der Toten. Mein Großvater sagte immer, wenn er sterben würde, würde er uns eine Krähe schicken, sobald er drüben angekommen wäre. Drei Tage nach seinem Tod hatte ich etwas bei meinem Steuerberater zu erledigen. Seine Kanzlei lag an einer vielbefahrenen Hauptstraße. Ich bekam einen Parkplatz in einer Seitenstraße. Als ich ausstieg, fiel mir eine Krähe auf, die auf dem Gehweg herumhopste und mich beäugte. Gedacht habe ich mir da noch nichts dabei.

Nach vielleicht 20 Minuten kam ich wieder zurück. Ich bog um die Ecke, ging auf mein Auto zu – da sah ich, dass die Krähe auf dem Sonnendach meines Fords saß. Ich blieb abrupt stehen. Mit ihren pechschwarzen Perlaugen starrte sie mich an, als würde sie mich kennen. Dann schien der Vogel laut aufzuseufzen, schlug heftig mit den Flügeln und flatterte davon.

Nur etwa ein Jahr später unterschätzte ein guter Freund von mir eine Sommergrippe. Michael war Fitnessfan und wollte nie auf sein tägliches Training verzichten. Dabei zog er sich eine Herzmuskelentzündung zu und brach beim Laufen zusammen. Spaziergänger riefen einen Notarzt herbei, der ihn reanimierte. Aber in der Klinik bekam Michael extrem hohes Fieber und fiel ins Koma. Die Entzündung hatte noch weitere Organe angegriffen. Erst einige Wochen später erwachte er wieder.

In den ersten Tagen durfte nur Michaels Familie zu ihm. Sein Zustand besserte sich, und schließlich gab mir sein Bruder Bescheid, dass ich ihn bald besuchen könnte. Am selben Abend traf ich mich mit einer Freundin, die Michael ebenfalls gut kannte, und wir unterhielten uns im Biergarten darüber, was wir ihm ins Krankenhaus mitbringen könnten.

Während wir miteinander sprachen, flatterte am Fuß des leeren Nebentisches eine Krähe zu Boden. Diese Vögel gelten gemeinhin als ebenso schlau wie frech, also warfen wir ihr ein großes Stück Brot hin. Aber statt sich darauf zu stürzen, tippelte die Krähe um uns herum, gebärdete sich sonderbar und krächzte zweimal laut auf. Ein äußerst ungutes Gefühl breitete sich in meinem Bauch aus. Auch meine Begleiterin schaute sichtlich betroffen und voller düsterer Vorahnungen drein.

Mein Handy klingelte, am liebsten wäre ich gar nicht rangegangen. Ich tat es aber doch und erfuhr von Michaels Bruder, dass Michael zwei Stunden zuvor gestorben war.

Die Krähe saß mittlerweile unweit auf einem Baum und starrte die ganze Zeit auf uns herunter.

Die Tagseite

Erstaunlich, die Sache mit dem hellsichtigen Kater Oscar in dem amerikanischen Pflegeheim. Wenn da nicht immer die Skeptiker mit ihren vielen Fragen und Zweifeln wären. Zum Beispiel: Wie solide ist eigentlich die Basis für die Behauptung, die Katze könne den Tod vorausahnen? Hat die Katze ungehinderten Zugang zu allen Patienten? Wie oft besucht sie jeden Patienten und wer kontrolliert dies? Wie lange muss der Besuch dauern, um als Zeichen des bevorstehenden Todes gewertet zu werden? Folgt das Tier vielleicht nur dem Pflegepersonal, das einigen Patienten mehr Zeit widmet als den anderen? Bieten sich die Zimmer der Betroffenen aus anderen Gründen als Katzenbesuchsort an? Schätzen Ärzte den Zustand der Patienten genauso ein wie der Kater?

Kleinlich? Nein, denn in der Wissenschaft gilt nun einmal der Grundsatz: Bevor etwas Übernatürliches in Erwägung gezogen wird, sollten alle natürlichen Erklärungsmöglichkeiten restlos ausgeschöpft sein. Und das sind sie in diesem Fall noch nicht.

Anders als der kopfbezogene Mensch leben Tiere ausschließlich in ihrer Sinneswelt. Und diese ist so fein abgestimmt, dass wir uns als vergleichsweise stumpfsinnige Wesen davon überhaupt kein Bild machen können. So sind Strandläufer und andere Schwarmvögel imstande, nur aufgrund von Sinneswahrnehmungen und neuronalen Prozessen im Engflug abrupte Richtungswechsel zu vollziehen, ohne zusammenzustoßen (auch wenn Rupert Sheldrake sich das erklärtermaßen nicht vorstellen kann und stattdessen von einem ominösen morphischen »Scharfeld« spricht).[32]

Auf den Tsunami vom 26. Dezember 2004 bezogen, könnte das heißen: Die Tiere nahmen bereits die Schallwellen und Vibrationen wahr, die bei dem Seebeben entstanden, und als die Monsterwelle anschließend über den Meeresboden raste, spürten sie die Gefahr. Denn Schall breitet sich in Gestein wesentlich schneller aus als die Welle im Meer. Möglicherweise reagieren Tiere auch auf positiv geladene Schwebeteilchen in der Luft, die durch hohe Spannungen im Gestein entstehen und typisch für Erdbeben sind. Diese Aerosole

32 http://www.gwup.org/component/content/article/107-sonstige-themen/777-felder-ohne-fruechte

führen im Gehirn zur Ausschüttung des Botenstoffs Seroto-
nin, der Aufregung und Angst auslöst.

Wie aber finden Haustiere über weite Entfernungen hinweg
ihre geliebten Menschen wieder? Hier geht die Forschung
von einer Art dreidimensionalem Hörbild im Gedächtnis
aus: Tiere orientieren sich beim Heimfinden an optischen
und akustischen Wegmarken wie etwa Zugrattern, Sirenen-
geheul oder Straßenlärm. »Ahnungen« von Tieren bestün-
den demnach lediglich aus Signalen, die uns Menschen gar
nicht erst erreichen oder die wir uns nicht bewusst machen
können. So ist auch bekannt, dass Haustiere sich in ihrem
Verhalten nach geringsten Abweichungen von der täglichen
Routine und kleinsten Signalen ihrer vertrauten Bezugsper-
son richten. Sicherlich reicht das nicht aus, um alle unsere
»Dämmerlicht«-Geschichten zu erklären. Aber wir sollten
uns davor hüten, menschliche Wunschbilder auf Tiere zu
übertragen, ohne deren wirklichen Bedürfnisse und Eigen-
schaften zu kennen.

5. Die Sache mit den Vorahnungen

Die Nachtseite

Es waren nur drei Minuten. Doch genau diese drei Minuten entschieden über Leben und Tod.

Am 20. August 2008 wollte ein Mann namens Hector mit seiner Partnerin auf dem Flughafen von Madrid einchecken und nach Las Palmas fliegen. Doch der Schalter war gerade geschlossen worden. Alles Bitten war vergebens, die Mitarbeiter am Gate konnten nichts mehr für das Paar tun. Der Spanair-Jet mit der Flugnummer JK 5022 hob ohne die beiden ab. Kurz darauf zerschellte die Maschine nach einem zweiten, missglückten Start. 153 Passagiere starben in der Flammenhölle.

Ein Jahr später: In der Nacht vom 31. Mai zum 1. Juni 2009 stürzte ein Airbus der Air France auf dem Flug von Rio de Janeiro nach Paris über dem Atlantik ab. Keiner der 228 Menschen an Bord überlebte die Katastrophe. Auch der Arzt Felipe Ceriolli hatte ein Ticket für den Todesflug AF 447 gekauft. Doch seine Mutter hatte ihn gebeten, noch etwas länger zu bleiben. »In gewisser Weise hat sie mein Leben gerettet«, erzählte Ceriolli nach dem Unglück der Presse.

Mai 2006: Zwei Männer wurden am Flughafen von Eriwan festgehalten, weil es Probleme mit ihren Reisepässen gab. Das Flugzeug startete, noch während der Armenier und der Georgier mit den Sicherheitsleuten stritten – und zerschellte wenig später im Schwarzen Meer. Es gab 113 Tote.

Glück? Zufall? Schicksal? Vorahnungen?

In dem Teen-Horrorfilm »Final Destination« ist es der Tod

selbst, der bei den seltsamen und unerklärlichen Ereignissen Regie führt. Angeblich basiert der Mystery-Streifen auf einer wahren Begebenheit, dem Absturz einer Boeing 747 vor Long Island (New York) im Jahr 1996. Die Handlung: Kurz vor dem Start nach Paris überfällt den jungen Alex eine intensive Vorahnung. Während er bereits im Flugzeug sitzt, sieht er in einer Vision die Maschine explodieren. Alex versucht, seine Schulklasse zum Aussteigen zu bewegen, und wird von Bord verwiesen. Nur die Lehrerin und fünf Mitschüler begleiten ihn, um mit einem späteren Flug nachzukommen. Tatsächlich verunglückt die Maschine. Doch auch die diejenigen, die mit Alex von Bord gegangen und so der Katastrophe entronnen sind, sterben auf skurrile Weise. Ihr Tod war vorbestimmt, und Alex hat ihn durch seine Panikattacke verhindert – allerdings nur vorläufig. Denn der Sensenmann lässt sich nicht austricksen und sammelt die Überlebenden einen nach dem anderen ein.

So unglaublich es klingt: Auch dieses »Akte X«-ähnliche Szenario wurde 2009 Realität. Ein Rentnerpaar aus Bozen, Südtirol, hatte die Air-France-Unglücksmaschine AF 447 in Rio verpasst. Sie flogen am nächsten Tag und landeten sicher in München. Und doch lebte die 66-jährige Johanna G. nur zehn Tage länger als die Todesopfer des Absturzes über dem Atlantik.

Mit dem Auto fuhr das Ehepaar auf der Inntalautobahn Richtung Heimat. Bei Kufstein scherte ihr Wagen plötzlich aus und prallte gegen einen entgegenkommenden Lkw. Johanna G. war sofort tot. Ihr Ehemann, der am Steuer eingenickt war, überlebte schwer verletzt. »Leider treibt das Leben zuweilen makabere Spielchen«, schrieb das Onlineportal *krasse-news.de*.

Zweifelsohne. Aber was steckt dahinter? Kann das noch Zufall sein? Gehen wir fast 100 Jahre zurück, zum Untergang der Titanic. 1898 erzählte der Schriftsteller Morgan Robertson in seinem Roman »Futility: The Wreck of the Titan«[33] die Geschichte eines Luxusdampfers namens »Titan«, der auf seiner vierten Fahrt über den Atlantik mit einem Eisberg zusammenstößt und sinkt – im April.

14 Jahre später ereilte dieses Schicksal die Titanic bei ihrer Jungfernfahrt. Robertsons »Titan« hatte eine Verdrängung von 70 000 Tonnen, war 244 Meter lang und machte 24 bis 25 Knoten. Die echte Titanic hatte fast dieselben Daten, war 269 Meter lang und verdrängte 53 000 Tonnen. Beide Schiffe hatten wasserdichte Schotten (die »Titan« 19, die Titanic 16) und konnten etwa 3000 Menschen an Bord nehmen, während Rettungsboote nur für einen geringen Teil der Passagiere zur Verfügung standen.[34] Auch das Schiff im Roman wurde im Vorfeld der Reise für unsinkbar gehalten.

Dann wäre da noch die Sache mit den Todesträumen: Jemand träumt, dass ein anderer stirbt – und der andere stirbt tatsächlich. Von diesem Phänomen berichtete beispielsweise der Schweizer Mediziner und Psychologe Carl Gustav Jung (1875–1961), Freud-Schüler und Begründer der Analytischen Psychologie: »Einer meiner Bekannten sieht und erlebt im Traum den plötzlichen und gewaltsamen Tod eines Freundes, mit charakteristischen Merkmalen. Der Träumer befindet sich in Europa und sein Freund in Amerika. Ein Telegramm am nächsten Morgen bestätigt den Todesfall, und ein Brief zehn Tage später die Einzelheiten.«

Solche Ereignisse seien derart unwahrscheinlich, schrieb Jung, dass der Zufall als Erklärung ausscheide und man nach anderen Ursachen suchen müsse. Aber nach welchen?

---

33 In deutscher Übersetzung mit dem Titel »Titan. Eine Liebesgeschichte auf hoher See« erschienen.
34 Vgl. http://de.wikipedia.org/wiki/Titan_(Robertson)

Jung glaubte an eine Vielzahl übernatürlicher Phänomene, wie außersinnliche Wahrnehmung und Geister.[35] Er sah unsere Wirklichkeit nicht nur durch Kausalität, sondern auch durch die sogenannte Synchronizität bestimmt – durch Vorkommnisse, bei denen sich die physikalische Welt korrespondierend zu einer inneren, psychischen Situation zu verhalten scheint und die durch unbewusste Prozesse verursacht werden. Also kein Einfluss, der mit Ursache und Wirkung erklärt werden könnte, keine Signale, nichts Physikalisches, das aus dem Kopf heraustritt und auf die Entfernung etwas tut. Sondern gewissermaßen eine Sinnverbindung.

Solche Theorien von einer Art Resonanzeffekt, der die räumliche Trennung zwischen einem Ereignis und einem »Mitwisser« gleichsam aufhebt, haben indes einen Nachteil: Sie sind mit dem gesunden Menschenverstand nur schwer nachzuvollziehen. Wie bestimmte dramatische Ereignisse mit außergewöhnlichen Erfahrungen von Menschen und Hirnvorgängen zusammenhängen, wissen wir noch nicht. Sicher scheint nur, dass es sich dabei nicht um kausale Zusammenhänge handelt, sondern um Korrelate, also Parallelprozesse. Und sie treten spontan auf, sie sind nicht steuerbar.

Nichtsdestotrotz zählt spontanes Vorherwissen (Präkognition) »zu den am besten abgesicherten paranormalen Fähigkeiten«, erklärt Dr. Elmar Gruber, Psychologe und ehemaliger Mitarbeiter am Institut für Grenzgebiete der Psychologie und Psychohygiene in Freiburg. In zahlreichen Experimenten konnten statistisch signifikante Trefferquoten nachgewiesen werden. Mitte der 1950er Jahre etwa verglich der amerikanische Parapsychologe William Cox über einen

35 Vyse, Seite 118.

längeren Zeitraum hinweg die Passagierzahlen von Eisenbahnzügen, die verunglückt waren, mit der durchschnittlichen Anzahl von Passagieren auf denselben Strecken an zehn anderen Tagen ohne Unfall. Es zeigte sich: An Unfalltagen waren statistisch auffällig weniger Fahrgäste in den Waggons als an anderen Tagen. »Offenbar«, folgert Gruber, »haben viele Menschen ohne ihr Wissen Vorahnungen und lassen sich von ihnen leiten.«[36] So wie in den folgenden Berichten.

Im Dämmerlicht

Teatime

Es gibt Leute, die gerne Tee trinken. Ich gehöre nicht dazu. Natürlich haben wir immer welchen im Haus. Aber eigentlich nur für Gäste. Oder wenn mal jemand krank ist.
An diesem einen Morgen jedoch erwachte ich mit einem unbändigen Verlangen nach einer Tasse Tee. Vielleicht sind das die unbewussten Nachwehen eines schönen Traumes, dachte ich mir. Vielleicht hatte ich im Schlaf endlich meine Traumreise verwirklicht, war in der Transsibirischen Eisenbahn gesessen und hatte von Moskau bis Wladiwostok heißen Tee getrunken. Oder so ähnlich. Ich wollte weiterschlafen. Konnte es aber nicht. Ich musste Tee trinken. Jetzt sofort. Also stand ich auf und schlich hinunter in die Küche. Leise und ohne Licht zu machen, um meine Frau nicht zu wecken, die neben mir lag. So dachte ich jedenfalls. Das tat sie aber nicht. Als ich in die Küche kam, saß da meine Frau –

36 Gruber, Elmar R. (2003): *Nostradamus*, Bern, Scherz, Seite 361.

und trank Tee. Sie mag Tee übrigens genauso wenig wie ich. Wir saßen eine Weile da, tranken zusammen Tee und wunderten uns. Plötzlich hörten wir ein gewaltiges Getöse aus dem Schlafzimmer. Wir rannten nach oben. Und fassten uns an den Händen. Die Decke war eingestürzt. Dicke, schwere Holzbalken lagen auf dem Bett, das unter der Last ebenfalls zusammengekracht war.

Das wäre unser sicheres Ende gewesen.

Der Schrei

Ein Wochenende in der Berghütte. Nur meine Frau und ich. Das hatten wir uns verdient. Unsere dreijährige Tochter hatten wir in der Obhut ihrer Patentante gelassen. Sie freute sich, mit der Kleinen zusammen sein zu können. Die Hütte hatte zwei Stockwerke. Eigentlich waren die Schlafzimmer oben, aber da sie gerade renoviert wurden, richteten wir uns auf der Doppelcouch unten im Wohnzimmer ein. Wir gingen früh schlafen. Im Kamin knackte das Holz, die Flammen züngelten und eine behagliche Wärme breitete sich im Raum aus.

Gegen Mitternacht fuhr ich plötzlich hoch. Ein Kind hatte geschrien. Unsere Tochter! Ich sprang auf – und mir fiel ein, dass wir doch allein hier waren. Seltsam. Da bemerkte ich den Geruch. Rauch stand in der Hütte. Ich weckte meine Frau, wir rissen die Fenster auf und bekamen die Lage unter Kontrolle. Der Rauchrohrabzug war defekt und wegen des Rückstaus im Schornstein waren giftige Gase ausgetreten. Wir wären vermutlich im Schlaf erstickt, ohne noch einmal aufzuwachen.

Die verpasste Fete

Ich freute mich auf die Feier an jenem Abend. Auch wenn mir nicht ganz wohl dabei war, dass ausgerechnet Steff mich dorthin mitnehmen wollte. Steff war in Ordnung. Vielleicht ein bisschen zu sorglos. Mit dem Alkohol nahm er es auch nicht so genau. Aber die Partys, auf denen er sich herumtrieb, waren legendär, und ich freute mich, einmal dabei sein zu können.

Ich hatte früh Feierabend an diesem Tag und legte mich noch kurz aufs Ohr. Dabei hatte ich einen abartig intensiven Traum. Ich ging auf einer dunklen Landstraße auf ein kleines Haus zu. Mit einem Mal spürte ich einen unglaublichen Durst. Ich ging zu dem Haus und klopfte an die Tür. Ein alter Mann öffnete. Es war mein Großvater, der sechs Jahre zuvor gestorben war. Er lächelte und bat mich hinein.

Der rückwärtige Teil des Zimmers war vom Wohnbereich durch einen schweren Vorhang getrennt. Wir unterhielten uns eine Weile, dann stand mein Großvater auf und zog den Vorhang beiseite. Dahinter standen zwei schwere Eichensärge. Jeweils eine Person lag darin – Steff und ich. Ich bekam einen furchtbaren Schreck und wachte schweißgebadet auf.

Fast eine Stunde lang überlegte ich hin und her und kam mir selbst albern dabei vor. Aber ich fühlte mich wie durchgekocht, so stark war der Eindruck der Bilder, die ich im Traum gesehen hatte. Meine Kehle war immer noch ganz trocken. Schließlich rief ich Steff an und sagte ihm ab. Er lachte mich aus. Das war das Letzte, was ich von ihm hörte. In derselben Nacht raste Steff auf einer einsamen Landstraße gegen einen Baum. Er war sofort tot.

Eine Kerze erlischt

»… und im Tod verlass uns nicht!«, heißt es in einem der sogenannten Libori-Lieder. Mein Großvater glaubte fest an diese
Zeile. Er war schon über 80 und gab widerwillig seine viel zu
große Wohnung auf, um zu meinem Mann und mir zu ziehen.
Ein Gutes hatte das Ganze in seinen Augen dann aber doch:
Der Weg zur Kirche war kürzer. Denn mein Opa besuchte täg-
lich die heilige Messe. Jeden Morgen um Punkt neun saß er in
seiner Bank in der vorletzten Reihe. Beiläufig erzählte er mir
einmal, er bete jeden Tag zum heiligen Liborius.

An jenem Tag, der mir immer im Gedächtnis bleiben wird,
kam mein Großvater von der Kirche zurück und sagte ganz
ruhig, es sei jetzt an der Zeit, die letzten Vorbereitungen zu
treffen – er werde in ein paar Tagen von uns gehen. Ich wollte wissen, wie er auf so einen Unsinn komme. Er berichtete,
er sei nach der Messe noch eine Weile sitzen geblieben, ganz
allein in dem leeren Gotteshaus. Auf einem Seitenaltar sei
eine große weiße Kerze gestanden. Die Flamme habe ruhig,
klar und leuchtend gebrannt. Er habe sie eine Weile betrachtet. Und ganz plötzlich sei sie von allein erloschen. Das sei
ein Zeichen des Heiligen gewesen, zu dem er stets gebetet
habe, war Großvater überzeugt. Zwei Tage später musste
er mit plötzlichen Herzbeschwerden ins Krankenhaus. Dort
starb er kurz danach.

»Weil wir tot sind«

Wie lange dauert es, bis Ahnungen zur Gewissheit reifen?
Ich wusste jedenfalls schon genau, was passiert war, als
ich an einem Samstag im Juli vom Einkaufen kam und der
Anrufbeantworter blinkte. Eine ganze Weile noch schlich

ich um den Apparat herum und scheute davor zurück, die Abspieltaste zu drücken. Meine dunklen Befürchtungen sackten vom Kopf in den Magen und mir wurde fast übel vor Angst. Aber es half ja nichts – also verschaffte ich mir endlich Gewissheit. Meine Schwester hatte auf Band gesprochen, dass ich sie dringend anrufen solle. Unserem älteren Bruder Dominik sei etwas zugestoßen. Ich wählte mit zittrigen Händen ihre Nummer. Woher ich bereits wusste, was sie mir mitzuteilen hatte? Aus einem Traum. Genauer gesagt: aus mehreren Träumen, vier Nächte hintereinander, die sich am Ende wie ein Puzzle zusammengefügt und ein reales Bild ergeben hatten.

Im ersten Traum sah ich mich über einen Sarg gebeugt. Ein Mann lag darin, ich wusste, dass es einer meiner beiden Brüder war, konnte aber nicht erkennen, welcher. Ich streckte meine Hand nach dem Toten aus, berührte sanft sein Gesicht und sagte: »Ich liebe dich.«

In der folgenden Nacht wechselte der Schauplatz: Mein Bruder lag aufgebahrt auf dem Küchentisch bei uns zu Hause. Meine Mutter, die seit fünf Jahren tot ist, stand neben ihm und lächelte mir zu. Im nächsten Traum klarte die Szenerie dann langsam auf. Jetzt sah ich, dass es Dominik war, der da lag. Absurderweise fragte ich Mama, warum sie und mein Bruder so bleich seien, und sie antwortete mit einem inneren Lachen, von dem für eine Sekunde auch ihr Gesicht bewegt wurde: »Weil wir tot sind.«

In der Nacht von Freitag auf Samstag konnte ich schließlich erkennen, dass Dominik Gesichtsverletzungen aufwies. Etwas Großes, Dunkles, Massives drängte sich in den Hintergrund, blieb aber verschwommen. Am Telefon sagte mir meine Schwester dann, dass Dominik Samstag früh bei einer Fahrradtour von einem schwarzen Lkw angefahren worden und auf dem Weg in die Klinik gestorben war.

Die Welt hinter der Welt

Nachts gegen zwei in einem kargen Klinikzimmer aus dem Schlaf zu schrecken und nicht mehr einschlafen zu können, ist etwa so unterhaltsam wie ein Begräbnis. Ich hatte keine Ahnung, was mich geweckt hatte. Am Abend davor hatte ich noch mit meinem Mann telefoniert. Wir betrieben eine kleine Landwirtschaft als Familienbetrieb und er sagte, ich solle mir keine Sorgen machen, es sei in Ordnung. Mein Lieblingspferd Romero sei krank, aber er habe alles im Griff. Trotzdem konnte ich kein Auge mehr zumachen. Ich lag allein in dem Zweibettzimmer. Alles war ruhig. Meine Gedanken wanderten zu Romero, dem 22 Jahre alten Hengst, der sich eine Infektion oder einen üblen Parasiten eingefangen hatte.

Von einer Sekunde zur anderen geschah es: Ich hatte das Gefühl, als würden sich meine inneren und äußeren Sinne voneinander trennen. Die Eindrücke um mich herum – das Krankenzimmer, die Dunkelheit, die Stille – verblassten, eine Art inneres Auge schien sich zu öffnen und ich blickte in eine Welt hinter der Welt. Ich sah unseren Pferdestall, sah Romero und meinen Mann, der zusammen mit einem Tierarzt nervös und angespannt um das am Boden liegende Tier herumging. Romero schien starke Schmerzen zu haben und konnte sich kaum bewegen. Mein Mann und der Veterinär wussten nicht, was sie tun sollten, außer zu kühlen und dem Tier Schmerzmittel zu verabreichen. Schockartig wurde mir klar, dass das Pferd sterben würde.

Mein eigener Schrei brachte mich wieder ins Bewusstsein zurück. Die Nachtschwester kam ins Zimmer und gab mir etwas zur Beruhigung. Am Morgen erwachte ich mit Tränen in den Augen. Mittags besuchte mich mein Mann. Er sah mitgenommen und traurig aus. Zu sagen brauchte er mir gar nichts. Ich wusste auch so, dass alles, was ich in der Nacht gesehen hatte, genau so passiert war.

Der Tod klopft an

Drei seltsame Dinge geschahen an jenem Tag. Aber erst im Nachhinein fügte sich alles zu einem tieferen Sinn zusammen. Meine Mutter, die über 80 war und seit einigen Jahren bei uns wohnte, erzählte mir morgens beim Frühstück, dass sie von einem Rummelplatz geträumt habe. Sie war seit ihrer Kindheit nicht mehr auf der Kirmes gewesen. Im Traum hatte ihr jemand ein großes rotes Lebkuchenherz gekauft, mit der Aufschrift »Meiner geliebten ...«. An den Namen konnte sie sich nicht mehr erinnern, auch nicht an den Schenker.

Abends saßen wir wieder am Tisch. Dani, meine fünfjährige Tochter, öffnete die Tür zum Garten und fütterte eine streunende Katze, die sich seit einiger Zeit hier herumtrieb. Als das Essen aufgetragen war, klopfte es plötzlich dumpf an die Hintertür. Nicht sehr laut, aber sonderbar scharf. Wir fuhren zusammen. Besuch um diese Zeit? Durch den Garten? Ich stand auf, machte Licht und schielte durch die Glastür. Die hereinbrechende Dunkelheit hatte die sonst so vertraute Szenerie verwandelt. Bäume und Büsche wuchsen zusammen wie zu einem schwarzen Wall. Die Lampe über der Tür warf einen hellen Kreis auf den Boden. Dort saß immer noch die Katze und schaute mich aus grünen Augen an. Das war ungewöhnlich, denn normalerweise war das Tier ebenso scheu wie aggressiv. Jetzt musterte es mich aus kürzester Entfernung – mit einem sezierenden Blick, bei dem es mir so vorkam, als würde es bis hinein in mein Innerstes schauen. Sonst war niemand zu sehen. Meine Mutter sagte halb im

Spaß, halb ernsthaft, da habe wohl der Tod an die Tür geklopft, um sie mitzunehmen. In derselben Nacht schlief sie für immer ein. Plötzlich und unerwartet, wie man so schön sagt. Bei der Beerdigung bedeckte ein großes Herz aus roten Rosen ihren Sarg, mit einer Schleife: »Meiner geliebten Mutter«.

Schattengestalt

Das, was ich gesehen habe, kurz bevor unser Sohn starb, wehte nicht stärker als ein Hauch durch mein Bewusstsein. Aber es war da, das weiß ich.

Spätabends, gegen 23 Uhr, läutete das Telefon. Der Apparat stand in der Diele, ich sprang rasch aus dem Bett, damit mein Mann und mein Sohn nicht von dem lauten Klingelton geweckt würden. Wer konnte das sein, um diese Zeit?

Ich hob ab und sagte leise: »Hallo?« Aber alles, was ich hörte, war ein fernes Brummen. Ich blieb lauschend stehen. Nichts. Keine menschliche Stimme drang an mein Ohr.

Unser Schlafzimmer befand sich im ersten Stock. Die Tür links daneben führte ins Kinderzimmer, wo unser achtjähriger Sohn schlief. Sekunden vergingen. Da bemerkte ich, wie etwas Großes, Dunkles von unten die Treppe hinaufglitt. Es sah aus wie dünnes schwarzes Tuch, das über den Boden gezogen wurde. Schlangengleich, schnell und lautlos bahnte es sich seinen Weg über die einzelnen Treppenstufen.

Dann war die Erscheinung oberhalb der Treppe und warf einen Schatten innerhalb der Finsternis, der an der Wand entlangwanderte und mit seinem spitzen Ende sogar die Decke erreichte. Was immer es war, es bewegte sich zielgerichtet auf das Kinderzimmer zu. Ich nahm eine eigenartige Präsenz wahr – ein Gefühl, das mir einen kalten Schauer über den Rücken laufen ließ. Und schließlich verschwand das unheimliche, formlose Etwas im Zimmer meines Sohnes. Ich knallte den Telefonhörer auf die Gabel, machte einen Satz zur Tür und riss sie auf. Meine Hand fand den Lichtschalter und als die Deckenbeleuchtung aufflammte, sah ich Daniel aufrecht im Bett sitzen. Er schaute mich überrascht an. Er sagte, das Läuten des Telefons habe ihn geweckt. Ansonsten sei alles in Ordnung. Meine nervösen Blicke irrten in dem kleinen Raum umher. Da war nichts. Also legte ich mich wieder schlafen.

Zwei Tage danach bekam Daniel Kopfschmerzen und hohes Fieber. Wir holten einen Arzt, der gleich eine Klinikeinweisung ausstellte. Aber es war schon zu spät. Unser Sohn starb wenige Stunden später an einer viralen Hirnhautentzündung.

Als ich viel später die Kraft hatte, seine Sachen durchzusehen, fand ich sein Tagebuch und einen letzten Eintrag. Er hatte ihn am Morgen nach dem mysteriösen Anruf und dem Erscheinen der Schattengestalt geschrieben. Es las sich sehr seltsam, was Daniel da geschrieben hatte: Wir, seine Eltern, sollten nicht traurig sein und uns keine Sorgen machen. Ist das nicht völlig verrückt?

Der Drei-Nächte-Traum

Meine beste Freundin Andrea starb mit Mitte dreißig. Lange Zeit hatte sie ihren schwerkranken Vater versorgt. Er litt an Multipler Sklerose mit einem ungewöhnlich dramatischen Verlauf, der innerhalb weniger Jahre zu schweren Behinderungen und schließlich zum Tod führte. In gewisser Weise hatte Andrea sich für ihren Vater aufgeopfert. Als er schließlich von ihr ging, war sie sehr traurig, aber auch befreit. Mit zunehmendem Abstand begann sie ihr Leben wieder zu genießen. Sie hatte mehr Zeit für ihre Freundinnen, und wir unternahmen viel gemeinsam.

Eines Tages erzählte mir Andrea, dass sie drei Nächte hintereinander von ihrem Vater geträumt habe. Sie seien eine lange Straße entlangspaziert und ihr Vater habe zu ihr gesagt, dass er sich nun um sie kümmern werde. Ich wusste nicht, was ich davon halten sollte. Andrea rechnete vage mit der Möglichkeit, dass diese Träume eine Ankündigung kommender Ereignisse darstellen könnten, und sagte, man müsse eben alles nehmen, wie es komme.

Was dann kam, war tragisch: akute MS, die seltenste und ungünstigste Verlaufsform der Nervenkrankheit. Die Symptome traten bei Andrea sehr plötzlich auf und zerstörten meine beste Freundin körperlich und seelisch. Für mich als Außenstehende war es unbegreiflich, was da vor sich ging, genauso unverständlich wie die immer neuen Folgen daraus. Eine Atemlähmung war dann wenige Monate später die Todesursache.

Manchmal hilft es mir, mir vorzustellen, dass ihr Vater vielleicht wirklich bei ihr war in dieser Zeit und dass er Andrea am Ende irgendwohin mitgenommen hat, wo es ihr gutgeht.

Nachricht von Oma

Ich lag wieder einmal im Bett, müde, kraftlos und vertrug gar nichts mehr. Bauchkrämpfe peinigten mich – ein akuter Morbus-Crohn-Schub. Seit meinem 17. Lebensjahr hielt mich diese chronische Darmerkrankung fest in ihrem schmerzhaften Griff.

Es war Wochenende, später Sonntagnachmittag, und meine

Mutter rief den diensthabenden Arzt an. Der ließ ausrichten, dass er vor 20 Uhr abends nicht hier sein könne. Also wartete ich in meinem abgedunkelten Zimmer, versuchte meine Not zu verdrängen und dämmerte vor mich hin. Ich weiß nicht mehr, ob ich eingeschlafen war. Aber plötzlich sah ich ein helles Licht vor mir, in dem Züge einer menschlichen Gestalt schimmerten. Nach und nach kristallisierten sich Bewegungen, Farben und Szenen in dem Lichtkern zu einem festen Bild. Ich erkannte meine Oma, die etwa 50 Kilometer von uns entfernt lebte. Wir sahen uns selten, schrieben uns aber häufig und hatten dadurch ein enges Verhältnis zueinander. Nun kam sie mir blass und ernst vor. Ich hörte ihre Stimme: »Wenn der Arzt kommt, schick ihn bitte zu mir!« Ich wollte fragen, was denn los sei, aber sogleich löste sich die Erscheinung in dem Licht auf, aus dem sie hervorgetreten war. Ich war wieder allein.

Als der Arzt zwei Stunden später endlich eintraf, ging es mir seltsamerweise viel besser als nachmittags. Ich unterhielt mich eine Weile mit ihm, brachte es aber nicht fertig, dem Mediziner von meiner Vision zu erzählen. Das bereue ich bis heute, denn nachdem wir drei Tage lang nichts von Oma hörten, fuhr mein Vater schließlich hin und fand sie tot in ihrem einsamen Haus. Sie war am Sonntagabend an einem Herzinfarkt gestorben.

Splitterndes Glas

Ich hatte mich in meinem Appartement wirklich wohl gefühlt. Aber seit jener Nacht war es damit vorbei. Eingezogen war ich knapp vier Wochen davor. Die Wohnung war nicht groß, ein Schlafzimmer, ein Wohnraum, ein Bad. Die kleine Küche war in den Wohnraum integriert. Gestrichen hatte ich alles in Hellblau. Die Farbe beruhigte mich, sie war wie Nervennahrung. Auch an dem Abend, von dem ich berichten will, schlief ich schnell ein. Alles sah nach einer ruhigen, erholsamen Nacht aus. Bis zu dem Traum.

Etwas donnerte von außen gegen die Fensterscheibe. Das Glas zersplitterte mit einem lauten Knall, die Fläche fiel in tausend Scherben zusammen. Es gab wohl keine Stelle mehr auf dem Boden, auf der keine Scherbe gelegen hätte. Alles war mit glitzernden Splittern bedeckt.

Der Traum verschwand binnen eines Augenblicks. Ich erwachte in der Helligkeit der Morgendämmerung. Das Schlafanzugoberteil klebte an meinem Körper. Anscheinend hatte ich in den letzten Minuten stark geschwitzt. Und so fühlte ich mich auch. Eine beklemmende Angst war in mir hochgestiegen, die auch eine heiße Dusche nicht vertreiben konnte.

Sie ließ mich auch später überhaupt nicht mehr los. Zum nächsten Ersten kündigte ich den Mietvertrag und zog wieder aus.

Ein paar Wochen später traf ich meinen Vermieter zufällig beim Einkaufen. Er erzählte mir, dass bei meinem Nachmieter eingebrochen und die ganze Wohnung mit brachialer Gewalt verwüstet worden sei.

Der brennende Schneemann

Seltsame Träume hatte ich öfter gehabt – ohne ihnen je einen tieferen Sinn beizumessen. Neuronen im oberen Hirnstamm produzierten zufällige Erregungsmuster, die das Traumerleben auslösten. Fertig. So dachte ich.

Der brennende Schneemann allerdings war etwas anderes. Der Traum war ungeheuer plastisch und mit größter Intensität erfüllt. Die Hauptfigur darin schien mindestens doppelt so groß wie ein Mensch zu sein und bestand aus glitzernden Eiskristallen. Den Glanz konnte man schon als überirdisch bezeichnen. Kopf, Rumpf und Arme bildeten eine klumpige Einheit. Der Schneemann stand einsam in einer endlosen dunkelgrauen Weite, die nur aus Himmel und wirbelnden Schneeflocken bestand. Eine unnatürliche Stille umgab alles.

Von einem Augenblick zum anderen fing der Schneemann Feuer, das in gelben Zungen an ihm leckte. Er schmolz zusammen. Als die Flammen seinen Kopf erreichten, sprühte es wie eine Wunderkerze. Bald war von seinem Gesicht nichts mehr zu erkennen. Allmählich zerlief der Schneemann. Und ich wachte auf.

Ich wusste, dass ich nicht lange geschlafen hatte. Mit einem Blick auf die Uhr stellte ich fest, dass es kurz nach 23 Uhr war. Meine Frau Susanne lag neben mir, sie atmete ruhig und gleichmäßig. Auf dem Nachttisch stand das Babyphon. Ich hörte unsere kleine Tochter weinen. Nicole war zwei Jahre alt. Seit einigen Tagen setzte ihr eine Erkältung zu.

Das Licht ließ ich ausgeschaltet, als ich meine Beine über die Bettkante schwang. Leise setzte ich meine Schritte in Nicoles Zimmer. Ich nahm sie auf den Arm und trug sie eine Weile umher. Da bemerkte ich einen eigenartigen Geruch nach Kunststoff. Mein Blick glitt durch den Raum. Am Fußende von Nicoles Bett stapelten sich Spielzeug, Bilderbücher und eine Kuscheldecke. Ich räumte die Sachen beiseite. Ein sanfter, warmer Schein glomm in der Dunkelheit, der aber unstet flackerte. Er kam von einer Steckdosenlampe, etwa eine Handbreit über dem Fußboden.

Ich zog den Stecker heraus, machte Licht und besah ihn mir näher. An den Bügeln des Steckers war eine Verfärbung erkennbar, wie angeschmort. Möglicherweise hatte es in der

Elektrik einen Kurzschluss gegeben. Und da die Lampe offenbar Schaden genommen hatte, konnten auch Leitungen in der Wand beschädigt worden sein, was zu gefährlichen Stromschlägen und zu Bränden hätte führen können. Ich nahm Nicole mit ins Elternschlafzimmer. Am nächsten Tag riefen wir einen Elektriker. Der Mann sagte, wir hätten Glück gehabt. Die Steckdosenlampe hatte uns gewarnt. Ich weiß, es klingt unglaublich – aber das defekte Schlummerlicht in Nicoles Zimmer hatte die Form eines Schneemanns.

Julia

Nach langem Suchen lernte ich einen Mann kennen, der zwar wie ich Single war – aber innerlich noch nicht frei. Er hatte allerdings keine Trennung zu verkraften, sondern den Tod seiner Frau Julia. Zwei Jahre lang hatte sie gegen Leukämie gekämpft. Und er an ihrer Seite. Ein permanenter Ausnahmezustand zwischen Hoffen und Bangen, Leben und Tod. Wer kann eine solche Zeit schon emotional unbeschadet überstehen? Ich hatte natürlich großes Verständnis für Claus. Dennoch wurde die Situation zunehmend schwieriger, und der Gedanke beunruhigte mich, dass möglicherweise nichts aus uns werden würde, obwohl eigentlich alles passte. Problematisch war vor allem, dass Claus nie darüber redete. Ich wusste praktisch nichts von der tragischen Geschichte – nur, dass ihn das alles noch immer sehr belastete.

Eines Nachts, nach einem langen Telefonat mit Claus, hatte ich einen merkwürdigen Traum. Ich saß in einem fahrenden Auto, auf dem Beifahrersitz. Das Seitenfenster war heruntergekurbelt. Draußen flog die Landschaft vorbei und der

Himmel war blau. Ich spürte den Fahrtwind auf meinem Gesicht, in meinen Haaren und irgendwie auch in meinem Herzen. Eine Entdeckungsreise stand bevor.

Ich drehte meinen Kopf nach links, um zu sehen, wer das Auto steuerte. Auf dem Fahrersitz saß eine junge Frau. Ich fragte sie nach ihrem Namen, sie sagte: »Julia.« Ihr Gesicht war schmal, die Augen blickten hellwach. Wir passierten ein Ortsschild, das so schnell vorbeihuschte, dass ich es nicht lesen konnte. Wir rollten in einen mir unbekannten Ort. Die Stadt lag unter einer hellen Sonne. Es war Frühling. Eine Amsel erhob sich aus einer Baumkrone in die Luft. Eine friedliche Atmosphäre, die mir gefiel. Auch die Frau neben mir fand ich sympathisch. Wir fuhren eine Weile herum. Jede Einzelheit prägte sich mir ein. Eine Kirche zum Beispiel, die mitten im Ort lag und dennoch wie eine kleine Insel wirkte. Plötzlich sah ich Claus. Er stand vor dem Gotteshaus und war sehr feierlich gekleidet. Er sprach mit einem Freund, der ebenfalls sehr festlich angezogen war. Die Szenerie sah aus wie ein Bild, das in einem Rahmen steckt. Der Schatten des Kirchturms berührte den Friedhof.

Julia fuhr an der Kirche vorbei. Wir hielten vor einem großen alten Haus. Ein Wohnsitz mitten in der Einsamkeit der Landschaft. Licht rahmte das Grundstück ein. Wir konnten es völlig ungehindert betreten. Ob sich jemand in dem Haus aufhielt, war nicht zu erkennen. Plötzlich war Julia verschwunden. Ich ging in den Räumen umher und suchte sie. Es war nichts Unheimliches an dem Haus. Es schien mich aufzunehmen und mich zu umschließen. Seltsam war nur, dass ich kein einziges Möbelstück darin entdeckte. Ich sah nur kahle Wände und den hell schimmernden Fußboden, über den ich ging. Dann öffnete ich eine Tür. In der Mitte des Zimmers stand ein Bett. Darin lag jemand. Eine Frau. Es war die junge Frau, die mich hierhergefahren hatte. Julia.

Ihr schwarzes, leicht gelocktes Haar verteilte sich auf dem blütenweißen Kissenbezug. Ich sah ihr direkt ins Gesicht. Die Haut war sehr bleich. Ich wusste, dass sie im Sterben lag. Ein Flüstern wehte durch den Raum, es kam aus Julias Mund. Sie sagte, sie wolle mir Halt und ihre ganze Kraft geben für den Weg, der vor mir liege. Aber zuvor müsse ich in ihr Leben schauen, damit ich wisse, was sie durchgemacht habe. Im nächsten Augenblick floss etwas in meine Seele, ich fühlte mich überflutet von Bildern, Gefühlen, Eindrücken, positiven und negativen, mal wie schwarze Finsternis, mal wie eine leuchtende, schützende Kuscheldecke. Tief in meinem Innersten spielte sich etwas ab, das man mit Worten nicht beschreiben kann.

Dann starb Julia. Sie tat mir wahnsinnig leid. Ich weinte – und wachte auf.

Einige Tage später erzählte ich Claus von dem Traum. Er schwieg lange, dann wollte er, dass ich alles genau beschreibe: den Ort, die Personen. Sein Interesse überraschte mich. Als ich geendet hatte, fing Claus zu erzählen an. Von seiner Frau. Von der Hochzeit. Von der kleinen Stadt und dem Haus, in dem sie gelebt hatten und in dem Julia gestorben war. Von dem Friedhof neben der Kirche. Alles deckte sich genau mit meinem Traum.

Claus war ziemlich überrascht, aber von da an besserte sich unsere Beziehung. Vielleicht hat er jetzt das Gefühl, dass ein Teil von Julia immer noch bei ihm ist – in mir.

Nebelbank

Wir hatten den Wagen hinter uns gar nicht bemerkt. Erst als er zum Überholen ansetzte, sah ich die seltsam matten Scheinwerfer im Rückspiegel. Mein Bruder und ich waren unterwegs zu unseren Eltern. Die Fahrt dauerte etwa zwei Stunden. Wir waren erst spät aufgebrochen, weil der Verkehr abends nicht so dicht war. An diesem Abend waren wir sogar allein auf der Straße, was uns schon reichlich ungewöhnlich vorkam. Und dann war plötzlich dieser Wagen da. Ohne zu blinken, begann der Fahrer ein Überholmanöver. Als er etwa auf gleicher Höhe war, wandte ich den Kopf zur Seite, um zu sehen, wer da am Steuer saß. Aber im selben Augenblick verschlechterten dichte Nebelschwaden dramatisch die Sicht.

Woher diese so plötzlich gekommen waren, konnte ich mir nicht erklären. Der nasskalte Dunst wurde rasend schnell massiver. Ein beengendes Gefühl stieg mir in den Kopf und schnürte mir die Luft zum Atmen ab. Anstatt zu bremsen, drückte ich unbewusst aufs Gaspedal, wohl, um diesem flaumigen, schweren Nebel zu entkommen. Im letzten Moment sah ich als schwachen Schimmer die Bremslichter des anderen Wagens direkt vor uns aufleuchten. Ich riss die Augen auf und erwartete verkrampft und schreckensstarr einen Zusammenprall – aber ebenso rätselhafterweise, wie jenes Auto es geschafft hatte, den Überholvorgang mitten in einer Nebelbank erfolgreich zu vollenden, kam es nicht einmal zu einer Berührung. Das fremde Fahrzeug schoss gleichsam davon. Allerdings nur, um zwei, drei Sekunden später ins Schleudern zu geraten. Es streifte die Leitplanke, überschlug sich und blieb auf dem Dach liegen.

Ich bremste scharf ab. Schlagartig verschwand der Nebel und die Straße glänzte im hellen Mondlicht. Wir fuhren rechts ran, rannten zurück zur Unfallstelle – und fanden keine. Kein Fahrzeug weit und breit. Keine kaputte Leitplanke. Kein undurchschaubarer, mysteriöser Dunst. Nichts, nirgendwo, weit und breit. Nur gespenstische Stille. Mein Bruder und ich setzten unsere Fahrt fort. Bis an unser Ziel hatten wir kein anderes Gesprächsthema mehr. Zuerst wollten wir die Polizei verständigen. Aber wozu? Um uns lächerlich zu machen?

Zwei Tage später fuhren wir wieder zurück. Dieselbe Strecke. Als wir an der besagten Stelle vorbeikamen, sahen wir schon von weitem die Nebelbank. Und diesmal war die Brühe zweifellos echt. An der dichten Wolke aus Dunst irrlichterte blaues Blinklicht. Auf der Gegenfahrbahn war ein Unfall passiert. Wir fuhren langsam vorbei und sahen Polizeiwagen – und ein Auto, das sich überschlagen hatte und auf dem Dach lag.

Wir hielten nicht an.

Der schwarze Hund

Im Haus meiner Mutter sieht man vom Küchenfenster direkt auf den Friedhof. Als Kind presste ich oft die Stirn gegen die kühle Fensterscheibe und sah hinüber. Vor allem im Herbst wirkte der Totenacker richtig verwunschen. Das kleine Eisentor, dessen Angeln quietschten, stand da wie ausgeschnitten. Viele Grabsteine waren bloß noch schiefe Fragmente. Die Kapelle hatte man hell gestrichen, sie leuchtete im grau wirkenden Einerlei dieser Insel.

Seit etwa zwei Jahren lebe ich nicht mehr bei meiner Mutter. Aber vor kurzem träumte ich mal wieder von zu Hause. In dem Traum lag ich in meinem Bett in meinem alten Zimmer. Ich wachte auf, weil ich Durst hatte, und ging in die Küche. Als ich mir ein Glas Limonade einschenkte, sah ich dabei durchs Küchenfenster rüber zum Friedhof. Ich kannte den Anblick, aber diesmal war er anders. Das Bild wirkte wie ein romantisches Gemälde, das aber keinen Frieden ausstrahlte, weil irgendetwas störte. Ich bemerkte, dass die Schatten sich bewegten. Etwas huschte zwischen den Gräbern umher. Obwohl eine Finsternis wie aus grauer Tinte alles zudeckte, glommen darin zwei rote Punkte auf. Augen!

Etwas Mondlicht drang durch die wattige Düsternis, die die Konturen der Grabsteine zerfließen ließ, so dass sie zu langen, schattenartigen Gebilden wurden. Da sah ich einen großen Hund auf einem Grab sitzen. Er rührte sich nicht. Der Mond zeichnete seine Umrisse nach. Seine Schnauze stand weit offen. Das Tier schien mich zu fixieren. Dann schüttelte es sich. Sein Fell bewegte sich dabei, als würde ein heftiger Windstoß über den Rücken jagen.

Beim Aufwachen konnte ich mich an alle Einzelheiten des Traums erinnern, ohne ihm jedoch eine besondere Bedeutung zuzumessen. Ein paar Tage später ging ich mit meiner besten Freundin shoppen. Wir kamen an einem Geschäft mit Trauerkleidung vorbei. In der Auslage hing ein sehr schönes schwarzes Kostüm und ich sagte zu ihr: »Das könnte ich doch bei der Beerdigung anziehen.« – »Welche Beerdigung?«, fragte sie verständnislos. »Es ist doch keiner gestorben.« Ich hatte selbst keine Ahnung, warum mir dieser Gedanke spontan in den Sinn gekommen war. Schon merkwürdig.

Zwei Wochen später hatte meine jüngere Schwester einen tödlichen Verkehrsunfall. Sie wurde auf unserem kleinen Dorffriedhof beigesetzt – in dem Grab, auf dem ich in meinem Traum den schwarzen Hund gesehen hatte.

Die Tagseite

Jemand träumt, dass ein anderer stirbt – und der andere stirbt tatsächlich. Übersinnlich? Kaum. Wenn wir einmal sehr vorsichtig schätzen, dass jeder Bundesbürger im Durchschnitt einmal im Leben vom Tod eines anderen, ihm bekannten Menschen träumt, kommen bei 80 Millionen Menschen in Deutschland pro Nacht mehr als 2000 Todesträume vor – ungefähr so viele, wie tatsächlich Menschen sterben. Wenn wir weiter davon ausgehen, dass die Opfer in den Todesträumen zufällig unter allen Bundesbürgern ausgewählt würden, so beträgt die Wahrscheinlichkeit rund acht Prozent, dass mindestens ein Todesfall eines bestimmten Tages in der Nacht zuvor von jemandem geträumt wird – was pro Jahr an durchschnittlich 30 Tagen zu einer wahren Todesahnung führt.[37]

Wie ist es mit dem Untergang der Titanic? War Morgan Robertson ein Prophet und war sein Buch »Futility: The Wreck oft the Titan« das Ergebnis von Vorahnungen? Wohl eher nicht. Sondern von gründlicher Recherche. Schließlich unterstellt auch dem Schriftsteller Jules Verne niemand übersinnliche Fähigkeiten, obwohl er in seinen phantastischen Erzählungen schon um 1900 die Mondlandung und atomar betriebene U-Boote vorwegnahm.

Allerdings sollen auch viele andere Menschen den Untergang der Titanic vorausgesehen haben, darunter der Journalist William Thomas Stead. Richtig ist, dass der damals sehr bekannte Autor W. T. Stead in den achtziger Jahren des 19. Jahrhunderts die Geschichte »How The Mail Steamer Went Down in Mid-Atlantic« veröffentlichte. Darin stoßen zwei Schiffe im Atlantik zusammen. Viele Menschen kommen ums Leben, weil es zu wenig Rettungsboote gibt. Dass Stead jedoch keineswegs das reale Unglück kommen sah, beweist die Tatsache, dass er selbst sich am 10. April 1912 als Passagier der Titanic in Southampton einschiffte und bei

---

37 Krämer, W. (1998): *Denkste! Trugschlüsse aus der Welt des Zufalls und der Zahlen*, München: Piper, Seite 21.

der Katastrophe fünf Tage später den Tod fand. Außerdem: Die Titanic wurde nach einem revolutionären Konzept gebaut, so dass die Jungfernfahrt des angeblich unsinkbaren Dampfers ein Medienereignis ersten Ranges darstellte. Es ist also kaum überraschend, dass viele Menschen sich gedanklich damit beschäftigten und einige von ihnen das Schlimmste erwarteten. Als dies tatsächlich eintrat, sah es so aus, als hätten sie das Unglück auf mysteriöse Weise vorhergesehen.

Menschen reagieren, wie wir auch im ersten Kapitel dieses Buchs gesehen haben, sehr stark auf Zufälle. Ereignisse, die entgegen aller Erwartungen aufeinandertreffen, faszinieren, verwundern und beeindrucken uns. Da ein solches Zusammentreffen so unwahrscheinlich ist, suchen wir nach einer tieferen Bedeutung. Und da übersinnliche Wahrnehmungen sich dadurch auszeichnen, dass sie nicht durch eine physikalische Informationsübertragung erklärt werden können, zeigen sich sogar Parapsychologen skeptisch – auch wenn sie grundsätzlich von der Existenz bislang unbekannter Kräfte und Fähigkeiten ausgehen. »Tatsächlich kann man nicht von Vorauswissen oder Vorausschau sprechen«, meint zum Beispiel Dr. Elmar Gruber, der paranormale Phänomene erforscht. »Eine Kenntnis um künftige Dinge im Sinne einer kognitiven Sicherheit des Wissens gibt es nicht.«[38] Bildhafte Eindrücke in Form von Visionen oder Träumen spielten bei der Präkognition zwar eine wichtige Rolle, die eigentliche Information sei darin aber nur vage eingebettet – als Teil von Vorstellungsbildern, die sich aus Phantasien und Erinnerungen speisten. In den weitaus häufigsten Fällen von Vorherwissen werde das künftige Geschehen nicht konkret wahrgenommen, sondern nur als dumpfes Gefühl erlebt:

38 Gruber, Seite 362.

eine Ahnung, eine unerklärliche Bedrückung, eine innere Unruhe.

Nehmen wir etwa die Menschen, die wegen eines unguten Gefühls nicht ins Flugzeug oder in die Eisenbahn eingestiegen sind oder die eine Schiffsreise storniert haben. In äußerst seltenen Fällen gab es dann tatsächlich ein Unglück – in aller Regel aber nicht. Die Furcht vor einem bestimmten Flug oder einer Reise kann schlicht bedeuten, dass der Betreffende sich an diesem Tag körperlich oder seelisch nicht fit fühlt. Oder er ist nervös, weil in naher Zukunft ein Ereignis ansteht, das ihm Sorgen bereitet. Nicht zu vergessen: Viele Passagiere treten ihren Flug aus ganz banalen Gründen nicht an. Genauer gesagt: sehr viele Passagiere. Allein bei der Lufthansa sind im Jahr 2006 mehr als sechs Millionen Frauen und Männer nicht zu ihrem gebuchten Flug erschienen. Das ist nichts Ungewöhnliches.

Ähnlich nüchtern sehen Wissenschaftler auch Phänomene wie Vorahnungen und Wahrträume. Der berühmte »sechste Sinn« ist demzufolge wenig mehr als die Fähigkeit, aus begrenzten Informationen die richtigen Schlussfolgerungen zu ziehen. Ahnungen beruhen für gewöhnlich auf Fakten und Beobachtungen, die wir knapp unterhalb der Schwelle unserer bewussten Wahrnehmung irgendwie registrieren. Vermutlich ist dies ein evolutionäres Erbe. Unsere Vorfahren in der Menschheitsgeschichte lebten viel gefährlicher als wir heute und mussten ständig auf der Hut sein vor Angriffen und Bedrohungen. Und diese unbewusste Intuition ist auch in uns noch verwurzelt: Polizisten »wittern« Gefahren, Börsenmakler entwickeln ein »Feeling« für das Auf und Ab der Kurse und Filmemacher einen »Riecher« für den Geschmack des Publikums. Für Psychologen handelt es sich dabei um ein Ergebnis sogenannten impliziten Lernens: Meister einer bestimmten Disziplin verinnerlichen Gesetzmäßigkeiten, die sie auf Nachfrage weder kennen noch erklären können. Vorahnungen, die unterhalb der Bewusstseinsschwelle liegen, wären somit Teil eines allgemeinen biologischen Systems.

Beispiel: Eine Mutter träumt eines Nachts, dass ihr 18-jähriger Sohn mit seinem Motorrad verunglückt ist. Eine Stunde später klingelt die Polizei an der Tür und bestätigt die schreckliche Ahnung. Aber könnte es nicht auch so gewesen sein: Die Mutter wusste, dass ihr Sohn gerade erst den Führerschein gemacht hatte und ein unsicherer Fahrer war. Immer, wenn der Junge mit dem Motorrad unterwegs war, dachte sie voller Unruhe an einen möglichen Unfall. Nie war etwas passiert – bis auf diese besagte Nacht. Plötzlich trafen die schon lange gehegten Befürchtungen mit einem realen Ereignis zusammen. Und das Ganze wurde im Nachhinein zu einem scheinbar übersinnlichen Erlebnis.

Die Verarbeitung eines Reizes in einem Sinneskanal bedeutet eben nicht notwendigerweise, dass uns diese Verarbeitung auch bewusst wird. Es gibt Reize, die nicht das Bewusstsein erreichen, aber trotzdem handlungslenkend sind. Das mag man akzeptieren oder nicht. Entscheidend ist aber, dass Skeptiker und Parapsychologen sich in einem wichtigen Punkt einig sind: In der Praxis sind übersinnliche Wahrnehmungen – selbst wenn es sie tatsächlich geben sollte – schlicht wertlos, denn: »Spontane präkognitive Eindrücke sind unklar und von den Erlebenden selten als solche zu erkennen«, weiß Dr. Elmar Gruber.

Anders gesagt: Auf Vorherwissen, Ahnungen, Visionen und Prophetien ist nie Verlass. Niemand, auch kein »Sensitiver« und nicht einmal die besten Testpersonen der Parapsychologie, kann unterscheiden, ob seine Eindrücke sich auf etwas Faktisches beziehen. Oder ob sie reine Einbildung sind.

6. Die Sache mit
den unsichtbaren Helfern

Die Nachtseite

Außergewöhnliche Erfahrungen und übersinnliche Erlebnisse haben nicht selten mit tiefen Lebenseinschnitten zu tun, mit Gefahr, Krankheiten, Verlust und Trennung. In vielen Berichten geht es aber auch um Glück und Fügung, um unsichtbare Beschützer, Geleit und Rettung, oft in letzter Sekunde. Dann scheint der Himmel ein riesiges Stück näher zu rücken.

Eine Befragung des Meinungsforschungsinstituts Forsa unter 1000 Personen ab 14 Jahren im Auftrag des Magazins *GEO* ergab 2005, dass zwei Drittel aller Deutschen auf die Hilfe von Schutzengeln vertrauen.[39] In einer repräsentativen Umfrage des Instituts für Demoskopie Allensbach im September 2006 konnte eine ähnlich hohe Verbreitung des Schutzengelglaubens ermittelt werden. Bei einer etwas anderen Fragestellung gab die Hälfte der Befragten an, überzeugt zu sein, von einer höheren Macht beschützt zu werden. Die Frage, ob sie dies schon selbst erlebt hätten, bejahten 23 Prozent.

Irene aus Salzgitter zum Beispiel: *Als mir vor zwei Jahren ein Engel erschien, war ich zuerst zu Tode erschrocken,* gab sie der Zeitschrift *Woman* zu Protokoll. *Ich träumte, dass ich eine Straße entlangging. Da kam mir etwas sehr Böses entgegen: fürchterliche Typen, um deren Köpfe Dämonen*

---

39 www.geo.de/_components/GEO/info/presse/files/2006/geo_200601_
   glauben.pdf

tanzten ... Ich versteckte mich in einem Hauseingang, aber ich konnte ihnen nicht entkommen. Schon früher hatte ich ähnlich quälende Träume, diesmal aber war alles anders, denn plötzlich hörte ich eine Stimme. Sie sagte: Keine Angst, du bist nicht allein. Dann war neben mir auf einmal eine Figur, die abgekämpft und traurig wirkte. War das vielleicht mein Schutzengel? (...) Die Begegnung mit meinem Engel war wie eine Berührung, ein Hauch, der eine ungeheure Ruhe auslöste. (...) Ich weiß, dass er immer in meiner Nähe ist. Das ist wie das Gefühl, eine Million auf dem Konto zu haben.[40]

Engel gelten als Inbegriff des Rettenden, als Befreier aus Engpässen – besonders in unserer entzauberten, hochtechnisierten und komplizierten Welt, in der die Gefühle zu kurz kommen. Die Kirche hat damit übrigens nichts zu tun, im Gegenteil: »Beweis? Die eigene Intuition. Diagnose? Überflüssig. Anwendungsbereich? Unbegrenzt.« So etwa kritisiert der katholische Ordenspriester und Religionspsychologe Bernhard Grom den »Engelboom« und warnt davor, dass die Idee eines überirdischen Schutzgeistes, Beraters oder Helfers »auch in hohem Maß eine Projektionsfläche für eigene Sehnsüchte und Wünsche« biete.[41]

Auch in dieser Geschichte vom Mütter-Portal *netmoms.de? Mein Opa starb, als ich sieben Jahre alt war. Mit zwölf fuhr ich mit dem Fahrrad auf einer kleinen Straße, an der links und rechts viele Büsche und Sträucher standen, und ich war nicht gerade langsam unterwegs. Kurz vor einer Kreuzung (man konnte sie nicht einsehen) hörte ich meinen Opa laut »Stopp, halt an!« rufen. Vor Schreck legte ich eine Vollbremsung hin – und das war auch gut so, denn von rechts kam*

---

40 »Die neue Lust am Übersinnlichen«. In: *Woman* 05/2003, Seite 141.
41 http://www.herdershop24.de/index.php?cl=details&anid=1838159

ein Kleintransporter. *Wenn ich nicht stehen geblieben wäre, hätte ich auf schmerzhafte Weise die Motorhaube geknutscht und sicherlich mit einem längeren Krankenhausaufenthalt rechnen müssen. Seit dem Tag bin ich fest davon überzeugt, dass mein Opa mein Schutzengel ist und dass er immer bei mir ist.*[42]

Gibt es personale kosmische Kräfte jenseits der sichtbaren Oberfläche unserer Wirklichkeit? Engel oder vielleicht auch Verstorbene, die über uns wachen? Eine interessante Erfahrung schildert »Lisa« im *esoterikforum:*

Mit 15 Jahren wäre ich beinahe gemeinsam mit meiner Freundin ertrunken. Das war in Südfrankreich. Erst haben wir am Strand gespielt, obwohl die Flagge auf »Danger« stand, dann sind wir ins Meer und spielten dort Wasserball. Wir merkten erst sehr spät, dass wir immer weiter ins offene Meer trieben, und als wir es bemerkten, konnten wir nicht mehr zurückschwimmen. Wir bekamen Panik. Etwas weiter weg waren ein paar Felsen und ich schrie mit meiner Freundin um Hilfe, aber es war ja niemand in der Nähe. Dann standen auf einmal zwei junge Männer auf den Felsen und riefen: »Schwimmt zu den Felsen!«

Wir haben es mit letzter Kraft geschafft, dorthin zu schwimmen, und klammerten uns so gut es ging an den Felsen fest. Ich versuchte, mich hochzuziehen, aber es ging nicht. Doch dann riefen die jungen Männer uns zu, dass wir es schaffen würden, wenn wir es wirklich wollten. Und so war es! Glaubt mir, ich hätte es nie aus eigener Kraft geschafft, aber es klappte. Dann konnte ich meine Freundin greifen und habe sie aus dem Wasser gezogen ...

Am nächsten Tag fragten wir herum, ob jemand die beiden

---

42 www.netmoms.de/fragendetail/2802108, eingestellt von »Chaoskitty« am 17. 06. 2008 um 7.53 Uhr.

Männer kannte. Aber niemand außer uns hatte sie gesehen,
keiner wusste, wer sie waren. Heute, nach über 20 Jahren,
frage ich mich manchmal: Wer waren diese Männer? Wo
kamen sie so plötzlich her? Ich weiß es nicht, aber ich könn-
te mir vorstellen, dass es Engel waren ...[43]

Bei der anschließenden Diskussion gab ein Forumsteil-
nehmer zu bedenken: »Meiner Meinung nach könnte es sich
schon um Engel gehandelt haben, aber nicht zwangsweise.
Es könnten auch ganz einfach zwei vorbeikommende Pas-
santen gewesen sein.« Wie auch immer: Für Lisa waren die
beiden Männer in jenem Moment ganz sicher rettende Engel.

Viele Menschen sind fest davon überzeugt, dass die Toten
wirklich leben. Und uns zeigen, dass sie noch da sind. Indem
sie uns Hilfe und Trost zukommen lassen. So wie in den
folgenden Berichten.

Im Dämmerlicht

Kleiner Delphin

Als meine Oma starb, wollten meine Eltern das kleine Haus,
in dem sie zeit ihres Lebens gewohnt hatte, verkaufen. Ich
hatte gerade die Schule abgeschlossen und war auf der Suche nach einer Studentenwohnung – möglichst in meiner
Heimatstadt, nur nicht mehr Tür an Tür mit meinen Eltern,
obwohl ich mich gut mit ihnen verstand.
Also übernahm ich das Haus meiner Oma. Natürlich muss-

43 http://www.esoterikforum.at/forum/archive/index.php/t-10115.html,
   eingestellt von »Lisa« am 05. 12. 2004 um 21.31 Uhr.

te ich es erst einmal gründlich entrümpeln. Aber viele der schönen alten Möbel und Einrichtungsgegenstände – Schränke, Vitrinen, Vertikos, Sekretäre, Kommoden, Tische und Stühle – behielt ich. Manchmal kam ich mir vor wie in einem Antiquitätengeschäft, aber ich genoss den Cocktail aus Schnörkel und Zierat um mich herum.

Außerdem hatte ich meine Oma sehr gemocht und hielt es für meine Pflicht, ihren Nachlass sorgsam zu verwalten. Eigentlich war ich mir gar nicht ganz sicher, ob sie das wirklich so gewollt hätte, denn oft hatte sie zu mir gesagt: »Zuerst lebt man für den materiellen Aufbau, dann wird das Spirituelle immer wichtiger. Hauptsache, man versäumt nicht den Wechsel!«

In ihrem letzten Lebensjahrzehnt hatte meine Oma sich viel mit Spiritualität beschäftigt, ohne aber eine entrückte Esoterikerin gewesen zu sein. Die zwei Schlüsselworte des Lebens waren für sie Wahrheit und Harmonie. »Über das Wort Liebe kann man ewig streiten«, pflegte sie jedem zu erklären, »aber Harmonie versteht jeder.«

Mein ganz besonderes, uraltes Lieblingsstück war der große Badezimmerspiegel. Die Spiegelfläche befand sich in einem breiten, verzierten und vergoldeten Rahmen aus bayerischem Fichtenholz. Anscheinend eine aufwendige Handarbeit. Ich weiß nicht, wo meine Oma ihn eigentlich herhatte und wie lange er sich schon in ihrem Besitz befand, aber er stand in ihrem Badezimmer, seit ich mich erinnern kann. Am Rand zeigten sich schon vereinzelte blinde Stellen und andere typische Alterserscheinungen in Form von schwarzen Punkten. Mir war es egal. Niemals hätte ich dieses Kunstwerk gegen einen modernen Badspiegel eingetauscht.

Eines Tages hatte ich einen heftigen Streit mit meinem Freund. Es ging wieder einmal um sein Studium. Ich war sehr ehrgeizig, er das genaue Gegenteil – ein charmanter Laisser-faire-Typ, der mir mit seiner Bummelei manchmal schrecklich auf die Nerven ging. Ich kam stinksauer nach Hause und verzog mich gleich unter die Dusche. Das warme Wasser lief an meinem Körper herunter und beruhigte mich etwas. Als ich fertig war, wickelte ich mich in ein Handtuch und wandte mich zum Spiegel, um mein Gesicht zu betrachten. Das Spiegelglas war beschlagen, eine milchig-trübe Schicht aus kondensiertem Wasser nahm mir die Sicht. Die typische Mattscheibe. Doch nicht überall. Genau in der Mitte des Spiegels sah es so aus, als hätte jemand mit dem Finger auf die beschlagene Scheibe gemalt. Sehr deutlich trat da eine feine und elegante Zeichnung zutage: ein schlanker, kleiner Delphin. Mit offenem Mund starrte ich darauf. Meine Oma hatte Delphine geliebt, die seit je als Symbol der Harmonie angesehen werden. Wollte sie mir etwas mitteilen? Leider kam ich gar nicht auf den Gedanken, ein Foto von dem beschlagenen Spiegel mit dem Delphinsymbol zu machen, und kurze Zeit später war es verschwunden.

Aber etwas anderes vergaß ich nicht an jenem Abend: meinen Freund anzurufen und mich mit ihm zu versöhnen.

Der Schattenmann

An jenem Abend war ich frustriert und hatte mieseste Laune. Dummerweise kam ich auf die Idee, mich am Steuer meines Autos abzureagieren. Zuerst bretterte ich über die Landstraße. Einfach so und irgendwohin. Durch die offene Seitenscheibe fauchte der Wind herein. Die kalte Luft, die um meine Wangen wehte, brachte mich ein bisschen zur Besinnung. Irgendwann wendete ich und fuhr zurück in Richtung Stadt. Ich gab mir alle Mühe, mich zusammenzureißen, aber trotzdem überkam mich bald wieder so etwas wie gleichgültige Langeweile. Der Mittelstreifen teilte die Straße wie eine leuchtende Spur. Der Mond war gerade aufgegangen, weiß wie Kreide lag sein Licht auf der Fahrbahn. Die Blätter der Bäume am Straßenrand funkelten silbern und schwarz in seinen kalten Strahlen.

Vor mir dunkelte der hohe Bogen einer großen Brücke. Ich trat das Gaspedal durch und raste wie durch ein Tor in die Ortschaft. Gebäude zogen vorbei, riesenhaft und unwirklich. Aus dem Radio dröhnte Rockmusik, jeder Takt pumpte mein Adrenalin in die Höhe. Die wenigen Autos, die mir entgegenkamen, wirkten wie kleine Raumschiffe.

Die verdunstete Feuchtigkeit hatte einen schmutzig-schlierigen Film auf dem Asphalt hinterlassen. Eine Ampel sprang auf Rot, ich machte eine Vollbremsung. Der Wagen brach nach rechts aus, aber ich kam noch rechtzeitig zum Stehen. Zwei Typen überquerten lässig die Straße, einer zeigte mir den ausgestreckten Mittelfinger. Ich kochte endgültig über. Ich gab wieder Gas. Ich beschleunigte immer weiter, von der Gegend, in der ich mich befand, erkannte ich nichts. Die Straße vor mir schien sich in eine bizarre, unwirkliche Kulisse zu verwandeln. Nur verschwommene Reflexionen schienen noch meine Augen zu erreichen – Irrlichter der Großstadt. Ich weiß nicht mehr, welches Tempo ich mittlerweile draufhatte, als eine plötzliche Kälte wie eine eisige Hand in meinen Körper drang und etwas in meiner Seele berührte. Vollkommen klar sah ich in einiger Entfernung vor mir, wie der Schleier der Dunkelheit sich zusammenballte, in die Höhe glitt und zu einer Gestalt wuchs. Wirbelndes Grau und lichtschluckendes Schwarz bildeten einen menschlichen Umriss. Plötzlich stand ein Mann mitten auf der Straße, schattenhaft und unbeweglich, einen prüfenden Blick starr auf mich gerichtet.

Wie vom Blitz getroffen malträtierte ich brutal das Brems-pedal. Die Reifen kreischten und malten dicke schwarze Striche auf die Fahrbahn. Ohne Gurt wäre ich wie ein Tor-pedo durch die Windschutzscheibe geflogen. Wieder schlin-gerte der Wagen bedrohlich über den Asphalt. Aber es war zu spät. Wie in einem rasend schnell abgespulten Film kam die Person immer näher. Ein Ausweichen war nicht mehr möglich. Mit weit aufgerissenen Augen und wild am Lenk-rad drehend, erwartete ich den Aufprall. Aber nichts pas-sierte.

Nach einer Ewigkeit, wie es mir schien, stand das Auto end-lich still. Das Blut hämmerte in meinen Schläfen. Die schlei-erhafte Situation zu durchdenken, dazu kam ich gar nicht. Denn eine Sekunde später erkannte ich, dass ich kurz vor einer ampellosen, schwer einsehbaren Kreuzung zum Stehen gekommen war. Im selben Augenblick brauste von rechts ein Lkw heran. Mit großer Sicherheit wäre es zu einer schweren Kollision gekommen. Verdient hatte ich meine geheimnisvolle Rettung in jener Nacht sicher nicht. Umso dankbarer bin ich heute dafür.

Erscheinung am Fenster

Ich hatte den ganzen Tag gearbeitet und war müde. Trotz-dem musste ich abends zu Hause noch eine Präsentation für den nächsten Tag vorbereiten. Also verzog ich mich ins Ar-beitszimmer unterm Dach. Ein paar Regale, ein Heizkörper und mein Schreibtisch waren das wichtigste Inventar unter der Schräge. Durch ein sehr großes Fenster konnte Tages-licht in den Raum fallen. Jetzt aber war es dunkel. Nur die flache Schalenleuchte, die an einem Stab hing, gab gelbliche Helligkeit ab. Draußen drückten sich zähe Nebelschwaden wie wallende Vorhänge gegen die Scheibe. Die Nacht hatte nicht nur kühlen Wind mitgebracht, sondern auch Feuchtigkeit.

Ich sah kurz von meinem Notebook auf und starrte durchs Fenster, erkannte aber nichts außer Schwärze und Dunst, der die Umgebung wie ein nasses Tuch bedeckte. Ich bearbeitete weiter meine Grafiken. Aber von Minute zu Minute wühlte etwas meine Seele immer stärker auf. Ich schaute eine Weile zum Fenster. Irgendwie hatte ich das Gefühl, beobachtet zu werden.

In der Dachkammer roch es nach Wärme und kaltem Zigarettenrauch. Ich beschloss, kurz zu lüften, aber noch bevor ich von meinem Stuhl aufstehen konnte, sah ich es: Vor dem Fenster war ein heller Fleck, der sich nach oben ausdehnte, als wollte er eine Figur bilden.

Ich atmete tief ein, schloss ein paarmal die Augen, gab mir einen innerlichen Ruck und beobachtete genau, was da vor sich ging. Der huschende Schein nahm tatsächlich Gestalt an. Nicht durchscheinend wie ein Geist. Sondern wie ein menschlich aussehendes Wesen mit langen weißgrauen Haaren. Die Umrisse schimmerten hell, wo sich zuvor die Dunkelheit geballt hatte. Das Gesicht konnte ich klar erkennen. Noch jung. Scharf gezeichnet. Ernst dreinblickend. Eindeutig männlich. Das Licht aus meinem Arbeitszimmer spiegelte sich in seinen Pupillen und warf dort blitzende Reflexe. Ich blieb sitzen und versuchte, so etwas wie einen klaren Gedanken zu fassen. Was bedeutete das Erscheinen dieses Wesens? Wurde ich gerade aus dem menschlichen Leben herausgerissen? Oder erlebte ich eine Art Wachtraum? Und wer würde mir das glauben?

Die Gestalt vorm Fenster musterte mich. Der Blick ihrer Augen war fest und beseelt. Der Nebel um sie herum schien sich vor ihr zu verneigen. Ich staunte dieses Phänomen an.

Und dann verschwammen die Konturen der Erscheinung – sie war verschwunden.

Langsam ging ich zum Fenster. Von der Gestalt war keine Spur mehr zu sehen. Ich blieb einige Minuten lang reglos stehen. Der Wind frischte auf und schon bald sah der Himmel aus wie blank gewaschen. Das Mondlicht strömte wie ein silberner Lampenstrahl durchs Fenster. Mit zahlreichen, überwiegend wirren Gedanken im Kopf ging ich runter ins Schlafzimmer und legte mich aufs Bett. Irgendwann in den Morgenstunden schlief ich ein.

Die Präsentation war zum Glück erst mittags. Ich trank Kaffee, packte mein Notebook ein und machte mich auf den Weg zur Bushaltestelle. Der Bus rollte heran, die Türen öffneten sich, ich setzte einen Fuß auf die unterste Stufe des Einstiegs ... und schrak zurück. Im Fahrgastraum sah ich den fremden und mir doch vertrauten Mann von letzter Nacht. Er stand etwa einen Meter neben dem Fahrer und schaute direkt zu mir herunter. Unwillkürlich machte ich einen Schritt rückwärts. Der Fahrer schüttelte missmutig den Kopf und drückte einen Knopf. Die Türen schlossen sich mit lautem Zischen. Der Bus fuhr ab – ohne mich.

Ich ging ins Haus zurück und telefonierte ein Taxi herbei. Gerade noch rechtzeitig kam ich zu meinem Termin. Anschließend hörte ich von einer Mitarbeiterin, dass es ein schweres Busunglück mit mehreren Toten in der Stadt gegeben hatte. Es handelte sich um den Bus, in den ich hatte einsteigen wollen.

Die Wolke

Kurz vor meinem vierzehnten Geburtstag starb meine Oma. Ich war sehr traurig und konnte mir gar nicht richtig vorstellen, dass ich sie nie wiedersehen oder mit ihr sprechen würde.

Ich erbte von meiner Oma einen Anhänger, den ich immer sehr bewundert hatte: einen wunderschönen Jadestein in der Form eines Elefanten. Zwei Tage nach ihrer Beerdigung saß ich an meinem Schreibtisch und machte Hausaufgaben. Als ich eine Pause einlegte, nahm ich den Anhänger meiner Oma in die Hand und schaute aus dem Fenster.

Es war Sommer, vor dem strahlend blauen Himmel schob der Wind ein paar Wolken vor sich her, klein und weiß. Und plötzlich geriet eine Wolke in mein Blickfeld, die genauso aussah wie der Jadestein an meinem Anhänger. Ein sanfter Hauch schien mich zu streifen. Selbst hier drinnen, hinter den geschlossenen Doppelscheiben des Fensters, spürte ich die Wärme der Sonnenstrahlen wie ein Streicheln auf der Haut. Und glaubte zugleich ein sanftes Tasten und Fühlen zu spüren. In diesem Moment wusste ich, dass meine Oma gut drüben angekommen war und dass es ihr jetzt besserging.

Don't drink and drive

»Don't drink and drive!« Immer hatte ich diesen Slogan hochgehalten – besonders, nachdem drei meiner Freunde bei einem Unfall, verursacht durch Alkohol am Steuer, ums Leben gekommen waren. An diesem Abend aber war alles anders. Ein paar Tage zuvor war ich dreißig geworden, hatte aber nicht gefeiert, weil meine Mutter kurz davor gestorben war. Ich hatte ein sehr enges Verhältnis zu ihr gehabt und kam nicht leicht darüber hinweg. Meine beste Freundin Kathrin dachte wohl, ich müsste mal auf andere Gedanken kommen. Sie packte mich ins Auto, offenbar wild entschlossen, einen draufzumachen – und das taten wir dann auch. Unsere Männer hatten wir zu Hause gelassen.

Wir tranken ein paar Cocktails in verschiedenen Bars und Kneipen und trafen eine gemeinsame Bekannte, die uns in ihre Wohnung einlud. Sie schenkte Sekt aus. Als wir gingen, war es weit nach Mitternacht. Und ich war längst nicht mehr nüchtern. Kathrin hatte noch einiges mehr intus, ans Fahren war nicht mehr zu denken. Sie gab mir die Schlüssel. Ich schüttelte den Kopf. Ich wollte ein Taxi rufen, aber Kathrin sagte, sie brauche am nächsten Morgen schon früh das Auto wieder. Wir stritten eine Weile herum. Den Gedanken, unsere Männer anzurufen und uns abholen zu lassen, verwarfen wir ebenfalls. Kathrin hatte zwei kleine Kinder, die um diese Zeit längst schliefen. Es war schon schlimm genug, dass ihre Mutter so spät nicht da war. Allein sollten die beiden auf keinen Fall in der Wohnung sein. Und mein Göttergatte? Der fällt normalerweise gegen elf ins Bett und ist dann kaum mehr wach zu kriegen.

Also setzte ich mich schließlich doch ans Steuer. In dem Moment fiel mir meine Mutter ein und ich gab ihr ein stummes Versprechen: »Mama, wenn du irgendwie dafür sorgen kannst, dass das gutgeht und wir unbeschadet zu Hause ankommen, tue ich das nie wieder!«

Wir fuhren los. Nach einer Weile bemerkte ich im Rückspiegel ein Polizeiauto, aber ich lenkte den Wagen anscheinend absolut unauffällig und nach einer Weile war die Streife hinter uns verschwunden. Ich schaute flüchtig auf die Uhr: Es war wenige Minuten nach zwei.

Wir schafften es tatsächlich bis nach Hause. Ich wollte mich schnurstracks ins Bett schleichen und war sicher, dass mein Mann, das Murmeltier, nichts von meinem Zustand mitkriegen würde. Falsch gedacht.

Kaum hatte ich die Haustür aufgesperrt, stand er im Flur

und brüllte mich an, was mir eigentlich einfiele? Wenigstens aber war meine verantwortungslose Dummheit folgenlos geblieben. Nach dem schlimmsten Krach unserer Ehe gingen wir irgendwann schlafen.

Erst am nächsten Tag fragte ich meinen Schatz, wieso er mich eigentlich an der Haustür schon erwartet hatte? Die Antwort traf mich wie eine eiskalte Backpfeife: Jemand habe ihn mitten in der Nacht mit einigen unsanften Rippenstößen geweckt – so wie ich es normalerweise morgens tue, wenn er zur Arbeit muss. Außerdem sei es plötzlich feuchtkalt im Schlafzimmer geworden, so dass er nicht länger liegen bleiben konnte. Um kurz nach zwei sei das gewesen, fügte er hinzu. Ich bekam ganz weiche Knie und fühlte zugleich eine warme Welle der Dankbarkeit durch mein Herz strömen. Ich musste daran denken, was meine Mutter immer zu mir gesagt hatte, wenn ich mal wieder etwas angestellt hatte oder in Schwierigkeiten steckte: »Natürlich helfe ich dir, mein Liebes – aber denk immer daran, dass alles im Leben seinen Preis hat.« Ja, und den bezahlte ich auch diesmal: mit lausigen Katerkopfschmerzen und einer Woche Beziehungsstress.

Der Kümmerer

Ein Kümmerer war er zeitlebens gewesen, mein Schwiegervater. Stets um alles und jeden besorgt. Immer hilfsbereit. Immer da, wenn er gebraucht wurde. So ähnlich formulierte es auch der Pfarrer bei der Grabrede. Ich stand einige Meter daneben und kämpfte unentwegt mit einem quälenden Hustenreiz. Ausgerechnet während der Beerdigung. Ich war gerade erst von einer schweren Bronchitis genesen. Auf der Fahrt zum Friedhof hatte ich bemerkt, dass ich keine Hustenpastillen eingesteckt hatte. Immer und immer wieder griff ich in meine Manteltaschen, weil ich es einfach nicht glauben konnte – die Packung musste doch da sein. Aber außer Papiertaschentüchern beförderte ich nichts zutage.

Der Pfarrer sprach immer noch. Meine Frau und alle Verwandten und Freunde hörten bewegt zu. Und ich fing fast an zu würgen, krampfhaft darum bemüht, den nächsten Hustenanfall zu unterdrücken. Wenigstens ein Taschentuch wollte ich mir vor den Mund halten. Meine Hand glitt in die Manteltasche, aber statt weichem Zellstoff ertasteten meine Finger plötzlich etwas Hartes. Ungläubig zog ich eine kleine Schachtel Hustenbonbons hervor. Das war völlig unmöglich!

Der Priester hatte seine Ansprache beendet. In meinem Mund entfaltete das Hustendrops seine wohltuende Wirkung. Meine Frau und ich traten gemeinsam an das Grab und wir warfen einen letzten Blick auf den braunen Sarg. Mit Tränen in den Augen lächelte ich.

Das Schwert des Engels

Glück im Unglück? Nein, viel mehr als das.

Ich hatte die Vorfahrt übersehen, der andere Wagen kam von rechts aus einer Seitenstraße gerast. Er knallte mir mit hoher Geschwindigkeit in die Beifahrerseite. Durch die Wucht des Aufpralls wurde ich mitsamt dem Fahrersitz einige Meter aus dem Auto herausgeschleudert. Ich war angeschnallt, und obwohl alles so irrsinnig schnell ging, schoss mir in heller Panik der Gedanke durch den Kopf, dass es mich wohl gleich zerreißen würde, weil mein Körper im Sicherheitsgurt hängenbleiben musste, während zugleich der Sitz unter mir durch die linke Autotür katapultiert wurde. Aber nichts dergleichen geschah. Das Nächste, woran ich mich erinnere, war eine fast absurd anmutende Szenerie: Ich saß einige Meter von meinem total zertrümmerten Auto entfernt auf meinem Fahrersitz, Rettungskräfte und Schaulustige um mich herum, aber völlig unverletzt.

Jemand half mir aufzustehen. Ich ging zurück zum Wagen und schaute nach dem Sicherheitsgurt. Unerklärlicherweise war der Gurt nicht gerissen und auch an der Halterung hatte sich nicht eine Schraube gelöst – sondern es sah aus, als sei er akkurat mit einem scharfen Messer durchgeschnitten worden.

Jahre später bekam mein Sohn zur Erstkommunion ein Büchlein über Engel geschenkt. Er kam damit zu mir und zeigte auf das Foto eines Himmelsboten in einer glänzenden Rüstung und mit einem mächtigen Schwert. »Jetzt weiß ich, Mama«, sagte er ganz ernst, »wer dir damals bei dem Unfall geholfen hat.«

Ich und ich

Mit 16 wollte ich sterben. Mein Vater war Berufssoldat und wir mussten ständig umziehen. Die vielen Schulwechsel setzten mir zu, denn das hieß immer: Abschied nehmen, Liebeskummer, Einsamkeit. Vielleicht war ich damals auch schon depressiv, angeblich sind das ungefähr acht Prozent aller Kinder und Jugendlichen. Aber wer denkt in dem Alter schon an so etwas? Jedenfalls warf ich eine Handvoll Schlaftabletten ein. Ich bekam es aber mit der Angst zu tun und wurde gerade noch rechtzeitig in eine Klinik gebracht. Dort schwor ich mir, so etwas nie mehr zu tun und meine Einstellung grundlegend zu ändern. Was in jener Nacht starb, war mein altes Leben – dachte ich jedenfalls. Und eine Zeitlang funktionierte mein »neues« Leben auch ganz gut.

Aber drei Jahre später ging es wieder los. Meine Seele fand einfach keine Sonne mehr und die düsteren Gedanken schnürten mich ein wie ein Korsett. Ich saß in einem nachtschwarzen Zimmer und hatte wieder Schlaftabletten in der Hand. Ich weinte, so wie damals. Plötzlich erschien direkt vor mir in der Dunkelheit ein junges Mädchen. Starre Augen, starres Gesicht und der Blick voll Trauer. Seltsam fluoreszierend sah sie mich an und schüttelte den Kopf. Unwillkürlich musste ich schaudern. Ich wartete, ob nicht ein Wort von ihr kommen würde, aber die Erscheinung blieb, wie sie war: reglos und stumm. In diesem zeitlosen Augenblick wurde mir klar, dass ich das Mädchen kannte. Ich sah mich selbst, so wie ich mit 16 ausgesehen hatte. Es glitt auf mich zu, hob die Arme und streckte sie nach mir aus. Mit einer sanften Geste nahm die durchsichtige Gestalt mir die Tabletten aus der Hand. In derselben Sekunde schlief ich ein.

Als ich erwachte, war es helllichter Tag. Die Geschehnisse der Nacht standen mir in jeder Einzelheit vor Augen, aber ich dachte, es sei ein Traum gewesen. Vor dem Sessel, in dem ich eingeschlafen war, lag die Tablettendose. Sie war leer. Dafür fand ich etwas anderes darin: einen Ring, der meiner verstorbenen Großmutter gehört hatte – und der mir bei einem unserer vielen Umzüge abhandengekommen war.

E-Mail von drüben?

Meine Frau Susanne starb vergangenes Jahr. Noch immer checke ich regelmäßig ihren Mail-Account, denn manchmal sind Nachrichten von alten Schulfreundinnen oder Bekannten dabei, die noch gar nicht wissen, dass sie nicht mehr unter uns ist.

An unserem Hochzeitstag fand ich zwei rätselhafte E-Mails

im Posteingang. In der Betreffzeile stand jeweils »Kein Betreff« und statt eines Absenders las ich nur die Worte »Von niemandem«. Das ist eigentlich ganz unmöglich, denn eine elektronische Nachricht muss zumindest die IP-Adresse des sendenden Servers beinhalten, um übers World Wide Web auf den Weg gebracht werden zu können. Ich zerbrach mir eine Weile den Kopf darüber, wie diese Mails überhaupt hierhergelangen konnten, und sah sie mir immer wieder an. Das Textfeld war leer. Nur die Absendezeiten waren noch angegeben: 05:19:00 und 01:31:00.

Ich zuckte zusammen. Der Geburtstag unserer Tochter war der 19. Mai! Und an einem 31. Januar hatten meine Frau und ich uns kennengelernt.

Zufall? Vielleicht. Aber ich sehe trotzdem mit Spannung dem Termin unseres Hochzeitstags im nächsten Jahr entgegen. Bis dahin werde ich das E-Mail-Postfach meiner geliebten Susanne ganz bestimmt nicht auflösen.

Der unheimliche Mönch

Es waren traumhafte Ferien – die beinahe in einem Alptraum geendet hätten. Ein großer, klarer See. Weitläufige Wälder. Ideal zum Wandern. Aber ich war vom Weg abgekommen und hatte zunehmend Probleme, mich zu orientieren. Die Dunkelheit senkte sich schnell und vollkommen herab und wurde nur noch von einem kräftigen Vollmond beleuchtet. Ich wollte zur Pension zurück, geriet aber immer tiefer in den Wald hinein. Mein Unbehagen stieg von Minute zu Minute. Es war kalt, ich war müde und hatte kein Handy dabei.

Was jetzt? Ich hatte mich total verirrt. Die Bäume standen sehr dicht beieinander und schienen den Atem anzuhalten. Kein Windhauch raschelte an ihren Blättern entlang. Es war totenstill. Ich ging ziellos weiter und musste bald meine erste Panikattacke niederkämpfen. Ich weiß nicht mehr, wie viel Zeit vergangen war, als ich vor mir eine kleine, mondbeschienene Lichtung sah. Mühsam tastete ich mich vorwärts, stolperte über Wurzeln, die ich in der Dunkelheit übersah, stieß an Bäume, presste mich zwischen ihnen hindurch – und endlich erreichte ich das hoffnungsvolle Fleckchen, über dem der Mond verweilte.

Da sah ich unverhofft eine windschiefe, baufällige Hütte, vielleicht zehn Meter vor mir. Mein Herz tat einen Sprung, ich stürzte darauf zu, aber im selben Moment packte mich ein Schwall eisiger Kälte und ließ mich erstarren. Wie festgefroren stand ich da. Etwas löste diese Kälte aus, die durch mich hindurchkroch und mich zögernd vor der Hütte verharren ließ.

Eine Wolke schob sich vor den Mond und mit einem Mal war die Lichtung viel dunkler als gerade eben noch. Die Hütte schien von den Schatten aufgesogen zu werden. Sie verschwamm in der Dunkelheit. Eine seltsame Empfindung grub sich plötzlich in meinen Nacken und zwang mich, mich umzusehen.

Zwischen der schwarzen Silhouette der Bäume glomm ein feines Licht, das aus keiner bestimmten Quelle kam, sondern direkt aus der Luft zu strömen schien und sich langsam in die Wirklichkeit fraß. Und im Zentrum des Lichts erschien eine Gestalt. Ein Mann in einer Art Kutte oder Talar. Die gesamte Umgebung schien auf seltsame Weise zurückzuweichen vor der verhüllten Erscheinung. Die Kälte spürte ich nicht mehr, dafür war ich jetzt starr vor Angst. Die Gestalt hob einen Arm und deutete in den Wald hinter ihr. Und dann geschah etwas Merkwürdiges: Die Starre fiel von mir ab, alle Angst verflüchtigte sich und ich atmete eine tiefe Zuversicht ein. Ohne nachzudenken ging ich einfach los, ließ die rußschwarze, kreisrunde Lichtung hinter mir und folgte dem Fingerzeig der Erscheinung. Es dauerte nicht lange, da befand ich mich wieder auf dem Hauptwanderweg und erreichte bald darauf meine Unterkunft.

Ich schlief lange und erschien erst am späten Vormittag zum Frühstück. Die Wirtsleute erzählten aufgeregt, dass die Polizei am frühen Morgen einen Verbrecher gefasst habe, der als gewalttätig und äußerst gefährlich gelte. Er sei am Abend zuvor aus dem Gefängnis ausgebrochen und in die umliegenden Wälder geflohen. Dort habe er sich die Nacht über in einer alten Hütte versteckt. »Ganz hier in der Nähe«, erklärte die Besitzerin der Pension, »an einer Lichtung.« Mich überlief es eiskalt. Der Mund klappte mir auf, aber ich sagte nichts. Wahrscheinlich hätte mir sowieso keiner geglaubt.

Geschenk von Oma

In Geburtstagsstimmung war ich nicht gerade.

Drei Monate zuvor war meine Oma gestorben, der liebste Mensch, den ich je kannte. Das ging mir immer noch sehr nah. Ich wollte auch nicht feiern, aber einige Freunde und Verwandte riefen an, um mir zu gratulieren. Ich legte gerade im Schlafzimmer Wäsche zusammen, als es wieder klingelte. Ich ging hinunter, hob den Hörer ab und redete eine Weile mit einer Freundin. Als ich wieder ins Schlafzimmer kam, glaubte ich meinen Augen nicht zu trauen: Auf dem Wäschestapel mit den frischen Handtüchern lag ein goldener Armreif mit einem wunderschön geschliffenen Black-Onyx-Stein und einer aufgearbeiteten Rose aus Silber und Diamantrauten! Ich nahm das Schmuckstück vorsichtig in die Hand. Einen Augenblick dachte ich, es würde vielleicht vor meinen Augen verschwinden, wenn ich danach griff. Aber das kostbare

Kleinod war wirklich da. Woher es kam? Keine Ahnung. Niemand außer mir war zu dieser Zeit im Haus. Krampfhaft suchte ich nach einer Erklärung. Konnte der Armreif irgendwie in die Bügelwäsche geraten sein? War er in einer Jacken- oder Manteltasche gewesen und zufällig jetzt wieder zum Vorschein gekommen? Doch das war fast ebenso unwahrscheinlich wie die Schlussfolgerung, zu der ich am Ende gelangte – und an der ich dennoch bis heute festhalte. Meine Oma hatte es geliebt, Überraschungsgeschenke zu machen. Oft steckte sie mir Geld oder andere Präsente heimlich zu, so dass ich sie erst einige Zeit später in meiner Schultasche, in der Schreibtischschublade oder anderswo unerwartet entdeckte.

Seit diesem Erlebnis habe ich aufgehört, um Oma zu trauern, und freue mich wieder jedes Jahr auf meinen Geburtstag.

Rettung im Kreisverkehr

Ich war 15 und habe bis heute das Wunderbare und Rätselhafte nicht vergessen, das damals geschah. Wir hatten die Sommerferien in der Bretagne verbracht und befanden uns auf der Heimfahrt – mein Vater, meine Mutter, meine jüngere Schwester Lisa und ich. Lisa und ich saßen hinten, meine Eltern wechselten sich am Steuer ab, damit wir in einem Stück durchfahren konnten.

Es wurde Nacht, meine Mutter war die Fahrerin, mein Vater schlief schon seit einer Weile, und ich dämmerte auch langsam weg. Irgendwo auf einer Landstraße in Frankreich näherten wir uns einem Kreisverkehr. Gerade als meine Mutter in den Kreisverkehr eingefahren war, trat sie abrupt und mit aller Kraft auf die Bremse. Der Wagen brach aus und blieb mit entsetzlich laut quietschenden Reifen stehen.

Gerade noch rechtzeitig, denn von rechts bog ohne anzuhalten und mit viel zu hoher Geschwindigkeit ein Auto ein, das uns voll gerammt hätte. Lisa und ich wurden kräftig durchgeschüttelt, mein Vater schreckte hoch, aber keinem von uns war ernsthaft etwas passiert.

Der andere Wagen verschwand so schnell, wie er gekommen war. Wir brauchten ein paar Minuten, um uns zu beruhigen, dann fuhren wir weiter. Mein Vater lobte überschwenglich meine Mutter für ihre schnelle Reaktion, aber sie sagte nur: »Du hast mich doch angebrüllt, dass ich bremsen soll!« Mein Vater schüttelte überrascht und verwirrt den Kopf. Und ich konnte bezeugen, dass er nichts dergleichen getan, sondern fest geschlafen hatte.

Das Medaillon

Mein Großvater hat mir einmal erzählt, wie ein ganz und gar mysteriöses Ereignis ihm im Krieg das Leben rettete. Es klingt wirklich unglaublich, aber ich bin sicher, dass es wahr ist. Also: 1941 wurde er mit dem »Notabitur« an die Ostfront geschickt. Seine Mutter gab ihm eine geweihte Marienmedaille aus massivem Silber mit. Mein Opa befestigte sie an seiner Schlüsselkette, damit er sie immer bei sich tragen konnte.

Eines Nachts, nach einem Scharmützel mit gegnerischen Truppen, war sein Talisman verschwunden – obwohl die Kette nicht gerissen war und alle Schlüssel noch daran hingen. Am anderen Tag schlug eine Granate in seiner Nähe ein. Die Druckwelle riss meinen Großvater von den Füßen. Auf dem Boden liegend, untersuchte er seinen Körper nach Splittern. In der Uniform klaffte ein kleines ausgefranstes Loch, genau in der Herzgegend. Opa spürte keine Schmerzen, aber das musste ja nichts heißen.

Nach bangen Minuten stellte er schließlich fest, dass er tatsächlich unverletzt geblieben war. Aber nur, weil der Splitter von einem Gegenstand in seiner Brusttasche abgefangen worden war – der Medaille. Wie sie dorthin gekommen war, blieb ihm ewig ein Rätsel.

Am Abgrund

Ich hatte schon von Leuten gehört, die nachts auf der Autobahn anhielten, auf Wanderschaft gingen, um sich irgendwo abseits der Straße diskret zu erleichtern, und dabei von einer Brücke in den Tod stürzten. Mir konnte so etwas natürlich nicht passieren – dachte ich. Bis es dann eines Tages doch passierte. Beinahe jedenfalls. Was genau uns, meine Frau und mich, vor dem sicheren Tod bewahrte, vermag ich bis heute nicht zu sagen.

Aber der Reihe nach: Wir kamen von einer Party. Spätnachts. Es war eine lange Heimfahrt und ich kannte die Strecke nicht. Anna wollte unterwegs kurz aussteigen und bat mich, an die Seite zu fahren. Vor uns bog rechts ein Weg ab. Ich lenkte den Wagen dort hinein.

Vielleicht war ich nicht mehr ganz nüchtern. Wir rumpelten durch Schlaglöcher, die so tief waren, dass ich schon Angst hatte, das Auto würde zur Seite kippen. Es war stockdunkel. Der Strahl der Scheinwerfer bohrte sich wie zwei schmale Tunnel in die Schwärze, rechts und links davon war nichts zu sehen.

Plötzlich bekamen wir einen Riesenschreck! Im Lichtkegel vor uns tauchten ein Mann und eine Frau auf. Hier, in dieser völlig abgelegenen Gegend, mitten in der Pampa, weit nach Mitternacht. Für einen Überfall hatten sie sich wirklich den idealen Platz ausgesucht. Andererseits, ging es mir durch den Kopf, wer verirrte sich schon um diese Zeit ausgerechnet hierher? Das war doch völlig sinnlos, an dieser Stelle jemandem aufzulauern.

Die beiden kamen nicht näher. Das beruhigte uns ein wenig. Meine Frau und ich verriegelten trotzdem die Türen. Die Scheinwerfer tauchten das Paar in scharfes weißes Licht. Ich hätte ihre Gesichter nicht beschreiben können, aber direkt bedrohlich sahen die beiden seltsamen Gestalten eigentlich nicht aus. Ich legte den Rückwärtsgang ein und machte, dass wir wegkamen. Als ich rückwärts wieder auf die Hauptstraße auffuhr, sah ich mit einem Mal ein Warnschild, das mir zuvor völlig entgangen war.

Ein paar Wochen später luden unsere Gastgeber uns erneut ein, diesmal zu einem Barbecue. Für die Hinfahrt nahmen wir dieselbe Route, und wir beschlossen, nach der Stelle Ausschau zu halten, wo wir in jener Nacht hatten anhalten wollen. Tatsächlich entdeckten wir den schmalen Holperweg mit dem Warnschild davor. Wir blieben stehen und gingen diesmal zu Fuß hinein. Der Pfad – mehr war es eigentlich nicht – führte in eine Kiesgrube. Nach etwa einhundert Metern öffnete sich eine breite Schlucht. Wir standen vor einem Abgrund.

Wer immer die beiden Leute damals gewesen waren: Sie hatten uns aus gutem Grund davon abgehalten, auch nur einen Meter weiterzufahren.

Herzenssache

Samstagvormittag. Und schon hatte der Wochenendstress uns voll im Griff. Das Einkaufen hatten mein Mann und ich gerade erledigt, jetzt wollten wir uns rasch umziehen und anschließend zum Tennisspielen fahren. Als wir in die Garageneinfahrt an unserem Haus einbogen, sahen wir an der Haustür ein älteres Paar. Sie hatten anscheinend geläutet und warteten nun, dass jemand öffnete. Ich stieg aus und ging ihnen entgegen, während Achim noch die Einkaufstüten aus dem Kofferraum holte. Die beiden sahen nach Amtspersonen aus, einheitlich dunkel, etwas altmodisch und seltsam identitätslos gekleidet, altersmäßig vielleicht in den Fünfzigern. Als sie mich sahen, lächelten sie offen und freundlich. Ich fand sie nicht unsympathisch, wenn ich mich auch über ihren Aufzug still amüsierte. Sie sagten, sie seien vom Roten Kreuz und würden für Erdbebenopfer sammeln.

Ich kannte eigentlich nur vergleichsweise junge Rotkreuzler in der typischen DRK-Jacke und wunderte mich. Aber, wie gesagt, wir hatten es eilig und deshalb drückte ich den beiden, ohne groß zu überlegen, einen Fünf-Euro-Schein in die Hand. Sie bedankten sich sehr herzlich.

In diesem Moment kam auch Achim. Die Frau sah ihn mit einem undefinierbaren Blick an. Der Mann kramte in seiner Manteltasche und zog ein kleines Blutdruckmessgerät hervor. Sie würden sich gerne erkenntlich zeigen, sagte er, und Achim den Blutdruck messen. Als kleiner Gesundheitsservice sozusagen. Achim war das lästig, außerdem halten Männer sich sowieso grundsätzlich für unkaputtbar. Aber das seltsame Paar entwickelte eine beachtliche Hartnäckigkeit. Sie ließen sich nicht abwimmeln und schließlich krempelte Achim widerwillig den Hemdsärmel hoch und ließ die angeblichen Rot-Kreuz-Mitarbeiter gewähren.

Der Wert, den das Teil anzeigte, war viel zu hoch. Besorgniserregend hoch sogar, behauptete der Mann. Achim allerdings hatte jetzt endgültig genug und ging einfach ins Haus. Ich zuckte entschuldigend mit den Schultern, verabschiedete mich von den beiden und wollte Achim folgen. Da legte die Frau sanft ihre Hand auf meinen Arm und sagte ganz ruhig, aber sehr eindringlich: »Wenn das mein Ehemann wäre, wüsste ich, was ich jetzt zu tun hätte.« Dann drehten sie sich um und verschwanden.

Mich hinterließen sie im Zustand äußerster Verwirrung. Was genau sollte ich denn tun? Achim trug schon seine Sportklamotten und wollte endlich los. Ich beeilte mich und Minuten später saßen wir wieder im Auto. Unterwegs zum Tennisplatz kamen wir am Kreiskrankenhaus vorbei. Ich weiß selbst nicht mehr, was in mich fuhr, aber ich sagte zu Achim, er solle anhalten und sich untersuchen lassen. Jetzt sofort. Ich musste ihn wirklich dazu drängen, aber irgendwann gab mein Mann genervt nach. Er dachte wohl, das sei die einzige Möglichkeit, unser geplantes Tennismatch noch zu retten.

Um die Geschichte etwas abzukürzen: An diesem Tag wurde es nichts mehr mit Tennis. Auch nicht in den folgenden Wochen. Der diensthabende Arzt maß den Blutdruck, machte ein EKG und spürte schließlich einen stillen Infarkt bei Achim auf. Wären wir zum Sport gefahren, hätte ihn das möglicherweise umgebracht. Übrigens hatte keiner unserer Nachbarn an jenem Samstag Besuch von Spendensammlern des Roten Kreuzes gehabt. Niemand außer uns.

Manuela

Ich schnellte förmlich aus dem Schlaf hoch.

Einige Male atmete ich tief durch und versuchte, die Stressfolgen des plötzlichen Erwachens an mir abperlen zu lassen. Ich wusste genau, was mich geweckt hatte. Ich hatte im Traum ein Bild gesehen, so intensiv, als wäre die ganze Szene irgendwo in einer anderen Dimension wie ein Film gespeichert. Und jetzt hatte sie sich selbständig gemacht und war auf geheimnisvolle Weise zu mir gelangt.

Ich war seit fast zwei Jahren mit meinem Freund zusammen. Sein Name war Jan. In meinem Traum stand ich mit Jan in einer längeren Schlange vor einem Kino. Er hielt meine Hand, hatte aber den Kopf von mir abgewandt, weil er einen Schaukasten mit Aushangfotos betrachtete. Plötzlich trat eine Frau an mich heran. Jung, attraktiv, pechschwarzes Haar mit auffälligen violetten Strähnen. Sie fragte mich, ob ich Jan kennen würde. »Natürlich«, antwortete ich und warf meinem Freund einen schnellen Blick zu. Jan schien die Frau weder zu bemerken noch zu hören, dass ich mit jemandem sprach. Die Unbekannte sagte zu mir, ich solle ihn einmal nach Manuela fragen. Sie warf den Kopf zurück, lachte unangenehm, drehte sich um und verschwand. Im selben Moment fuhr ich hoch. Mein Herz schlug schnell und unregelmäßig. Nur ein Traum?

Abends war ich mit Jan verabredet. Ins Blaue hinein sagte ich zu ihm: »Was macht eigentlich Manuela heute Abend?« Seine Reaktion war ziemlich eindeutig. Erst wurde er nervös, dann tat er ahnungslos und schließlich giftete er mich an, ob ich ihm hinterherspionieren würde.

Ob er denn etwas zu verbergen habe, wollte ich wissen und stemmte die Hände in die Hüfte. Wir fingen an zu streiten und am Ende stellte sich heraus, dass er schon länger etwas nebenher am Laufen hatte. Ich machte noch an Ort und Stelle Schluss. Keine Ahnung, wie Manuela oder wer auch immer in meinen Traum gelangt war – aber ich bin ihr dankbar dafür.

Die blaue Rose

Ich hatte so eine Ahnung, dass mein Freund mich betrog. Ich konnte es nicht beweisen, hatte keine komischen E-Mails oder SMS gelesen, er roch nicht nach einer anderen Frau, er hob mich in den Himmel wie eh und je. Und doch …

Vielleicht war ich auch nur leicht paranoid, versuchte ich mir einzureden. Aber das dunkle Gefühl wurde immer stärker und eines Abends war ich so unruhig, dass ich durch die Wohnung tigerte und ein Zeichen herbeisehnte. Von irgendjemandem. Von irgendwoher.

Fast im gleichen Augenblick fiel die blaue Stoffrose von der Wand, die ich zwischen Wohnzimmercouch und Bücherregal gepinnt hatte. Mit meinem Freund und meiner besten Freundin Anja war ich auf der Kirmes gewesen und er hatte am Schießstand zwei dieser hässlichen künstlichen Dinger gewonnen. Eine für mich, eine für Anja.

Komisch, dachte ich. Ich wollte mit jemandem über diesen seltsamen Zufall reden und rief Anja an. Ich sagte ihr, dass meine Rose gerade von der Wand gefallen sei – weiter kam ich gar nicht. Noch bevor ich ihr von meinem Verdacht und dem Zeichen erzählen konnte, unterbrach sie mich: »Stell dir vor, meine auch!« Anja hatte ihr Exemplar an die Pinnwand getackert, kurz vor meinem Anruf hatte sie sich gelöst und war auf den Boden gefallen.

Meine Miene verdüsterte sich schlagartig. Hinter meiner Stirn rasten die Gedanken. Ich lenkte das Gespräch auf Belangloses und legte bald auf. Ein paar Tage später fragte ich meinen Freund rundheraus, ob er was mit meiner besten Freundin habe. Er versuchte nicht mal, es abzustreiten. Ich schmiss ihn raus. Weder Anja noch ihn habe ich seitdem je wiedergesehen.

Schlaftabletten

Es muss vor etwa zehn Jahren gewesen sein. Der Bruder meiner Mutter, also mein Onkel, war gestorben. Mama hatte sehr an ihm gehangen und mit seinem Tod veränderte sich alles. Sie erzählte mir nichts mehr und interessierte sich kaum noch für mich. Im Nachhinein denke ich, meine Mutter hatte nie wirklich Zeit, um zu trauern, denn sie war alleinerziehend und beruflich stark eingespannt. Schließlich bekam sie auch gesundheitliche Probleme, Kreislaufstörungen zum Beispiel. Mama schlief nachts kaum noch, zeigte keine Gefühle mehr und hatte starke Stimmungsschwankungen. Sie wollte wohl einfach nicht wahrhaben, dass sie an Depressionen litt und nicht mehr klarkam. Stattdessen fing sie an, Schlaftabletten zu nehmen. Doch der Hang-over-Effekt machte alles nur noch schlimmer. Tagsüber war sie total müde und antriebslos und schüttete fortwährend Kaffee in sich hinein. Abends nahm sie dann noch mehr Tabletten. Das machte mir zunehmend Angst. Wenn sie nun – und sei es auch nur aus Versehen – einmal eine Überdosis erwischen würde?

An einem Samstagnachmittag bügelte Mama im Wohnzimmer Wäsche. Gegenüber vom Bügelbrett befand sich der Wohnzimmertisch, darauf stand ein volles Röhrchen Schlaftabletten, das sie morgens aus der Apotheke mitgebracht hatte. Ich saß auf der Couch und sah fern.

Aus den Augenwinkeln bemerkte ich plötzlich, dass das Plastikröhrchen ganz leicht zu zittern anfing, als hätte jemand die flache Hand auf die Tischplatte gelegt und würde mit den Fingern darauf klopfen. Das Röhrchen schwankte immer stärker, kippte zur Seite und ploppte auf den Tisch. Der Deckel sprang ab und drei, vier der weißen Tabletten kullerten heraus.

Meine Mutter sah zu, wie sie über die Tischkante rollten und auf den Boden fielen. Es ging kein Luftzug, es gab keinerlei Erschütterungen im Wohnzimmer, keine vorbeifahrende Straßenbahn oder so etwas, nichts. Die Packung mit den Schlaftabletten war einfach so umgefallen. Mama hatte den Vorgang mit ihrer fast schon zur Normalität gewordenen leblosen Aufmerksamkeit beobachtet. Dann aber, zum ersten Mal seit langer Zeit, las ich aus ihren Zügen ein gewisses Gefühl. Ihr Gesicht zeigte gleichzeitig Staunen und eine innere Abwehr, als könne sie es nicht fassen.

Ich weiß nicht genau, was in diesem Moment in ihr vorging. Aber sie rührte die Tabletten nicht mehr an und von dem Tag an ging es wieder aufwärts mit ihr.

Schutzhelm

Ich weiß nicht, wer oder was meinem kleinen Sohn damals das Leben gerettet hat – aber ich weiß seitdem, dass es da draußen Dinge gibt, die wir Menschen nicht auf Anhieb verstehen.

Mein Würmchen war acht Monate alt. Ich hatte den Kleinen gerade gefüttert und gewickelt und ihn dann in sein Kinderbettchen gelegt. Etwa eine halbe Stunde später kam mein Mann nach Hause. Er fuhr einen Roller und legte seinen Helm wie immer auf das Sideboard im Flur. Normalerweise schaute er beim Heimkommen immer sofort nach dem Kleinen, aber diesmal klingelte das Telefon, kaum dass er zur Tür hinein war, und er musste noch etwas mit der Firma klären.

Ich bereitete derweil das Abendessen zu. Plötzlich hörte ich ein dumpfes Aufschlagen! Ich fuhr erschrocken zusammen und schaute in den Flur. Der Helm meines Mannes lag auf dem Boden. Der Aufprall hatte geklungen wie ein polternder Wink. Ich wollte mich danach bücken, da sprang mich ein Gedanke an wie ein fauchendes Tier. Ohne zu zögern, stürzte ich ins Kinderzimmer. Unser Schatz lag auf dem Bauch, den Kopf unter der Bettdecke, und war stark verschwitzt. Da kam auch schon mein Mann hereingerannt. Wir holten das Baby aus seinem Bettchen, es war gerade noch mal gutgegangen. Zu dieser Zeit wusste man noch nicht viel über den plötzlichen Kindstod, aber seit jenem Abend passten wir noch dreimal so gut auf wie vorher.

Worauf wir indes nie eine Antwort fanden: Wie konnte der Helm einfach so von der Kommode fallen?

Nomen est omen

Zugegeben: Es gab Tage, da war ich so betrunken, dass ich nicht mehr zwischen Traum und Wirklichkeit unterscheiden konnte. Ich rannte nachts im Haus umher, betrank mich und schrie die Wände an. Meine Frau hatte mich verlassen. Die Gedanken fraßen mich auf. Ich kippte mir Pillen rein. Ich verfluchte mein Leben.

Irgendwann setzte ich mich in den nächsten Zug und fuhr zu meinen Eltern, weit weg von zu Hause. Zuerst war es wenig mehr als ein weiterer Fahrschein in die Gleichgültigkeit. Doch mit der Zeit entkam ich bei ihnen meinen Tränen. Eines Nachmittags gingen wir auf den Friedhof. Meine Mutter, mein Vater und ich. Wir wollten die Gräber von Verwandten besuchen und ein paar Blumen hinlegen.

Schmale Wege führten über die flachen, weiten Gräberfelder. Zu beiden Seiten erhoben sich unzählige Kreuze und Steine. Es wurde schon bald dunkel, die Kühle hatte Nebel aufkommen lassen. Ein leichter Wind fuhr in die dünnen Schwaden und verteilte sie über das gepflegte Gelände. Es hätte ein romantisches Gemälde sein können.

Mein Blick streifte die Inschriften der Grabsteine. Manche waren schon verblasst. »Wie mein Leben«, kam es mir unwillkürlich in den Sinn. Die unheilvollen Gedanken drohten mich wieder einzuholen. Im Vorübergehen fotografierte mein Unterbewusstsein einen Namen auf einem der Gedenksteine. Es dauerte ein paar Sekunden, bis mein Gehirn das Bild entwickelt hatte. Ich verlor die Farbe im Gesicht. Ich wurde totenbleich. Ich war geschockt. Dort stand mein Name zu lesen. Vor- und Nachname. Ein Zufall? Nein. Auch das Geburtsdatum stimmte. Jetzt kam ich mir vor wie ein Eiszapfen. So sehr traf mich der Anblick. Ich riss den Kopf zur Seite, als mir schlagartig klarwurde, dass da auch ein Sterbedatum eingraviert war. Keinesfalls wollte ich das sehen! Ich schlug die Hände vor die Augen, wandte mich ab, lief taumelnd davon, meinen Eltern hinterher, die schon einen ziemlichen Vorsprung hatten.

Ich erzählte ihnen nichts davon. Ich bin auch nie wieder auf diesen Friedhof gegangen. Bis heute nicht. Dafür tat ich etwas anderes: Ich änderte mein Leben und sah zu, dass ich es wieder auf die Reihe kriegte. Ich will meine Zeit festhalten, nicht mehr hergeben. Ich mache aus dem, was ich habe, das Beste.

16 Apfelkerne

Meine Mutter wurde plötzlich sehr krank, als ich 14 war. Ein gefühlloser, unbeteiligter Arzt sagte nur, dass sie sterben würde. Ich lag die ganze Nacht wach, weinte, verfluchte den Doktor und hatte Angst. Gefühle der Leere und Einsamkeit überfielen mich. Da geschah etwas Seltsames: Als wäre sie bisher im Unsichtbaren versteckt gewesen, wuchs am Fuß meines Betts eine weiße Gestalt in die Höhe. Ich merkte den Tränenschleier, der sich vor meine Augen gelegt hatte, und sah alles etwas verschwommen. Aber es war zweifellos eine Frau.

Ihr Gesicht sah friedlich und entspannt aus. Sie trug ein altmodisches Kleid, das ihr bis zu den Knöcheln reichte und bei jedem Schritt hin- und herschwang. Voller Würde kam sie näher. Ihr Anblick ließ mich meinen Zustand vergessen. Ich sah ein dünnes Lächeln auf ihren blassen Lippen und vernahm eine flüsternde Stimme. Sie hieß mich, die Hand aufzuhalten, und im nächsten Moment spürte ich, dass etwas meine Handinnenfläche kitzelte. Ein Rieseln, wie von Salz. Die Erscheinung sagte, das seien Apfelkerne, und so viele Kerne sie hier lasse, so viele Jahre werde meine Mutter noch bei mir sein. Ich schloss meine Faust fest um die Kerne und fiel sofort in tiefen Schlaf.

Am Morgen waren da keine Apfelkerne, aber an mein nächtliches Erlebnis erinnerte ich mich genau. Ich erzählte meiner Mutter davon, sie meinte nur, die Beschreibung der Gestalt passe auf meine Großmutter, die lange vor meiner Geburt gestorben war. Wie auch immer: An diesem Tag besserte sich der Zustand meiner Mutter und bald war ihre Erkrankung überstanden. Sie lebte noch 16 Jahre – und damit 16 Jahre länger, als der Arzt vorausgesagt hatte.

Hetta

Als ich 14 war, hatte ich einen Unfall. Ich radelte über eine Kreuzung und ein abbiegender Autofahrer übersah das Parallelgrün. Der Zusammenstoß riss mich vom Fahrrad und schleuderte mich durch die Luft. »Das war's«, dachte ich, als ich den Boden auf mich zurasen sah. Die Landung tat weh, mehr als alles andere, was ich davor in meinem kurzen Leben erlebt hatte. Ich keuchte panisch auf, bevor alles schwarz wurde.

Es war wie ein plötzliches Hinabgleiten in einen tiefen Schacht. Dann zuckte ich zusammen, als wäre ich auf ein Hindernis getroffen – und auf einmal war ich wieder da. Irgendetwas hatte mich aus der Lethargie gerissen und brachte mich in einen dämmrigen Wachzustand. Ich nahm zwar genau wahr, was um mich herum geschah, hatte aber nicht genug Energie, es aus eigener Kraft und eigenem Willen zu beeinflussen. Ich schwebte in einem Vakuum. Und dann sah ich ein Gesicht vor mir, das mich mit sanfter Aufmerksamkeit betrachtete.

Es war ein älterer Mann. Er beugte sich über mich, lächelte und redete ganz beruhigend und tröstend auf mich ein. Jedes Gefühl von Angst in mir schwand plötzlich. Seine Hand berührte mich an der Stirn, blieb einen Moment darauf liegen, wie um meine Temperatur zu überprüfen, und zog sich zurück.

Mühsam hob ich die Lider. Mein Blick klärte sich langsam, um mich herum standen einige Personen, die gedämpft miteinander sprachen. Ich spürte auf meinem Körper den Schweiß. Dann wurde ich auf eine Trage gehoben und in den Krankenwagen gebracht.

Als ich später meiner Mutter den Unfall schilderte, erzählte ich ihr auch von dem Mann, der mir Kraft und Zuversicht gegeben hatte. Mama bat mich, ihn genauer zu beschreiben, denn vielleicht wäre es möglich, ihn ausfindig zu machen, um ihm zu danken. Ich erzählte ihr alle Einzelheiten, an die ich mich erinnern konnte – und auch, dass der Fremde mich mit »Hetta« angesprochen hatte, obwohl ich Heidi hieß.

Meine Mutter schaute mich komisch an und verabschiedete sich dann ziemlich abrupt. Ich konnte sehen, dass ihr beim Rausgehen Tränen in den Augen standen. Erst einige Zeit nach meiner Entlassung aus der Klinik erklärte sie mir, dass meine Beschreibung haargenau auf meinen Opa zutraf, der gestorben war, als ich gerade zwei geworden war. Er hatte mich immer »Hetta« genannt. Als Einziger in der Familie, da alle anderen diesen Kosenamen nicht mochten und nie verwendeten.

Laute Musik

Meine Freundin übernachtete bei mir, weil ich sturmfreie Bude hatte, denn meine Eltern waren zu einer Familienfeier in eine andere Stadt gefahren. Mein Cousin, der über uns wohnte, hörte mal wieder laut seine schreckliche Musik. Wir gingen hoch zu ihm, um uns zu beschweren. Wir klopften an seine Tür, doch niemand öffnete. Nur die Musik dröhnte. Also gingen meine Freundin und ich zum Hausmeister und baten ihn, mitzukommen und die Tür aufzuschließen. Als wir das Zimmer betraten, traf uns fast der Schlag: Mein Cousin lag keuchend auf dem Boden und rang verzweifelt nach Luft – ein akuter Asthma-Anfall.
Sofort riefen wir den Notarzt. Dann erst bemerkten wir, dass in der Wohnung meines Cousins gar keine Musik lief. Aber wir hatten sie doch laut und deutlich gehört?

Ferndurchsage

Mein Großvater starb, als er versuchte, den Fernseher zu reparieren.
Ein heftiges Gewitter hatte zu einem Senderausfall geführt und er wusste wohl nicht, dass das am Wetter liegen konnte. Was genau geschehen war, konnten wir nicht genau rekonstruieren, aber wie es aussah, hatte Opa die Rückwand und den Hochspannungskäfig geöffnet, um ihn mit einem Pinsel von Staub zu befreien. Dabei muss er einen tödlichen Schlag bekommen haben. Ich hing sehr an meinem Großvater und brauchte lange, bis ich mit dem Schmerz umgehen konnte. Etwa zwei Jahre danach wollte ich zu einem Wochenendtrip nach Berlin aufbrechen. Ich stand kurz vorm Abitur, hatte wenig Geld und verabredete mich daher über eine Mitfahr-

zentrale mit zwei Studentinnen. Sie wollten mit ihrem Auto um 15 Uhr am Bahnhof meiner Heimatstadt sein, dort würde ich dann zusteigen.

Ich war ziemlich spät dran. Um Viertel vor drei riss ich meine Tasche vom Boden hoch und stürmte zur Tür. Da knisterte plötzlich etwas hinter mir wie eine elektrostatische Entladung. Ich drehte mich um – der Fernseher hatte sich von allein eingeschaltet! Dass die Kiste manchmal von selbst ausgehen kann, hatte ich schon öfter von Bekannten gehört. Der umgekehrte Fall allerdings war mir völlig unbekannt. Ungläubig starrte ich auf den Bildschirm, über den schwarze Streifen flimmerten. Dann begann es zu rieseln und schwarze und weiße Punkte beherrschten die Mattscheibe.

Ich stellte die Tasche wieder hin, griff nach der Fernbedienung und begrub die Aus-Taste unter meinem Daumen. So fest, dass das Blut aus der Fingerkuppe wich. Nichts passierte. Kurz entschlossen zog ich den Netzstecker. Das Gerät lief immer noch. Es zeigte weißes Rauschen wie zahllose winzige Ameisen, die umherwuseln. Das war unglaublich. Ich stand da und wischte mir fahrig übers Gesicht. Ich musste sofort los, wenn ich an diesem Tag noch nach Berlin kommen wollte. Sollte ich den Fernseher einfach an lassen? Aber was, wenn etwas mit der Elektroinstallation nicht stimmte und der Apparat explodierte oder zu brennen anfing? Mein Blick irrte zwischen der Uhr und dem TV-Gerät hin und her. Bis ich schließlich einsah, dass es ohnehin schon viel zu spät war. Wie zur Bestätigung klingelte das Handy in meiner Tasche. Die junge Frau, mit der ich hatte mitfahren wollen, informierte mich kurz und knapp darüber, dass sie gerade mit ihrer Freundin gestartet sei.

Ich fiel auf die Couch und ließ mich eine Weile von den flimmernden Punkten in der Glotze hypnotisieren. Plötzlich fiel der schwarz-weiße Sturm in sich zusammen, als würde er in ein schwarzes Loch gesaugt werden, und der Bildschirm war tot.

Abends funktionierte das Gerät wieder tadellos. Ich machte das Beste aus dem Wochenende, das ich unfreiwillig zu Hause verbringen musste. Am Montag las ich dann in der Lokalzeitung, dass zwei Studentinnen aus unserer Gegend freitagabends, auf einer Autofahrt nach Berlin, mit einem Lkw zusammengestoßen und tödlich verunglückt waren.

Die Tagseite

Gleich vorweg: Wunder – und als solche müssen zumindest manche Ereignisse in den vorangegangenen Erfahrungsberichten gelten – sind für Skeptiker und Naturalisten eigentlich kein Thema. Denn ein Wunder »ist ein Ereignis, das erstens der allgemeinen Erfahrung widerspricht, zweitens naturgesetzlich unmöglich ist und drittens daher von einer übernatürlichen Wesenheit verursacht wurde«, lesen wir auf der Webseite der Gesellschaft zur wissenschaftlichen Untersuchung von Parawissenschaften.[44] Wunder können aufgrund ihrer außergewöhnlichen Natur kaum systematisch beobachtet werden. Sie sind also weder zu beweisen noch zu widerlegen, weshalb der eigentliche Begriff des Wunders auf den Bereich der Religion beschränkt ist. Möglich sind daher nur einige allgemeine Anmerkungen zu der Thematik.

Zum Beispiel: Wie grenzen sich Wunder von paranormalen Ereignissen ab? Auch paranormale Ereignisse widersprechen der allgemeinen Erfahrung und unserem Wissen über die Naturgesetze, sie müssen jedoch nicht unbedingt außergewöhn-

44 www.gwup.org

lich und selten sein. Während alle Wunder auch paranormale Ereignisse sind, gilt das Umgekehrte nicht: Viele paranormale Ereignisse haben keine quasireligiöse Bedeutung, und es wird ihnen keine übernatürliche Ursache zugeschrieben.

Vielmehr werden von Parawissenschaftlern in aller Regel noch unbekannte natürliche Gesetzmäßigkeiten oder Ursachen zur Erklärung dieser Vorkommnisse ins Spiel gebracht, so dass Naturgesetze nur scheinbar durchbrochen werden. Nur bei einigen Vertretern des Paranormalen verschwimmt die Grenze zum Wunder, wie beispielsweise bei manchen Heilern, zu deren Methoden der angebliche Kontakt mit dem Übernatürlichen gehört, etwa in Form von Gebeten oder der Nutzbarmachung göttlicher Kräfte.

Apropos göttliche Kräfte: Kritiker sehen im Zuge des gegenwärtigen »Engelsboom« dort eine Gefahr, wo an die Himmelsboten ganz in der individuellen Verfügungsgewalt des Menschen geglaubt wird – wo sie also als »dienstbare Geister« betrachtet werden, die man beliebig herbeizitieren, herbeimeditieren oder herbeiwünschen kann, um persönliche Lebensprobleme in den Griff zu bekommen. Das ist in der Esoterik tatsächlich gängige Praxis. Und zahllose »Engelanbieter« lassen sich diesen angeblichen Dienst teuer bezahlen. »Damit«, warnt die Evangelische Zentralstelle für Weltanschauungsfragen (EZW), »ist die Gefahr der Manipulation – ob gewollt oder ungewollt – gegeben. Zugleich besteht auch die Gefahr der Abhängigkeit des Einzelnen, der zum Beispiel Engelsbotschaften blindlings vertraut. Er kann dabei in esoterisch-magische Sonderwelten geraten, die ihn von seiner Alltagswelt zunehmend isolieren und letztlich zu einem Realitätsverlust führen können.«[45]

45 http://downloads.bistum-augsburg.de/2/104/1/
    82267769831915707173.pdf

Der schottische Philosoph David Hume (1711–1776) emp-fiehlt in seiner klassischen Analyse des Wunderbegriffs, zwei Hypothesen gegeneinander abzuwägen: Ist die Hypothese plausibler, dass das behauptete Wunder tatsächlich stattge-funden hat? Oder ist es wahrscheinlicher, dass die Zeugen sich irren oder gar die Unwahrheit sagen? Hume meint, es sei nur dann vernünftig, an Wunder zu glauben, wenn die Vertrauenswürdigkeit des Zeugen größer sei als die Wahr-scheinlichkeit des bezeugten Ereignisses.

Seiner Einschätzung nach sind Wahrnehmungstäuschungen, Selbsttäuschungen, Halluzinationen oder Lügen aber viel wahrscheinlicher als eine Durchbrechung der Naturgesetze. Aus diesem Grund könne praktisch kein Zeugnis ein Wun-der glaubhaft machen. Hinzuzufügen wäre aus heutiger Sicht, dass es Skeptikern nicht darum geht, die Beweiskraft von Augenzeugen und Erlebtem in Zweifel zu ziehen, son-dern die Beweiskraft kritisch zu bewerten. Und das ist nicht leicht, angesichts des riesigen Täuschungspotenzials von uns Menschen, die sich dessen selbst gar nicht bewusst sind.

Wie schon mehrfach gesagt: Nicht selten ist es so, dass uns das Gehirn Streiche spielt. Wir nehmen vor allem Dinge wahr, die uns ins Konzept passen. Und wir erinnern uns nur an erstaunliche Zufälle, etwa an einen Traum, der sich am nächsten Tag erfüllt. Aber wie oft werden unsere Träume nicht Wirklichkeit? Wir Menschen haben die Tendenz, Zu-fälle zu unterschätzen. Das Leben ist voll davon. Hinzu kommt: Der Verweis auf Wunder erklärt eigentlich nichts, sondern ist eher als Eingeständnis von Unwissenheit zu sehen.

7. Die Sache mit den unerklärlichen Erlebnissen

Die Nachtseite

Gibt es wirklich für alle rätselhaften Erscheinungen eine logische Erklärung? Oder existieren doch mysteriöse und unheimliche Phänomene, denen selbst die moderne Wissenschaft ratlos gegenübersteht? Caroline Watt zum Beispiel arbeitet als Parapsychologin an der Universität von Edinburgh. Sie ist eine der wenigen Forscherinnen und Forscher weltweit, die sich seriös und wissenschaftlich mit diesem umstrittenen Themengebiet beschäftigen. Auch von Skeptikern wird sie anerkannt.

Der Zeitschrift *freundin* sagte Watt: »Meiner Meinung nach sind fast alle seltsamen Vorkommnisse irgendwie erklärbar.« Nur ein einziges Mal sei sie an ihre Grenzen gestoßen: »Anlässlich eines Seminars richteten wir eine Séance aus. Die Location war passend gewählt: ein viktorianisches Haus mit knarrenden Dielen und unzähligen Winkeln. Ich sollte alles vorbereiten und war allein in dem alten Gemäuer.

Als ich fertig war, dimmte ich das Licht und setzte mich in einen Lehnstuhl, um auf die anderen zu warten. Plötzlich hörte ich dumpfe Schritte, als durchquerte jemand seelenruhig den Raum. Mir war schlecht vor Angst, ich zitterte vor Kälte, war wie gelähmt. Als ich es zum Lichtschalter schaffte, war das Zimmer leer. Und meine Kollegen schwören Stein und Bein, mich nicht auf den Arm genommen zu haben. Bis heute weiß ich nicht, was damals wirklich passiert ist.«[46]

---

46 »Schaurige Begegnung« In: *freundin* 4/2008, Seite 93.

Fraglos eine »Außergewöhnliche Erfahrung«. Unter diesem Schlagwort (AgE) fassen Parapsychologen per definitionem all jene Erfahrungen zusammen, die »in ihrer besonderen subjektiven Erlebnisqualität so außergewöhnlich sind und von den Wirklichkeitserklärungen der Betroffenen so deutlich abweichen, dass sie nicht in vorhandene kognitiv-emotionale Schemata integrierbar sind«. Dabei spielt es keine Rolle, ob für die Erlebnisse im Nachhinein eine natürliche oder konventionelle Erklärung gefunden wird oder nicht.[47]

International bewegt sich die Zahl derer, die an paranormale Phänomene glauben, zwischen 60 und 75 Prozent – davon wiederum haben zwischen 30 und 50 Prozent eigene »Außergewöhnliche Erfahrungen« gemacht. In Deutschland können sich je nach Phänomen zwischen 16 Prozent (Spuk) und 73 Prozent (außersinnliche Wahrnehmung bei Tod und Krisen) der Frauen und Männer das reale Auftreten paranormaler Ereignisse vorstellen. Nur 11 Prozent halten Psi-Phänomene für undenkbar. In großen Umfragen berichten regelmäßig fast drei Viertel der Befragten über mindestens ein eigenes, subjektiv als »paranormal« empfundenes Erlebnis in ihrem Leben.

So wie in den folgenden Berichten.

47 Belz, M. (2009): *Außergewöhnliche Erfahrungen*, Göttingen: Hogrefe, Seite 5.

Im Dämmerlicht

Fluss der Erinnerung

Ich war nie hellsichtig oder medial begabt. Für das, was an jenem Tag geschah, habe ich keine Erklärung. Es spielte sich am helllichten Tag ab und ich war bei klarem Verstand. Eine Vision, aufgestiegen aus der Vergangenheit? Ein Tagtraum? Ein Déjà-vu? Ich hatte Urlaub und war mit meinem Freund zum Zelten gefahren. Direkt neben dem Campingplatz plätscherte ein Fluss, umgeben von Wiesen. Am Nachmittag spazierten wir Arm in Arm am Ufer entlang. Es war schön, in der Natur zu sein.

Ich ließ meine Blicke über das beruhigende Grün schweifen – und fuhr zusammen vor Schreck. Aus dem Ufergebüsch lugte der Kopf eines Mannes hervor. Seine Augen hafteten an mir. Er starrte in mein Gesicht, auf meinen Körper. Sein Blick war beängstigend boshaft – und hatte zugleich etwas triumphierend Lüsternes. Ich krallte meine Finger in den Arm meines Freundes, der vor Schmerz zusammenzuckte und fragte, was los sei. Ich zeigte mit ausgestrecktem Arm zu der Stelle, etwa drei, vier Meter vor uns, und stammelte etwas von: »Da ist jemand!« Mein Freund bedachte mich mit einem halb belustigten, halb fragenden Augenaufschlag. Ohne große Umschweife ging er vor und bog die dicht gewachsenen Zweige auseinander.

Da war niemand. Vorsichtig folgte ich meinem Partner. Plötzlich knackte es. Aber ich war nur auf einen kleinen Zweig getreten. Sonst nichts. Der Fluss zog geheimnisvoll murmelnd an uns vorbei. Die Wasseroberfläche glitzerte im Licht der Sonne, als wäre sie mit zig kleinen Diamanten besprenkelt. Und mit einem Mal sah ich Bilder darauf treiben. Wie auf einem Film, den man gegen das Licht hält und Szene für Szene einzeln betrachtet, tauchten Gesichter, Menschen, Impressionen auf. Reihten sich sanft herumwirbelnd aneinander. Und erzählten eine Geschichte.

Ein junges Mädchen, vielleicht 18 Jahre alt. Gekleidet im Stil des 19. Jahrhunderts. Eine Gruppe von Menschen, vornehm, elegant. Darin ein Mann, allenthalben geachtet. Jener Mann, dessen Gesicht ich eine Minute zuvor im Gebüsch gesehen hatte! Er schaute zu der jungen Frau herüber, unauffällig, aber mit demselben Gesichtsausdruck, der mir vorhin einen eisigen Schrecken versetzt hatte. Der Fluss spulte die Bilder ab wie in einem Zeitraffer. Die Bewegung des Wassers wirkte sonderbar träge und langsam. In der nächsten Einstellung lauerte der Mann dem Mädchen auf. An einem Fluss. Anschließend warf er ihren toten Körper ins Wasser. Langsam trieb sie davon. Ertrunken, riefen sich die Leute zu, als man sie schließlich fand. Auf den Mann fiel kein Verdacht. Er lebte unbehelligt in dem kleinen Dorf als respektabler Bürger. Vielleicht fand er noch weitere Opfer.

Als nur noch die Sonnenstrahlen auf dem Wasser tanzten, schaute ich wieder auf. Mein Freund legte den Arm um meine Schulter und zog mich sanft weiter. Ich erzählte ihm nichts von dem, was ich gesehen hatte. Aber die Stelle, an der sich mein unheimliches Erlebnis zugetragen hat, mied ich für den Rest unseres Urlaubs. Zu Hause stellte ich einige Nachforschungen an. Ich wollte wissen, ob es in der Gegend um den Campingplatz ungeklärte Todesfälle gegeben hatte, vor langer Zeit. Ich wurde nicht fündig. Es gab auch kaum Unterlagen. Vielleicht hatte ich mir alles nur eingebildet. Warum sollte ausgerechnet mir eine solche Vision zuteil werden? Oder war ich zufällig genau zu dem Zeitpunkt an dem Fluss entlangspaziert, als der schreckliche Vorfall sich dereinst zugetragen hatte – 100 oder 200 Jahre in der Vergangenheit? Hielt das unentwegt raunende, dunkle Wasser zäh die Erinnerung daran fest? Ich weiß es nicht. Aber meine Ferien werde ich kein zweites Mal auf diesem Campingplatz verbringen. Nie mehr möchte ich in dieses erschreckende und furchteinflößende Gesicht sehen.

Gesichter

Zuerst hielt ich das Ganze für einen Kinderstreich. »Mama, schau mal, da ist ein Gesicht auf dem Boden!«, rief eines Abends unsere Kleine. Sie war im Badezimmer und sollte sich eigentlich die Zähne putzen. Ihre Stimme bebte vor Aufregung. Ich saß im Wohnzimmer und blätterte müde in einer Zeitschrift. »Ja, Schatz, ich komme gleich«, seufzte ich und überflog erst mal den neuesten Klatsch und Tratsch. Mareike machte anscheinend keine Anstalten, schnell fertig zu werden und sich neben mich zu kuscheln, wie sie es sonst immer tat. Also stand ich auf und ging ins Bad. Mareike kniete auf dem Fußboden und starrte fasziniert auf eine Stelle direkt vor ihr. Ich ging in die Hocke und blickte ihr über die Schulter.

So etwas hatte ich noch nie gesehen. Auf den glatten dunkelgrünen Fliesen zeichneten sich die Umrisse eines menschlichen Gesichts ab. Sie waren stilisiert, auf das Wesentliche reduziert, eigentlich kaum mehr als ein Oval aus schwarzen Strichen. Ich konnte zwei Augen erkennen, die auf eigentümliche Weise das Zentrum der seltsamen Erscheinung beschlagnahmten. Zuerst betrachtete ich sie, dann schienen die Augen mich direkt, aber ausdruckslos anzuschauen.

»Mama, wer ist das?«, wollte Mareike wissen. Ich zuckte die Schultern. Es war schon spät, ich war erschöpft. Möglicherweise beobachteten wir bloß eine zufällige Komposition aus Licht und Schatten, in die unsere schöpferische Phantasie ein

Muster hineinprojizierte. Ich nahm Mareike bei der Hand, machte das Licht aus und zog die Badezimmertür hinter uns zu. »Das erzählen wir Papa«, strahlte die Kleine, als ich sie ins Bett brachte. Peter, mein Mann, war für zwei Tage auf Geschäftsreise. Ich ging im Stillen davon aus, dass am nächsten Tag nichts mehr von dem vermeintlichen Gesicht zu sehen sein würde, nickte aber ergeben.

Ich sollte mich irren. Mareike war bereits in der Schule, ich werkelte im Haus herum. Zwischendurch wollte ich mir die Hände waschen. Beiläufig, während ich das Handtuch wieder dem Halter anvertraute, schwirrten meine Blicke über die Fliesen – und dann schaute ich direkt in das Gesicht. Diesmal war kein Zweifel möglich. Der helllichte Tag schien durchs Fenster und betonte die Konturen des rätselhaften Antlitzes auf dem Fußboden unseres Badezimmers. Dort war jetzt eindeutig mehr als ein simples Kindchenschema zu sehen. Das Gesicht hatte einen Ausdruck angenommen, den ich gestern Abend in den wie hingekleckst wirkenden verschwommenen Zügen noch für unmöglich gehalten hätte. Ein Ausdruck, der einen ängstigen konnte. War es Schmerz? Tiefe Sorge? Unendliche Traurigkeit?

Etwa eine Minute lang starrte ich auf das Bild auf den Fliesen und versuchte, die Mimik darin zu deuten, diesen Schauplatz von gequälten Gefühlen. Dann riss ich mich davon los, holte einen Eimer und einen Putzlappen und wollte dem Ganzen kurzerhand ein Ende bereiten. Ein paarmal wischte ich kräftig über den Boden – doch dabei geschah etwas Unglaubliches. Anstatt zu verschwinden, verfinsterte sich das Gesicht! Es schien, als betrachte es meine Anstrengungen mit äußerster Missbilligung. Vollkommen schockiert gab ich schließlich auf.

Ich sperrte den Raum von außen ab. Mareike und ich benutzten von nun an das Gästebad.

Als Peter spätabends von seiner Reise zurückkam, war Mareike schon im Bett. Er sah mir wohl an, dass etwas nicht stimmte, und fragte, was los sei. Ich erzählte es ihm. Wir gingen zum Bad, sperrten die Tür auf und knipsten das Licht an. Als wir nach unten sahen, konnte ich einen Aufschrei nicht unterdrücken. Die Deckenleuchte erhellte eine gespenstische Szenerie.

Dutzende von kleinen Gesichtern übersäten die dunkelgrünen Fliesen. Ein Ausdruck des Grauens war auf ihnen festgefroren. Peter und ich betrachteten fassungslos die weit aufgerissenen Münder, die Aggressivität und Verzweiflung, die uns vom Boden aus anstarrte, wie von einem infernalischen Stroboskopgewitter verzerrt, aber unbewegt.

Wir waren erst sechs Wochen zuvor hier eingezogen, in unser erstes eigenes Haus. Zu renovieren gab es noch einiges. Also fingen wir im Badezimmer an. Peter riss den Boden heraus, zerdepperte die Fliesen und entsorgte sie als Bauschutt. Während der gesamten Prozedur veränderten sich die Gesichter nicht in ihrer maskenhaften Zweidimensionalität. Für einen kurzen Moment überfiel mich die aberwitzige Furcht, dass sie auf grauenerregende Weise losschreien würden, als die Hammerschläge sie zerbröselten. Aber nichts geschah.

Am nächsten Tag zierten glänzend weiße Fliesen unser Bad, die für viel Helligkeit sorgten. Alles normalisierte sich. Eine Zeitlang. Dann kam er doch – der Abend, den ich heimlich befürchtet hatte. »Mama«, rief Mareike beim Zähneputzen, »da ist was auf dem Boden.« Mit bangen Vorahnungen ging ich zu ihr …

Das Bad ist nun schon seit einigen Wochen abgesperrt. Wir können auf den Raum verzichten, weil wir Ausweichmöglichkeiten haben. Das ist natürlich keine Lösung. Aber was sollen wir tun? Das unheimliche Phänomen ignorieren, solange keine Bedrohung davon auszugehen scheint? Das

Haus wieder verkaufen? Noch haben wir uns nicht entschieden. Aber jedes Mal habe ich mehr Angst, beim Putzen in der Wohnung die Teppiche hochzuheben. Wer weiß, was darunter zum Vorschein kommt.

Das Böse

Gibt es das absolut Böse? Ich meine: in der Wirklichkeit. Nicht das Böse als überzeichnete Horrorfigur, der man im Leben sowieso nie begegnet. Nicht als Metapher für die menschliche Destruktivität, auch nicht als philosophisches Konstrukt. Sondern real und leibhaftig.
Ich bin mir nicht sicher – aber ich glaube, dass ich ihm begegnet bin. Bis heute überfällt mich ein Hauch von Angst, ein kalter Schauer, wie eine Sommergrippe, ich friere und schwitze gleichzeitig aus allen Poren, wenn ich daran denke, und ich weiß noch immer keine Erklärung für das, was ich gesehen habe.
Es war an einem Montagabend. Ich hatte Überstunden gemacht und als ich aus dem Büro kam, war es bereits stockdunkel. Zur U-Bahn waren es nur ein paar hundert Meter. Ich hastete die Treppen hinunter, vor mir dehnte sich der hellerleuchtete Schacht.
Die U-Bahn-Station war nahezu ausgestorben. Etwa fünf, sechs Meter vor mir ging eine junge Frau. Jeans, dunkles T-Shirt, Turnschuhe, Kurzhaarschnitt, im Nacken anrasiert, alles ganz normal. Aber etwas an ihrem Gang fiel mir auf. Die Frau war nicht besonders groß, und irgendwie passte ihre Schrittlänge nicht zu ihrer Körpergröße. Obwohl sie kaum schneller ging als ich, enteilte sie mir auf rätselhafte Weise, als würde sie wie auf einem Laufband unnatürlich schnell über den Boden gleiten.

Sie ließ sich auf eine der mit türkisfarbenem Kunststoff beschichteten Bänke fallen. Ich blieb mit einigem Abstand zu ihr stehen und schaute ab und an zu ihr hinüber. Sie hielt den Kopf gesenkt. Ihre rechte Hand hielt sie ständig an ihren Mund, als würde sie Nägel kauen. Der Boden vibrierte leicht, als die U-Bahn heranrumpelte. Ich bewegte mich auf die Gleise zu. Die junge Frau blieb sitzen. Jetzt bemerkte ich, dass es kein nervöses Nägelkauen war, was sie tat – sie biss mit roher Aggressivität auf ihre Finger!

Die Waggontüren glitten zur Seite, schnell stieg ich ein. Ich griff nach der ersten Haltestange vor mir, hielt mich daran fest und drehte mich auf dem Absatz um, einen letzten Blick auf die Frau auf der Bank werfend. Da plötzlich sah sie zu mir auf. Der Schreck traf mich wie eine Stichflamme. Es waren ihre Augen. Sie waren tiefschwarz. Nicht farblos. Und auch nicht das modische Schwarz von Motivkontaktlinsen, welche die Originalaugenfarbe verdeckten. Nein. Die Augen der seltsamen Frau waren wie ausgehöhlt, man sah sie gar nicht. Nur tiefe, endlose schwarze Leere. Und dennoch schienen diese Augen mich zu fixieren. Unheilvoll, als würde sich alles um mich herum verfinstern. Kalt wie Stahl und ohne jedes Gefühl. Grauenerregendes schien diesen Augen zu entströmen wie ein giftiger Atem.

Endlich schlossen sich die Türen, die U-Bahn fuhr an. Immer schneller flogen die Wände und Schilder der Station am Fenster vorbei und verursachten mir beinahe Übelkeit. Dann tauchte der Zug in die dunkle Tunnelröhre ein, abrupt rissen die Bilder ab.

Seitdem träume ich oft von Menschen mit bösen Augen. Die Augen haben alle möglichen Farben. Rot, violett, metallisch. Manchmal verschwinden diese Menschen einfach.

Zurück bleiben ihre Augen.

Die Puppe

Als Kind schon hatte ich den absoluten Horror vor Clowns und später auch Puppenfiguren.

Wenn die anderen Kinder sich im Zirkus, in der Fußgängerzone oder in Schnellrestaurants über Clowns kaputtlachten, fing ich zu heulen an und wollte nur noch nach Hause. Gibt es etwas Schlimmeres als erwachsene Menschen, die in großen Schuhen und mit Plastikglatzen auf dem Kopf auf dicke Hintern fallen und dabei Wasser verspritzen oder hupen oder »Schöööööön!« rufen? Eben.

Mittlerweile hat sich meine Clown-Phobie etwas gelegt. Heute finde ich die bizarren Spaßmacher nur noch auf merkwürdige Weise unsympathisch. Ist es das rote, strohige Haar? Diese grinsende Wunde von Mund? Die Kleidung, die aussieht wie von Gichtkranken in der Hölle genäht? Vielleicht übertreibe ich. Aber auf mich haben die vorgeblich witzigen Aktionen immer gewirkt wie eine Fröhlichkeit am Rande der Hysterie, eine manische Ausgelassenheit. Die wahre Gefühlslage eines Clowns zu durchschauen, macht die aufgeschminkte Maske des Schaustellers unmöglich.

Zuerst waren es nur die Clowns, dann begann ich, eine tiefe Abneigung gegen Porzellan- und schließlich auch Schaufensterpuppen zu entwickeln. Ich finde sie auch heute noch unheimlich und gruselig. Und sie scheinen ein geheimnisvolles Eigenleben zu führen. Meine Eltern stellten mir, als ich in den Kindergarten kam, eine Porzellanpuppe auf den Schrank in meinem Zimmer, die einem kleinen Kind zum Verwechseln ähnlich sah. Sie lächelte scheinbar nett, aber egal, in welche Richtung ich mich auch drehte, sie schien mich immerzu anzustarren. Und dann lag sie eines Tages auf dem Boden, obwohl sie eigentlich gar nicht hätte runterfallen können. Ich war froh, als ich die Scherben in den Müll werfen konnte. Meine Eltern kauften mir eine neue Puppe. Die kerkerte ich gleich in einer Kiste auf dem Dachboden ein.

Richtig traumatisch wurde es dann, als ich fünf oder sechs war. Meine Mutter besuchte eine ihrer Freundinnen und nahm mich mit. Die Frau war ganz aufgeregt und wollte uns gleich ihr neuestes Sammlerstück zeigen. Sie öffnete die Schlafzimmertür und ließ mich vorgehen. Im nächsten Augenblick schrie ich wie von Sinnen. Auf dem Bett saß eine Plastikpuppe, die so groß war, dass sie als meine Spielkameradin hätte durchgehen können. Sie war gekleidet, wie es die Modemagazine in den frühen 1980er Jahren empfahlen, und wirkte ziemlich lebendig. In der rechten Hand hielt sie einen Fächer. Ich sah jedoch nur ihre kalten, herzlosen Augen, drehte mich um und rannte davon. Natürlich mache ich auch um Kleiderpuppen in Kaufhäusern einen großen Bogen. Und nach jenem Erlebnis, von dem ich eigentlich erzählen will, betrete ich noch seltener Läden, in denen Schaufensterpuppen als Models dienen.

Ich wollte einen neuen Badeanzug kaufen. Und da standen sie natürlich. Stumm blickten sie mich an. Alles wirkte friedlich. Das nostalgische rot-weiß gepunktete Teil, das mir am besten gefiel, war direkt an einer weiblichen Kleiderpuppe drapiert. Sie hatte lange Haare, die Arme waren nach oben gebogen, die Hände hinter dem Kopf verschränkt. Eine sexy Pose, trotz der leichenblassen Haut, des kühlen Gesichtsausdrucks, der übertrieben rotgeschminkten Lippen und des schwarzen Cat-Eye-Looks, der an die Stars aus der Stummfilmzeit erinnerte.

Wie fast alle unheimlichen Dinge wirkte die Puppe zugleich abstoßend und anziehend. Aus ihren toten Augen fixierte sie mich. Etwas in meinem Inneren zwang mich hinzusehen. Und plötzlich zerbrach die Wirklichkeit. Die Züge der Hartplastikgestalt veränderten sich. Ihre Schönheit verging. Wie durch einen Schleier sah ich ihr Gesicht, das jetzt alt, grau, runzelig und irgendwie verwachsen wirkte. Der Anblick traf mich wie ein Eimer eiskaltes Wasser und sog alle Kraft aus meinen Gliedern.

Entsetzt machte ich ein paar Schritte rückwärts, merkte, dass ich dabei jemanden anrempelte, stolperte, stieß eine Entschuldigung aus und versuchte, mich wieder zu fangen. Mein Blick pendelte über die Puppe. Sie sah aus wie immer. Maskenhaft, unbeweglich. Nichts regte sich auf ihrem glatten, stoischen Antlitz. Fing ich an durchzudrehen? Fluchtartig verließ ich das Kaufhaus. Und doch, so unglaublich es sich anhört – von diesem Tag an besserte sich meine extreme Angst vor Puppen ein bisschen. Sympathisch sind mir die steifen und stets wie schockgefrostet wirkenden Gestalten immer noch nicht. Aber vielleicht, rede ich mir ein, wollte mir die Kleiderpuppe mit den festgeklemmten Augenbrauen und der künstlichen Dauerbräune bloß etwas zeigen: dass es sie auch umgekehrt nervt, fortwährend angestarrt zu werden, wenn ein Moment zur Ewigkeit geworden ist und alle Veränderungen auf immer aufgehoben sind.

Der Fluch des weinenden Jungen

Das Konzert war die reinste Götterdämmerung gewesen: von rasender Kakophonie zum orchestralen, melodischen Bombast, vom Schwelgen in den Exzessen mittelalterlicher Teufelsverehrung zu romantischen Ausflügen in die Gefilde des alten Heidentums der Wikinger. »Black Metal« vom Besten eben, manche mögen es auch Satansmusik nennen. Die Musiker schienen in einer Art Trance mit ihren Instrumenten verbunden zu sein, das Stage-Acting war genauso verrückt wie der Gesang, der über das Publikum hinwegfegte. Die mehrmalige Ansage des leichenblass geschminkten Sängers, dass es draußen auch T-Shirts zu kaufen gebe, fand ich zwar etwas peinlich – aber haben wollte ich dennoch eins.

Das Motiv überraschte mich. Ich hatte etwas mit Dämonen, grinsenden Teufelsfratzen, Monstern oder Bildern von Düsternis und Grausamkeit erwartet, eben den üblichen albernen Merchandising-Kram, mit Bandlogo und Tourdaten auf der Rückseite. Aber als ich das T-Shirt hochhielt, sah ich etwas ganz anderes. Es war das Bild eines weinenden Jungen. Der Abdruck eines Gemäldes, das mir auf den ersten Blick ziemlich kitschig vorkam. Dann betrachtete ich mir die Arbeit genauer. Der Junge mochte vielleicht fünf oder sechs Jahre alt sein und schaute mich mit leicht gesenktem Kopf unsagbar traurig an. Seine großen Augen beherrschten die ausdrucksstarke Porträtzeichnung total. Ein Strom von Tränen floss beide Wangen hinunter. Bedrückend. Fast so, als ob der Maler es geschafft hätte, eine Seele in ein Bild einzuschließen. Ich zählte dem Standbetreiber 15 Euronen ab und nahm das T-Shirt mit.

Am darauffolgenden Morgen trieben alle Süßwasserfische in meinem Aquarium leblos an der Oberfläche. Ich kam zu spät zur Schule, weil ich meine toten Hausgenossen aus dem Wasser nehmen und beseitigen musste. Ich hatte mein »Crying Boy«-Shirt an. Mein Banknachbar rümpfte die Nase und meinte, das Teil stinke nach Katzenurin. Das war eigentlich unmöglich, ich hatte es ja erst am Vorabend neu gekauft und Katzen gab es in unserem Haus nicht. Ich selbst konnte auch nichts dergleichen wahrnehmen.

Meine Mutter fragte mich beim Mittagessen, was das für ein Mensch sei, der weinende Kinder schön finde und male. Und dass sie vom Hinschauen ganz depressiv werde. Ich zuckte die Schultern, keine Ahnung, wer der Maler war. Nachmittags ging ich zu einem Kumpel zum Musikhören. Gegen Abend klingelte mein Handy. Meine jüngere Schwester sagte ganz verstört, dass mit unserer Mutter etwas nicht stimme. Ich rannte nach Hause, um zu sehen, was los war. Mama saß mit fahlem Gesicht in ihrem Sessel im Wohnzimmer und stammelte merkwürdig undeutlich, dass sie sich nicht gut fühle. Ich telefonierte einen Notarzt herbei. Der ließ sie sofort ins Krankenhaus bringen. Die Untersuchung ergab, dass meine Mutter einen leichten Schlaganfall erlitten hatte. Durch unser schnelles Handeln werde die Sache aber wohl Gott sei Dank einigermaßen glimpflich ausgehen.

Spätnachts, als ich endlich im Bett lag, kam ich ins Grübeln. Ich bin nicht abergläubisch, und dass Black-Metal-Musik Teufelszeug sei, ist eine Erfindung von besorgten Fundamentalchristen. Von einem Bild, das Unglück bringt, hatte ich sowieso noch nie etwas gehört – außer im Fernsehen, wo ich einmal eine Gruselserie um einen Antiquitätenladen voller verfluchter Gegenstände gesehen hatte. Als die neuen Inhaber dahinterkommen, müssen sie versuchen, alle bereits verkauften Sachen irgendwie wieder zurückzubekommen. Na ja, ganz spannend, aber mehr auch nicht.

Ich knipste noch mal das Licht an und betrachtete das »Crying Boy«-Shirt, das über dem Schreibtischstuhl hing. Der Junge darauf schaute mich durchdringend aus seinen traurigen Augen an. Ging dieser Eindruck bloß vom Betrachter aus? Oder hatte der Künstler das so gewollt? Oder beides? Ich löschte das Licht wieder, drehte mich auf die andere Seite und schlief bald ein.

Am nächsten Tag ließ ich das T-Shirt auf dem Stuhl hängen und zog etwas anderes an. Als ich am frühen Nachmittag aus der Schule kam, schien meine kleine Schwester ungewöhnlicherweise schon sehnsüchtig auf mich zu warten. Sie war allein in der Wohnung, da unsere Mutter im Krankenhaus lag und unser Vater arbeitete. Naserümpfend informierte sie mich darüber, dass es im ganzen Haus nach Katzenurin riechen würde. Ich fand das nicht, sagte aber nichts. Dann erzählte sie mir eine ziemlich wirre Geschichte von merkwürdigen Schatten, die sich seitlich durch ihr Blickfeld bewegten. Nein, keine Sehstörungen, zerhieb sie meinen Einwand, noch bevor ich ihn aussprechen konnte. Sondern kurze, kaum wahrnehmbare Bewegungen um sie herum, wie das Zucken von Schmetterlingsflügeln.

Ich ging in mein Zimmer und schaltete den Computer ein. Es war gar nicht so schwierig, etwas über das Bild des weinenden Jungen herauszufinden. Es stammte von einem spanischen Künstler namens Bragolin. Über seine Person oder seine Herkunft gab es kaum Informationen. Angeblich war das Bild entstanden, als Bragolin auf einem Campingplatz einen weinenden Jungen vor einem Wohnwagen stehen sah. Das Kind war traurig und ängstlich, weil seine Eltern es schon längere Zeit allein gelassen hatten. Da der Maler einen Skizzenblock dabeihatte, fertigte er ein paar Handzeichnungen von dem Jungen an. In seinem Kopf malte er bereits ein komplexes Bild, das er später im Atelier auch tatsächlich anfertigte.

Bragolin versprach dem Jungen, anderntags noch mal vorbeizuschauen. Doch in derselben Nacht geschah die Katastrophe: Der Wohnwagen brannte aus, der Junge und seine Eltern wurden im Schlaf von dem Feuer überrascht und starben. Genau ein Jahr später brach in dem Haus, in dem das Gemälde des weinenden Jungen hing, ebenfalls ein mysteriöses Feuer aus. Die Wohnung wurde völlig zerstört – nur das Bild blieb auf unerklärliche Weise unversehrt. 1985 berichtete eine große englische Zeitung erstmals vom »Fluch des weinenden Jungen«, denn jeder, der das Bild oder auch nur ein Reprint davon erworben hatte, schien von schlimmen Unfällen und Unglücken heimgesucht zu werden.

Je mehr ich las, desto mehr schüttelte ich den Kopf. So ein Unsinn, dachte ich. Da versuchte wohl jemand krampfhaft, für die Entstehung des Bildes eine möglichst unheimliche Geschichte zu liefern. Und die Boulevardmedien spielten begeistert mit. Vermutlich hatte die Wirksamkeit des angeblichen Fluchs nichts mit übernatürlichen Mächten zu tun, sondern mit der geistigen Haltung des potenziellen Opfers. Einem Betrachter mochte das Bild subjektiv Unbehagen bereiten – und sogleich würde er oder sie alles, was sich dann zufällig an Schlimmem ereignete, dem weinenden Jungen zuschreiben. Oder dem Maler, der einen Fluch über sein Werk gelegt hatte. Oder dem Teufel. Oder was weiß ich. Bei mir würde das nicht klappen, beschloss ich.

Als ich am nächsten Morgen in den Spiegel sah, erschrak ich. In meinen Augen hatten sich über Nacht Blutergüsse gebildet, das Weiße darin war jetzt größtenteils rot gefärbt. Das sah nicht schön aus. Der Arzt meinte, es sei nicht weiter schlimm, wahrscheinlich nur geplatzte Äderchen. Trotzdem: Als ich wieder daheim war, nahm ich das T-Shirt aus dem Kleiderschrank und knüllte es wütend zusammen. Aber wohin damit? Zwei, drei irre Aktionen schossen mir durch den Kopf, etwa das Teil in Streifen zu zerschneiden und diese dann zu verbrennen. Oder es in Weihwasser einzuweichen. Nach einer Weile klärten sich meine Sinne wieder. Und ich begnügte mich damit, das Shirt in die Mülltonne zu stopfen, ganz nach unten, und den restlichen Abfall darüber zu verteilen.

Was soll ich sagen: Unsere seltsame Pechsträhne riss daraufhin ab. Vor einigen Tagen habe ich gesehen, dass jemand im Internet sein »Crying Boy«-Shirt versteigerte. Ich schrieb dem Anbieter eine E-Mail, weil ich wissen wollte, ob er auch eigenartige Dinge erlebt hat. Ich bekam keine Antwort. Aber ich kann nur jedem raten, die Finger von dem Bild des weinenden Jungen zu lassen.

Vatertag

Es mag aufregendere Vatertagsrituale geben, aber dieses war unseres und wir pflegten es bis – ja, bis zu jenem fatalen Datum. »Wir«, das waren mein Bruder Klaus und unsere beiden Freunde Gunnar und Rouven. Seit neun Jahren trafen wir uns immer an Christi Himmelfahrt am Stockweiher in Frankreich, kurz hinter der saarländischen Grenze. Zum Bootfahren, Angeln und Ausspannen. Abends gab es dann natürlich die gemütliche Lagerfeuerrunde.

Klaus hatte vor Urzeiten eine kleine Hütte direkt am See gepachtet. In dem Jahr, von dem ich hier berichte, waren Gunnar und Rouven beruflich so stark eingespannt, dass sie trotz des Feiertags erst am späten Nachmittag losfahren konnten. Als die Dämmerung hereinbrach, waren die beiden immer noch nicht da.

Klaus und ich gingen in die Hütte und suchten schon mal das Grillzeug und die Getränke zusammen. Mittlerweile war es dunkel geworden. Endlich näherte sich ein Auto und das helle Licht von Scheinwerfern tauchte auf. Der Wagen stoppte bei der Hütte, Türen fielen geräuschvoll ins Schloss, Schritte knirschten über den Kies und wir hörten, wie unsere beiden Freunde draußen miteinander sprachen. Ich ging zur Tür und öffnete mit einem breiten, erwartungsvollen Grinsen – das mir jedoch gleich wieder gefror. Denn da war niemand.

Ein paar Grillen zirpten, die Luft roch angenehm nach Frühling, aber keine Spur von Gunnar und Rouven. Ein Auto stand auch nicht vor der Hütte. Völlig rätselhaft. Mein Bruder und ich setzten uns schließlich ans Feuer, in einer merkwürdig aufgewühlten und zugleich gedrückten Stimmung. Unsere Freunde kamen nicht. Wir fuhren am anderen Morgen früh nach Deutschland zurück und erfuhren erst zu Hause, dass Gunnar und Rouven auf dem Weg zu uns in einen schweren Unfall verwickelt worden waren, etwa in der Abenddämmerung.

Zum Glück hatten beide überlebt. Unser nächstes Vatertagstreffen hielten wir aber dennoch woanders ab.

Lichtkreuze

Ich wusste eigentlich kaum, wer neben mir wohnte – bis es eines Nachmittags an meiner Tür schellte. Eine Nachbarin stand draußen, sie war ziemlich aufgewühlt, wie mir schien. Sie fragte, ob ich kurz Zeit hätte, sie in ihre Wohnung, schräg gegenüber von meinem Appartement, zu begleiten. Sie ging vor, durch Flur und Wohnraum bis zum Schlafzimmer. Sie drückte die Klinke, schob die Tür auf und betrat ihr Schlafgemach. Ich folgte ihr.

Sie streckte den Arm aus und zeigte zu der freien Wand gegenüber vom Fenster. Ich schluckte. Ein strahlendes Lichtkreuz bedeckte fast die ganze Fläche. Hell wie Sonnenlicht. Das lasse ihr seit einigen Stunden keine Ruhe mehr, erklärte meine Nachbarin.

Das konnte ich gut verstehen. Allerdings liegen mir mystische Gedankengänge ziemlich fern. Und so machten wir uns gemeinsam an die Ursachenforschung. Vielleicht eine einfache Reflexion durch gegenüberliegende Fensterscheiben? Kaum, sagte ich mir, denn ein Kreuz könnte doch eigentlich nur von den Fensterrahmen herrühren – die aber lassen kein Licht durch. Fensterscheiben wiederum reflektieren nur irgendetwas Diffuses, meistens rechteckig oder quadratisch, entsprechend ihrer Form. Diese leuchtende Manifestation aber hatte scharfe Umrisse.

Wir zogen die Vorhänge zu, ließen die Rollläden runter, verrückten die Möbel, nahmen sogar eine CD aus dem Player neben dem Bett und ließen sie in einer Schublade verschwinden – auch sie hätte ja eventuell Spiegelungen hervorrufen können. Die kreuzförmigen Lichter blieben. Auch die hereinbrechende Dämmerung nahm ihnen nichts von ihrer Intensität und sogar nach Sonnenuntergang dunkelten sie nicht weg.

Ich ging in meine Wohnung zurück und suchte im Internet nach einer Erklärung. Lichtkreuze waren offenbar ein gar nicht mal seltenes Phänomen. Die Fotos, die ich sah, zeigten indes überwiegend Kreise, die an grauen Häuserwänden leuchteten und in denen sich ein querliegendes Kreuz befand, wie bei einem Lottoschein. Unser Lichtkreuz zeigte aber keine kreisförmige Umrandung. Und es befand sich innerhalb einer Wohnung. Auch das hatte es schon mal gegeben, las ich. Eines der ersten Lichtkreuze kam Ende der 1980er Jahre in Altadena, Kalifornien, zum Vorschein. Die Nachricht über das plötzliche Erscheinen eines Kreuzes aus Licht ließ Hunderte von Menschen zum Haus eines Reverend Pierce und seiner Familie pilgern. Sie alle wollten das Kreuz, das sich im Badezimmer manifestiert hatte, mit eigenen Augen sehen. Den Berichten der lokalen Presse zufolge, die auch mehrere Fotos von dem Kreuz veröffentlicht hatte, leuchtete das Kreuz von außen durch das Fenster ins Innere der Wohnung. Als man aber auf der Suche nach der Ursache des Phänomens nach draußen ging, war nichts Außergewöhnliches auszumachen.

Angesichts solcher Berichte über einen Massenansturm von Wundersüchtigen und Presseleuten bat mich meine Nachbarin, dass die Sache unter uns bleiben möge. Mir fiel es zugegebenermaßen nicht ganz leicht zu schweigen, aber ich hielt mich daran. Allerdings besuchte ich meine Nachbarin jetzt häufig, um das strahlende goldfarbene Licht in ihrem Schlafzimmer immer wieder mit eigenen Augen zu betrachten. Es sah so ähnlich aus wie ein Hologramm. Sobald ich mich seitwärts bewegte, schien sich auch das Kreuz zu bewegen. Und je länger ich es anschaute, desto beeindruckender wurde es. Es war einfach wunderschön und ich empfand – ja, dass es Liebe ausstrahlte.

Eine Woche später stand meine Nachbarin wieder vor meiner Tür. Wieder ziemlich aufgeregt. Das Lichtkreuz war verschwunden. Am selben Abend bekam sie die Nachricht, dass ihre Mutter gestorben war.

Annas Stimme

Immer schon hatte ich meine Freundin Anna für ihre unglaubliche Stimme bewundert. Anna hatte keinerlei Ambitionen, sie war kein »Deutschland sucht den Superstar«-Kandidat, sang aus Prinzip nur im kleinen Kreis für enge Freunde – aber wenn sie das tat, dann klang ihre Stimme einmalig untergründig, erotisch, sublim, mysteriös. Annas Artikulation schimmerte mal verschwommen, dunkelte sich fahl ein oder konnte glanzvoll strahlen. Sie sagte nur, sie habe das Gesangstalent von ihrer Mutter geerbt.

Eines Tages, als ich sie zum x-ten Mal bedrängte, irgendwo professionell vorzusingen, erzählte mir Anna ihre seltsame Geschichte. Sie war ein Scheidungskind und bei ihrer Mutter aufgewachsen, einer sehr guten Sängerin. Als Anna zehn war,

wurde ihre Mutter schwer krank. Für die Zeit der Kranken-
hausbehandlung sollte Anna bei ihrem Vater wohnen. Beim
Abschied versprach Annas Mutter ihr, dass sie sich spätestens
in ein paar Wochen wiedersehen würden. In der zweiten
Nacht bei ihrem Vater wachte Anna plötzlich mitten in der
Nacht auf. Sie hatte den Duft von Parfüm in der Nase – das
Parfüm ihrer Mutter. Da spürte sie eine leichte Berührung an
ihrer Wange, ein zartes, intensives Gefühl. Ein Flüstern an ihrem Ohr sagte: »Es tut mir so leid, verzeih mir.« Eine Wärme
hüllte Anna ein, sie wurde sehr müde und schlief wieder ein.
Anderntags weckte ihr Vater sie früh auf. Er hatte eine
schreckliche Nachricht: Annas Mutter war in der Nacht gestorben. Obwohl Anna sich bis dahin nie etwas aus Musik
gemacht hatte, fing sie ein paar Wochen später auf einmal zu
singen an.
Sie war überzeugt davon, dass ihre Mutter ihr in jener Nacht
ihr Gesangstalent vermacht hatte – als Entschuldigung für
das Versprechen, das sie hatte brechen müssen. Und vielleicht hatte der Himmel deshalb noch was draufgelegt.

Der Gesang des Himmels

Was »himmlischer Chorgesang« ist, weiß ich seit der Beerdigung von Karl. Karl war aktives Mitglied in unserem Kir-
chenchor. Ein ziemlich guter, wenn auch nicht herausragen-
der Sänger, das darf man wohl sagen. Aber ein prima Kerl
und sehr gläubig, was sich auch in seinem Alltag widerspie-
gelte. Als er mit 65 Jahren einem Schlaganfall erlag, betrachteten wir es als Ehrensache, die Begräbnisfeier gesanglich zu
gestalten.
Nach der Messe nahm der Chor auch an Karls Grab Auf-
stellung. Die Trauerreden waren gehalten worden, der Pfar-

rer erteilte den Segen, die zahlreichen Gäste traten zum Kondolieren vor. Es war gegen Mittag und schon warm. Die Gräberfelder lagen im Schatten mächtiger Laubbäume. Sonnenlicht drang nur in Streifen bis auf den Boden.

Wir stimmten abschließend »Wie lieblich sind deine Wohnungen« an. Aus 20 Kehlen erklang das traditionelle Stück aus dem Deutschen Requiem von Johannes Brahms. Selbst die Vögel schienen sich in diesem Moment mit ihrem Gesang zurückzuhalten. Der Pfarrer schaute zu uns herüber, mit einem sonderbaren Gesichtsausdruck. Dann hörte ich es auch. Über unserem Chor schwebte eine Stimme von faszinierender Strahlkraft. Ausdrucksstark und sanft, wie ein warmer Windhauch. Die Trauergäste wurden aufmerksam und ließen ihre Blicke über die Sängerinnen und Sänger wandern. Unser Auftritt erreichte eine außergewöhnliche, nie dagewesene Dimension von Klang und Ton. Die Stimme, die ich keinem unserer Chormitglieder zuordnen konnte, breitete sich über der Szenerie aus wie eine Decke aus Wohlgefühl. Herzzerreißend schön, mal kraftvoll und ausdrucksstark, dann wieder kontemplativ und mystisch. Es lag alles darin – Hoffnung, Trost, Sehnsucht.

Wir gaben unser Bestes dazu. Später sagte jemand, unser Gesang habe geklungen wie ein Ausrufezeichen. Ich denke, das kommt der Wahrheit wohl ziemlich nahe. Es war das letzte Ausrufezeichen hinter einem erfüllten Leben. Und Karl selbst hatte den Punkt daruntergesetzt.

Die Tagseite

Spätestens an dieser Stelle ist wohl das berühmte Hamlet-Zitat fällig, wonach es »mehr Dinge zwischen Himmel und

Erde gibt, als sich unsere Schulweisheit träumen lässt«. Unter Skeptikern gilt dieser Spruch indes als absolut unverwendbar. Nicht nur, weil er fast ausschließlich in der falschen Übersetzung kursiert. Im Original lässt Shakespeare seinen Dänenprinzen sagen: »There are more things in heaven and earth, Horatio, than are dreamt of in our philosophy.« Und das heißt: »Es gibt mehr Dinge im Himmel und auf Erden, Horatio, als in unserer Philosophie geträumt werden.«

Viel wichtiger aber: Hamlet, dem ein angeblicher Geist erschienen ist, wird von William Shakespeare mitnichten als Schwärmer und Mystiker gezeichnet, für den alles irgendwie gleich gültig ist. Sondern Hamlet ist ein besonnener Zweifler. Er sucht nach einem Beweis für die Behauptungen der nächtlichen Erscheinung, zieht die Möglichkeit in Erwägung, getäuscht zu werden, und verlangt daher nach »Grund, der sichrer ist« (Hamlet, 2,2).

So wie die Skeptiker heute. Denn wenn übersinnliche Phänomene tatsächlich zweifelsfrei existieren: Wieso sind dann sensationelle Ereignisse wie Spuk, Geister, Gedankenübertragung, Psychokinese, Wahrträume, Déjà-vu-Erlebnisse, bedeutungsvolle Zufälle, Mediumismus, Hellsehen, Erscheinungen etc. nicht das Thema Nummer eins in der Wissenschaft und in den seriösen Medien?

Wieso hat noch kein Parapsychologe einen Nobelpreis erhalten für den Nachweis eines über die bekannten fünf Sinne hinausgehenden »Informationskanals« oder einer Kraft des »Geistes über die Materie«? Warum ist es bislang noch keiner Testperson gelungen, die hochdotierten Preise mit nach Hause zu nehmen, die Skeptikerorganisationen für den Nachweis eines echten Psi-Phänomens ausgeschrieben haben?[48] Irgendetwas scheint also nicht zu stimmen an den Behauptungen, dass zum Beispiel Telekinese, also die direkte Beeinflussung physikalischer Systeme durch den Geist, ohne Muskelkraft oder Tricks, »grundsätzlich bewiesen ist«, wie die US-Parapsychologen Dean Radin und Jessica Utts öffentlich erklären.

Parapsychologen in Deutschland sind deutlich vorsichtiger mit solchen Aussagen. Eberhard Bauer vom Freiburger Institut für Grenzgebiete der Psychologie und Psychohygiene (IGPP) weist darauf hin, dass es sich bei »ASW« (Außersinnliche Wahrnehmung) oder »Psychokinese« um vorläufige Begriffe handle, die »bloß beschreibend gemeint sind und keinen Erklärungswert beanspruchen können«. Die wissenschaftlich vernünftige Frage laute daher nicht: »Gibt es Psi?«, sondern: »Wie können solche anomalen Berichte, die zweifelsfrei existieren, am besten erklärt werden?« Das Spektrum möglicher Erklärungen reiche dann von Einbildung, Betrug und Selbsttäuschung (»dem einen Extrem«) bis zur Annahme eines paranormal vermittelten Informationsprozesses (»dem anderen Extrem«).[49]

Dabei sind es nicht einmal in erster Linie Fehler bei der Durchführung der Experimente oder bei der Interpretation der gewonnenen Daten, die Skeptiker als Argument gegen die Parapsychologie aufbringen – auch wenn viele Effekte anscheinend nur dadurch überhaupt erst entstehen, dass die Experimentatoren Fehler systematisch übersehen. Das Hauptproblem der Parapsychologie ist vielmehr: Sie kann nicht im Ansatz erklären, was »Psi« eigentlich ist – sondern nur, was es *nicht* ist. Etwa Informationsübertragung, *ohne* die bekannten Sinneskanäle einzuschalten, oder die Beein-

---

48 http://blog.gwup.net/category/psi-tests
49 Harder, B. (2005): *Geister, Gothics, Gabelbieger – 66 Antworten auf Fragwürdiges aus Esoterik und Okkultismus*, Aschaffenburg: Alibri, Seite 126.

flussung der materiellen Umwelt *ohne* Körpereinsatz. Damit kann man aber keine ernsthafte Wissenschaft betreiben.

Sicher, nur noch »Hardcore«-Kritiker gehen davon aus, dass positive Effekte bei parapsychologischen Experimenten samt und sonders durch den Zufall oder durch Fehler in der Versuchsanordnung zustande kommen. Aber wie sonst sind sie zu erklären? Physikalisch? Psychologisch? Metaphysisch, also als religiöse Erfahrung?

Solange die Parapsychologie nicht in der Lage ist, ihr Fach ausreichend theoretisch zu fundieren und zum Beispiel einen plausiblen Wirkmechanismus oder eine minimale Erklärungskomponente aufzuzeigen, bleibt »Psi« ein leerer Begriff, der inhaltlich überhapt nichts aussagt. Zumal wissenschaftliche Fundamentalprinzipien wie Raum, Zeit und Kausalität gegen die Vermutung sprechen, dass paranormale Phänomene tatsächlich im Sinne einer unbekannten Energie- oder Informationsübertragung existieren.

In diesem Zusammenhang wäre beispielsweise der »psychophysikalische Hauptsatz« des Berliner Physik-Professors und Kritikers der Parapsychologie Martin Lambeck zu nennen: »Kein Mensch kann allein durch Denken – mental – Wirkungen außerhalb des eigenen Körpers hervorbringen oder Informationen aus der Umwelt aufnehmen.«[50]

Tatsache ist: Bis heute wurde ein objektiver Nachweis, der »Psi in Action« zeigt, nicht erbracht. Übersinnliche Phänomene lassen sich weder durch Massenuntersuchungen in eine Formel zwingen noch als Einzelerscheinungen in flagranti dingfest machen. Was also bleibt bei Licht besehen übrig von den Forschungen der Parapsychologen zu »Außergewöhnlichen Erfahrungen«?

Unzählige spannende Ergebnisse, die sicherlich nicht alle

50 Lambeck, M. (2003): *Irrt die Physik?* München: Beck, Seite 31.

auf Zufall oder Betrug zurückgeführt werden können, sondern statistisch signifikant sind (also über der mathematischen Zufallswahrscheinlichkeit liegen) – wenn auch überwiegend mit klitzekleinen Effektstärken, zu denen es wiederum konventionelle Gegeninterpretationen gibt.

Für Normalwissenschaftler gibt es derzeit keinen Grund, sich vertieft mit parapsychologischen Modellen oder Thesen zu beschäftigen, weil diese

- Vorhandenes nicht erklären, dafür aber
- Nichtvorhandenes zu erklären versuchen,
- im Widerspruch zu gesicherten Erkenntnissen stehen und
- kein theoretisches Gerüst vorweisen können, das auch nur unter den Parapsychologen selbst allgemein anerkannt wäre.

Natürlich ist es möglich, dass eines Tages ein Weg gefunden wird, etwa nur durch die Kraft der Gedanken die materielle Welt zu beeinflussen. Das wäre allerdings eine wissenschaftliche Revolution. Und da dies durch viele wissenschaftliche Tatsachen sowie zahllose belegte Manipulationen als ziemlich unwahrscheinlich gelten kann, wäre es wenig sinnvoll, an eine solche Möglichkeit zu glauben – argumentieren die Skeptiker. Und fordern gesicherte Belege, eine konsistente Theorie mit Erklärungs- und Voraussagekraft, Wiederholbarkeit der Phänomene und Ähnliches mehr.[51]

Esoterikanhänger geißeln diese Haltung mitunter mit dem Ausdruck »Skeptikersyndrom«. Umgekehrt könnte man aber auch eine extrem gläubige Haltung dem Übersinnlichen gegenüber als »Believer«-(»Glaubender«-)Syndrom« bezeichnen. Denn Skeptiker vermissen bei den »Gläubigen«,

51 Harder, Seite 133/134.

dass sie ernsthaft mit der Möglichkeit rechnen, dass es überall auf der Welt tatsächlich naturwissenschaftlich-materialistisch zugehen könnte und dass übersinnliche Phänomene lediglich der Phantasie oder dem Wunschdenken beziehungsweise einer Selbsttäuschung entstammen.

Wer hat nun recht? Das können wir an dieser Stelle sicher nicht abschließend entscheiden.

Der Neuropsychologe Dr. Peter Brugger (siehe auch Kapitel 1) ist gewiss als Skeptiker zu bezeichnen. Dennoch bricht er eine Lanze für Esoterikfans, wenn er feststellt: »Es ist eine überlebenswichtige Eigenschaft, Zeichen zu deuten und wiederkehrende Muster zu erkennen. Esoteriker sind besonders gut in dieser Art Kreativität. Kreatives Denken lässt sich ja gerade definieren als das Aufdecken von Zusammenhängen zwischen Dingen, die nicht offensichtlich verwandt sind. Wenn Ihnen bei dem Wort ›Tisch‹ immer nur ›Stuhl‹ einfällt und nie etwas anderes, sind Sie nicht in der Lage, alte Muster zu durchbrechen und etwas Neues zu erschaffen.«[52]

Jedenfalls aber sollte dieses Kapitel nicht mit »Hamlet« enden – sondern besser mit dem Schriftsteller und Erfinder des psychologischen Romans Karl Philipp Moritz (1756 bis 1793): »Es gibt eine Sucht, viele Dinge leicht erklärlich zu finden, ebenso wie es eine Sucht gibt, viele Dinge unerklärlich zu finden. Und man fällt leicht von einem Extrem aufs andere.«

52 »Magisches Denken ist kreativ«. In: *freundin*, Nr. 4/2008, Seite 102.

8. Die Sache mit den nächtlichen Besuchern

Die Nachtseite

Ich hatte mich gegen 0.30 Uhr schlafen gelegt. Irgendwann in der Nacht, ich hatte meinen linken Arm über das Bett ausgestreckt, merkte ich, wie jemand mein Handgelenk umfasste und vorsichtig zur Seite eng an meinen Körper anlegte. Ich wusste, obwohl ich die Augen noch nicht aufgeschlagen hatte, dass es sein Wesen war. Ich weiß nicht, ob es sich um dasselbe Wesen aus der Nacht zum 24. Februar handelte. Dieses Wesen war dem anderen ähnlich, aber nicht gleich. Mir fiel gleich auf, dass ich keine Angst verspürte, sondern sogar erfreut war. So schlug ich die Augen auf, und da war das Gesicht des Wesens über meinem Gesicht. Jetzt kam aus seinem Mund eine echsenähnliche Zunge, die meine Oberlippe berührte ...

Was passiert hier?
Als die Berliner Reiseverkehrskauffrau Maria Struwe mit dieser Schilderung[53] in den 1990er Jahren an die Öffentlichkeit ging, etablierte sie auch in Deutschland einen Typus von Geschehnissen, der seither als »Bedroom-Visitor«-Phänomen oder auch als »Ufo-Entführungsbericht« bekannt ist. Meist beginnen die Zeugenberichte so oder so ähnlich: *Plötzlich, mitten in der Nacht, kam das merkwürdige helle Licht. Um mich herum standen blendend weiße Gestalten.*

---

53 »Außerirdische mitten unter uns? Phantastische Geschichten oder Wirklichkeit?« In: *Bild* vom 15. 08. 1994.

Ich habe mich gefürchtet. Dann haben sie mich mitgenommen ...

Und sie lesen sich stets dramatisch: Überwiegend werden die Opfer aus dem eigenen Bett entführt. Sie wachen nachts auf, doch irgendetwas stimmt nicht. Alles ist sonderbar. Ein intensives blaues oder weißes Licht umgibt sie, sie hören summende Geräusche und fühlen die Gegenwart unbekannter Wesen. Die Fremden dringen ins Haus ein, lautlos, als hätten die Wände plötzlich Türen, die sich ebenso schnell wieder schließen und in der gleichen Sekunde verschwunden sind. Plötzlich werden die Betroffenen von einem Kraftfeld angehoben und schweben in ein vor dem Fenster wartendes Raumschiff.

Die auftauchenden Wesen werden in nahezu 90 Prozent der Fälle als die berüchtigten »kleinen Grauen« (»Greys«) beschrieben: klein, grau, unbehaart, mit dünnen Gliedmaßen, einem großen gewölbten Schädel ohne Nase und Ohren, übergroßen, schrägsitzenden mandelförmigen Augen und einem Schlitz als Mund – manchmal auch reptil- oder insektenähnlich.[54]

An Bord des Raumschiffs beginnen die Außerirdischen mit allerlei medizinischen Experimenten und entnehmen Gewebeproben. Das Schlimmste: Die ganze Zeit über ist das Opfer hellwach und bei vollem Bewusstsein, dabei aber ganz oder teilweise gelähmt – und somit völlig hilflos den Aliens ausgeliefert. Und immer wieder geht es um Sex. Das Hauptmotiv der Entführungen durch Außerirdische scheint die Erforschung des menschlichen Körpers »und seiner reproduktiven Funktionen« zu sein, merkt der amerikanische Geschichtsprofessor und Ufo-Forscher David Jacobs an:

54 Vgl. z.B. http://www.abduction.de oder http://www.wri27.com/ufo-docs/JAR_issue_1.pdf

»Während der Entführte auf dem Tisch liegt, untersuchen die Außerirdischen seinen Körper. Die Wesen betasten mit ihren Händen und Fingern jeden Körperteil. Sie stochern, betasten, kneifen, drücken und bohren ... Im Anschluss an die mentale Untersuchung beginnen die gynäkologischen und urologischen Untersuchungen. An den männlichen Genitalien wird eine Vorrichtung angebracht und Samen entnommen ... Für die Entnahme von befruchteten Eiern werden lange Instrumente in die Vagina eingeführt.«

Diese Eingriffe stellen für Jacobs den zentralen Punkt des Abduktionsphänomens dar und »es ist gut möglich, dass sie die Ursache für das Ufo-Phänomen überhaupt sind«.[55] Darauf deutet auch die folgende unsystematische Zitatensammlung hin:

Plötzlich legt sich ein schlankes, kleines und weißes Wesen auf mich. Mir wird schlecht. Trotzdem bin ich sexuell erregt.

(Ulrich H., Cham/Schweiz)[56]

Ich wurde wach und spürte an meinem Körper eine beginnende Erregung. Ich machte die Augen auf: Da lag ein schwarzgekleideter Mann über mir. Ich weiß noch, dass ich mich selbst in diesem unglaublichen Moment als Erstes darüber wunderte, dass meine Beine nicht geöffnet waren, er aber dennoch einen Geschlechtsakt vollzog.

(Elisabeth S., Berlin)[57]

55 »Auf dem Untersuchungstisch«. In: Pritchard, A. (1996): *Alien Discussions – Von Außerirdischen entführt*, Frankfurt: Zweitausendeins, Seite 58.

56 Fiebag, J. (1996): *Sternentore*, München: Langen-Müller, Seite 273.

57 Fiebag, J. (1996): *Sternentore*, München: Langen-Müller, Seite 274.

Dann besuchte mich eine andere kleine glatzköpfige Gestalt mit brauner Kutte. Sie kniete zwischen meinen Schenkeln, und ich erwachte durch ein Hantieren im Genitalbereich. Es war weder schön, noch war es unheimlich.
(Sibylle F., Regensburg)[58]

Sie hatten ungewöhnlich großes Interesse an meinen Genitalien. (...) Sie war größer, mehr wie ein Mensch. Sie hatte Brüste, aber ihr Kopf war größer als der einer normalen Frau. (...) Sie war absolut unbehaart. (...) Sie war richtig gut entwickelt. (...) Gesagt hat sie nichts. Ich lag nackt auf einer Art Bank auf dem Rücken, und irgendwie haben sie bei mir eine Erektion hervorgerufen. Es war alles sehr routiniert. (...) Dann ist sie abgestiegen und aus dem Raum gegangen.
(Ed Duvall, Wisconsin)[59]

Sie haben sich auch ganz besonders mit meinen Genitalien befasst. Es war für mich in Ordnung: Wir hatten eine sexuelle Vereinigung, ich kann es gar nicht in Worte fassen. Unbeschreiblich, besser als irdischer Sex.
(Gerti K. in der TV-Sendung »Liebe Sünde«, Pro Sieben)[60]

Sie sahen fast menschlich aus, mittleren Alters, mit breiten Nasen und abstehenden Ohren. Sie waren nackt, ihre langen Penisse standen steif von ihrem Unterleib ab.
(Leah A. Heley, USA)[61]

58 Fiebag, J. (1996): *Sternentore*, München: Langen-Müller, Seite 276.
59 Hopkins, B. (1991): *Eindringlinge*, Hamburg: Kellner, Seite 188.
60 Ausgestrahlt am 28. 02. 1996.
61 *UFO-Report* Nr. 3/1997.

Ich wurde gelähmt. Da lag jemand auf mir, ich wurde angefasst. Es war eigentlich ganz normal, wie ein normaler Geschlechtsakt. Ich merkte auch, wie ein Glied in meine Scheide eindrang, ich wurde auch geküsst. Och, es war nicht schlecht, so ist es nicht ...
(Claudia O. in der Talkshow »Vera am Mittag«, SAT.1)[62]

Bizarr. Gespenstisch. Beängstigend.
Fast ist man versucht, den berühmten Vorspann der Kultserie »Twilight Zone« heranzuziehen: »Es gibt eine fünfte Dimension jenseits der menschlichen Erfahrung – eine Dimension, so gewaltig wie der Weltraum und so zeitlos wie die Ewigkeit. Es ist das Zwischenreich, wo Licht in Schatten übergeht, Wissenschaft auf Aberglauben trifft. Sie liegt zwischen den Fallgruben unserer Furcht und den lichten Gipfeln unseres Wissens. Dies ist die Dimension der Phantasie, das Reich der Dämmerung: die Twilight Zone.«
»Wenn ich nur den geringsten Zweifel daran hätte, dass ich es nicht bloß mit einem Traum zu tun gehabt habe, dann würde ich mich doch nicht der Lächerlichkeit preisgeben«, sagte die Berlinerin Maria Struwe später in der ZDF-Talksendung »Kerner«.[63] »Das können Sie wohl annehmen. Also bin ich überzeugt von dem, was ich erzähle.«
»Eindringlinge sind unter uns!«, schreibt David Jacobs denn auch in seinem Buch »Bedrohung – Die geheime Invasion der Aliens«.[64]
Humbug? Nein – sagt einer, dem man zuhören muss. John E. Mack, Professor für Psychiatrie am Cambridge Hospital der renommierten Harvard-Universität bei Boston/USA,

62 Ausgestrahlt am 07. 12. 1998.
63 Ausgestrahlt am 07. 02. 1996.
64 Kopp-Verlag, Rottenburg.

mutierte vom respektierten Starakademiker zum verlachten Ufo-Anhänger, nachdem er mehr als 200 einschlägige Fälle analysiert, die Betroffenen interviewt, untersucht und das jeweilige Umfeld erforscht hatte. Mack starb 2004 bei einem Verkehrsunfall in London. Bis zu seinem Tod war der Pulitzerpreisträger davon überzeugt, dass Alien-Abduktionen jenseits der abendländischen Erkenntnismöglichkeiten liegen und uns zur Entwicklung eines neuen Wissens von der Welt zwingen. Die psychiatrische Arbeit mit Ufo-Entführten habe ihn, Mack, veranlasst, »die herrschende Weltsicht oder den Realitätskonsens in Frage zu stellen«.

In seinem Bestseller »Abduction: Human Encounters with Aliens« schildert Mack unter anderem die Erfahrungen einer 22 Jahre alten Musikstudentin namens Catherine.[65] Catherine erinnerte sich, mitten in der Nacht aufgewacht zu sein und an ihrem Schlafzimmerfenster ein Wesen stehen und blaues Licht gesehen zu haben, das ins Zimmer schien. Das Haus der Familie war ein einstöckiges Mobilheim, und Catherine nahm an, dass »dieser komisch aussehende Bursche draußen am Fenster« ziemlich groß sein musste – oder in der Luft schwebte. Denn die Unterkante des Fensters lag mehrere Meter hoch über dem Boden und der dünne Rumpf des Wesens war im Fenster sichtbar.

Catherine beschrieb das Wesen folgendermaßen: Es hatte *große schwarze Augen, ein spitzes Kinn. (...) Sein ganzer Kopf sieht aus wie ein umgedrehter Tropfen. Als Mund hat er nur eine Linie, die Nase kann ich von hier aus nicht richtig sehen, aber sie sieht nicht wie eine menschliche Nase aus. Es ist nur ein Höcker. (...) Er scheint keine Kleider anzuhaben. Er wirkt überhaupt nicht so, als hätte er irgendeine*

---

65 Mack, J. E. (1995): *Entführt von Außerirdischen*, München: Bettendorfsche Verlagsanstalt, Seite 199 ff.

Farbe an sich. Er hat von dem Licht, das hinter ihm leuchtet, einen blauen Schimmer um sich herum. So, als würde er irgendwie von hinten angestrahlt.

Was die 22-Jährige dabei verspürte, war nackte Angst. *Es ist, als ob Monster kommen und mich packen. Aber sie sind Realität. Es gibt nichts, was ich tun könnte ... Ich wollte lauthals nach meiner Mama schreien und rufen, dass sie kommen solle, aber ich konnte mich nicht bewegen. Ich konnte kein Wort herausbringen.*

Begonnen hatte das Entführungsphänomen indes schon lange, bevor Mack darauf aufmerksam wurde. Der berühmteste Fall datiert auf das Jahr 1961. Es geht um Barney und Betty Hill. Betty Hills Schwester hatte bereits Ufos gesehen – und von einem Besuch bei dieser Schwester kehrt das Ehepaar zurück, als es nach mehreren Stunden Fahrt durch das einsame New Hampshire nachts ein helles Objekt am Himmel vor sich sieht. Abwechselnd schauen die beiden durch ihren Feldstecher. Das Objekt ist scheibenförmig, es blinkt und scheint sich zu nähern.

Zwei Stunden später kommen Barney und Betty Hill 35 Meilen vom Sichtungsort des Ufos wieder zu sich – verwirrt und bleiern müde. Schlimme Träume beginnen sie in der Folgezeit zu quälen. Barney bekommt Magengeschwüre. Ein Arzt führt das Leiden auf psychischen Stress zurück. Schließlich lässt Betty Hill sich von einem Psychiater in Boston hypnotisieren. Während dieser Sitzungen berichtet die Postangestellte, dass sie und ihr Mann von außerirdischen Wesen an Bord eines Raumschiffs gebracht wurden. Die fünf fremdartigen Gestalten waren etwa 1,50 Meter groß und trugen eine Art Uniform. Ihre schwarzen Augen schienen viel größer als menschliche Augen zu sein. Die Gesichtshaut war grau, eine Nase nur im Ansatz erkennbar, Ohren hatten die Wesen nicht. Wenn sie miteinander kommunizierten, bewegten sie zwar die Lippen, aber die Hills hörten keinen Laut. Die Fremden entnahmen Betty mit langen Nadeln Gewebeproben aus dem Unterleib. Ebenfalls unter Hypnose bestätigt Barney die Angaben seiner Frau. Fünf Jahre später wird die Geschichte der Hills als Buch veröffentlicht. Unter dem Titel »The Interrupted Journey« schreibt der Journalist John Fuller nieder, was geschehen war.[66]

Das ist lange her. Und heute?

»Haben die Ufo-Entführungen aufgehört?«, fragte unlängst ein User im Internetforum *grenzwissen.de*. Nein, widersprach ein anderes Mitglied: »Entführungen gibt es noch. Dass man davon nicht mehr so oft hört, liegt daran, dass die Entführten Angst haben, darüber zu reden – und das zu Recht.« In der Anonymität des World Wide Web findet in der Tat ein reger Austausch über Bedroom-Visitors und Space-Nappings statt. Im Folgenden dokumentieren wir einige der bemerkenswertesten Erlebnisse – manche davon angenehm, die meisten jedoch erschreckend.

Im Dämmerlicht

Spontansex mit einem Geist

Sex an außergewöhnlichen Orten? Darüber weiß ich sehr viel weniger zu berichten als über Sex mit einem außergewöhnlichen Wesen.

Ich weiß, dass sich das vollkommen verrückt anhört. Aber es fing damit an, dass ein Geist mir an den Po grapschte. Ich

---

66 Deutsche Ausgabe: *Die unterbrochene Reise*, Kopp-Verlag, Rottenburg 1996.

hatte gerade geduscht und war dabei, mir die Zähne zu putzen, als ich eine Hand an meinem Po spürte. Aber es war niemand da. Das war meine erste Begegnung mit dem Paranormalen. Richtig massiv wurde es dann ein paar Tage später. Mein Freund ging frühmorgens aus dem Haus. Ich hatte noch gute zwei Stunden Zeit, bevor ich aufstehen musste, also drehte ich mich auf die andere Seite und versuchte weiterzuschlafen.

Ich dämmerte langsam weg, als ich im Halbschlaf etwas hörte. Ein leises Stöhnen, direkt an meinem Ohr. Ich dachte, dass wohl die Nachbarn gerade Sex hatten, und versuchte, die Geräuschkulisse zu ignorieren. Da fing auf einmal das ganze Bett zu wackeln an. Ich meinte, gleich herunterzufallen. Zugleich fühlte ich ein seltsames Vibrieren in meinem Körper. Kein süßes Erbeben, wie ich es empfinde, wenn mein Freund sich an mich kuschelt. Eher so wie eine sehr starke Gänsehaut, die vom Kopf aus über den Nacken und immer weiter nach unten rieselt. In meinem Bauch und Unterleib wurde das Kribbeln beinahe unerträglich.

Eine nie gekannte Erregung ergriff mich bis zur Ausblendung aller anderen Wahrnehmungen. Bewegen konnte ich mich keinen Millimeter. Ich weiß nicht mal mehr, ob meine Augen offen oder geschlossen waren. Die Welt bestand mit einem Mal nur noch aus einem Taumel der Wollust. Ich spürte eine Berührung, etwas auf mir bewegte sich vor und zurück. Innerhalb von gefühlten zehn Sekunden bekam ich einen Orgasmus. Und dann war plötzlich alles wieder ganz normal. Oder fast. Mich auf meine Arbeit zu konzentrieren, fiel mir nicht nur an diesem Tag schwer. Die Erregung und die Angst raubten mir drei Nächte lang den Schlaf. Meinem Freund erzählte ich nichts von dem befremdlichen Vorfall. Obwohl ich es genossen hatte, belastete ich mich mit Schuldgefühlen meinem Partner gegenüber.

Aber wie sollte ich ihm begreiflich machen, dass ich Spontansex mit einem Geist hatte?

Der Energie-Vampir

Zog ich dieses Wesen an, weil ich eine schlechte Ehe führte und sexuell alles andere als erfüllt war? Vielleicht war es so. Ich litt an Orgasmusstörungen und suchte Hilfe bei einem Arzt und durch autogenes Training. Einen ruhigen Schlaf hatte ich eigentlich trotzdem zu dieser Zeit – ohne seltsame Träume.

Dann aber wachte ich eines Nachts plötzlich auf. Jedenfalls bin ich ziemlich sicher, dass ich wach war, auch wenn es sich wie eine Art Trance anfühlte. Ich hatte das Gefühl, mit Küssen überschwemmt zu werden, und spürte Berührungen und starke Energien. Eine schwere Hand griff nach meinem Busen. Das raubte mir den Atem, ich bekam Herzrasen. Ich hörte ein lautes Rauschen wie von einem Fernseher, der keinen Empfang hat.

Ich kann mich nicht daran erinnern, was danach kam, ich weiß nur, dass mein Kopf beim Aufwachen völlig vom Kopfkissen heruntergerutscht war und meine Beine über das Fußende hingen. Meine Erinnerungen an die vergangene Nacht kamen mir real vor, aber auch verschwommen. Noch dachte ich mir nichts dabei.

Etwa eine Woche später lag ich abends im Bett und las in einem Buch. Aus irgendeinem Grund schrak ich abrupt zusammen. Ich sah, dass die Luft irgendwie dicker wurde und ein dunkler Schatten sich aus dem Nichts formte. Als Nächstes registrierte ich, dass jemand zu mir ins Bett stieg. Ich konnte die Delle sehen, die er ins Laken drückte. »Er«? Ja, er – denn fast im selben Moment lastete ein heftiger

Druck auf meiner Brust. Eine schlanke Gestalt mit langen glatten Haaren, die aber unzweifelhaft als Mann zu erkennen war, saß auf mir.

Mein erster Impuls war, ihn von mir runterzustoßen, aber das Wesen war sehr schwer und ich konnte mich überhaupt nicht richtig bewegen. Ich fühlte Hände auf meinem Leib und war nicht imstande, mich dagegen zu wehren. Als die Gestalt meinen Kopf erreichte, brummte sie mir ein heiseres Stöhnen ins Ohr. Dann pressten sich volle Lippen auf meine und etwas drang in mich ein. Mein angespannter Körper wurde unversehens locker. Das Stöhnen machte mir keine Angst mehr, es war schön, fast überirdisch. Ich spürte den Höhepunkt nahen. Und wurde fast süchtig nach diesen Empfindungen, nach der gekonnten Zärtlichkeit meines nächtlichen Besuchers. Haben Geister Geschlechtsorgane? Absurd, ich weiß. Aber der sexuelle Kontakt zu diesem Wesen war so viel intensiver und lustvoller als das, was ich in meiner Beziehung erlebte.

Normal war das natürlich trotzdem nicht. Ich ging zu einem Medium, das von sich behauptete, auf die feinstoffliche Welt eingestellt zu sein. Die Frau erzählte mir etwas von einem männlichen Geistpartner, der Inkubus genannt wurde. Die erste Begegnung mit einem Inkubus trete oft in Momenten mit einem sehr hohen Energieniveau ein, etwa nach einem Sonnenbad oder bei Vollmond. Allerdings sei ein Inkubus kein selbstloser Partner, denn er stärke sich an dem Energiefeld seiner Partnerin. Deshalb sei eine Beziehung mit einem solchen Geistwesen nicht ungefährlich, da es die menschliche Partnerin früher oder später auszulaugen und kraftlos zurückzulassen pflege.

Na ja. Ich schüttelte innerlich den Kopf. Was ich erlebt hatte, hatte ich erlebt – aber das war mir dann doch etwas zu viel esoterisches Gerede. Als ich schon gehen wollte, sagte die Frau aber noch drei Sätze, die mir zu denken gaben: Jeder ziehe das Wesen an, das ihm vom Charakter ähnlich sei. Wissen wir, was tief in uns im Verborgenen schlummert? Kennen wir so genau unsere Schattenseiten? Das würde ich nicht unbedingt bejahen wollen. Also fing ich an, die Erinnerungen an meinen Astralsex zu verdrängen. Meine beste Freundin brachte mich mit ihrem absolut bodenständigen Pragmatismus vollends wieder in die Realität zurück.

Irgendwann erzählte ich ihr die Geschichte. Und sie glaubte natürlich kein Wort davon. »Ein Sexdämon?«, lachte sie. »Ein Energie-Vampir?« Sie konnte sich kaum mehr einkriegen. Und dann lachte ich einfach mit. Eigentlich war es ja auch zu komisch – ein Vampir, den man nicht pfählen kann, der aber seine eigene Latte mitbringt.

Ein Traum, vielleicht

Kann sein, dass meine Geschichte als ein dummer Traum abgestempelt wird, aber das ist mir wirklich passiert. Es war im Spätsommer, zwischen drei und vier Uhr morgens, wie ich später gesehen habe. Das Fenster in meinem Zimmer stand weit offen. Eine leichte Brise ließ die luftigen Vorhänge hin und her wehen. Der Mond schien hell und ergoss sein Licht über den unteren Teil des Betts. Halb im Schatten, halb in einen silbrigen Schimmer getaucht, lag ich da und wusste nicht, ob ich wach war oder träumte. Ich hatte das Gefühl, schwerelos in einem Swimmingpool zu treiben. Nur dass dieser Pool kein Wasser enthielt, sondern einen sonderbaren Nebel. Eine Stimme rief durch einen langen, verwinkelten Traumkorridor meinen Namen. Schlagartig kam ich zu mir. Ich konnte mich weder bewegen noch schreien, als ob mir jemand ein unsichtbares, schweres Kissen auf den

Brustkorb drücken würde. Und ich spürte, dass ich nicht allein war.

Plötzlich glaubte ich eine Bewegung zu erkennen. Es war nichts Konkretes, nur ein rasches Huschen und Wirbeln, als hätten sich die Schatten im Zimmer bewegt, aber es war zu deutlich spürbar, um eine Täuschung zu sein. Und dann bemerkte ich drei Wesen an meinem Bett. Kleinwüchsig. Graue Haut. Riesige Augen. Mein Atem ging stoßweise. Mein Körper war steif wie ein Brett und in meinem Nacken breitete sich ein unangenehmes Kribbeln aus. Es war fast wie in einem Adventure-Game, aber mit Fetzen aus meinem wirklichen Leben. Mit wachsender Furcht sah ich, dass eines der Wesen meinen Blick erwiderte. Die fremdartige Gestalt stach mit einem spritzenähnlichen Gegenstand in meine linke Schulter. Der Schmerz war absolut real. Ein lautes, aggressives Rauschen zerrte zusätzlich an meinen Nerven. Dann verschwand die gesamte Umgebung in einem gleißenden Glitzern und Funkeln.

Das Nächste, was ich sah, war der Kleiderschrank. Ich blinzelte mehrmals, bevor ich bemerkte, dass ich den Atem anhielt. Kühler Wind blies durch das offene Fenster ins Zimmer, das aussah wie immer. Unendlich erleichtert registrierte ich, dass mein Körper mir wieder gehorchte. Nur mein Kopf fühlte sich an, als wäre er mit Glassplittern gefüllt.

Am Morgen bemerkte ich einen blauen Fleck an der Schulter, den ich am Vorabend definitiv nicht gehabt hatte. Ich entdeckte ihn unter der Dusche, denn er tat wirklich weh. Hört sich schon seltsam an, oder? Vielleicht gibt es auch eine ganz natürliche Erklärung. Nur: dass das alles so zusammenkommt?

Schwarzer Trichter

Ich schlief tief und fest. Auf einmal fühlte ich, dass mich irgendetwas erdrückte. Ich versuchte, die Augen zu öffnen, aber meine Lider waren unendlich schwer. Ich konnte kaum etwas erkennen. Die Normalität schien abgelöst zu werden. Die Nacht ballte sich zu einem schwarzen Trichter zusammen, in den ich langsam hineingezogen wurde.

Ich konnte mich keinen Millimeter bewegen. Ich fühlte mich wie in einer engen, dunklen Röhre. Die Dunkelheit war wie ein dicker, undurchdringlicher Filz. Ich fror und doch auch wieder nicht. Meine Haut war eiskalt, aber ich zitterte nicht, ich spürte nur eine beängstigende Leere in meinem Kopf. Dann fiel mein Körper unendlich tief in riesige Wellentäler, in dunkles Schweigen und gleißendes Licht.

Das Nächste, woran ich mich erinnere: Ich lag in einem silbrig schimmernden, riesigen, kuppelförmigen Raum auf einem Metalltisch. Noch immer schien mein Körper nicht zu frieren, nur mein Geist. Drei seltsame Wesen standen um mich herum, einer an meinem Kopf, einer an meiner linken Seite und einer zu meinen Füßen. Ich fühlte mich schrecklich allein. Ich sah keine Lampen, aber ein lautloses Knistern und Beben unsichtbarer Energien machte sich in dem Raum bemerkbar. Die Luft glühte, sogar der Boden leuchtete ein wenig.

Die Wesen hatten Augen wie Gottesanbeterinnen, keinen Mund und waren vielleicht einen Meter groß. Unentwegt hörte ich seltsame Klickgeräusche. Sie untersuchten mich mit ihren extrem langen, dünnen Fingern und mit bizarr geformten Instrumenten. Jeder Finger sah so aus, als seien zwei Knochen verschmolzen. Ich empfand nichts als Kälte. Dann bekam ich starkes Ohrensausen, richtig schmerzhaft, und Schwindelgefühle. Einen Augenblick später war ich wieder in meinem Zimmer. Schweißgebadet kam ich auf meinem Bett zu mir.

Ich lag aber nicht unter meiner Decke, sondern am Fußende des Bettes, als ob mich jemand gerade dort hingelegt hätte. Die Temperatur im Zimmer war extrem gefallen. Es war Sommer und ich konnte trotzdem dampfenden Atem aus meinem Mund entweichen sehen. Im Zimmer roch es eigenartig, nach scharfen Essenzen und nach einem Hauch von Moder. Ich setzte mich halb auf und sah ein Licht am Fenster. Bläulich und weißlich, irgendwie indirekt. Schlaftrunken blinzelte ich den Glanz an. Ich fragte mich, ob ich wohl noch schlief und träumte. Aber heute bin ich absolut sicher, dass dieses Erlebnis kein Traum gewesen ist.

Die Reptilfrau

Irgendwann, mitten in der Nacht, erwachte ich mit einem sonderbaren Gefühl der Furcht. »Einbrecher!«, durchfuhr es mich wie ein Blitzschlag. Um mich herum war nichts als Schwärze, die sich wie ein erstickender Mantel um meinen Körper schmiegte. Meine Angst wurde immer größer.

Da begann aus dem Nichts ein Streifen blassgrüner Helligkeit das Dunkel aufzulösen. Die Welt schien zu einem winzigen, kreisförmigen Ausschnitt der Realität zusammenzuschrumpfen. Ich sah eine junge Frau so plastisch und klar vor mir, dass ich meinte, nur die Hand nach ihr ausstrecken zu müssen. Sie wirkte freundlich, schön und normal. Doch dann verschwamm plötzlich alles in einem Wirbel, die Frau nahm rasend schnell die Gestalt eines grauen, reptilartigen Wesens an, das fast bis zur Decke reichte. Ich konnte mich nicht mehr bewegen und glaubte, durch das Fenster nach draußen zu schweben. Dabei hatte ich das Gefühl, gegen einen unsichtbaren Widerstand ankämpfen zu müssen, wie ein Netz klebriger Spinnenfäden, die mich hielten. Die ganze Szenerie war in ein befremdliches Grün getaucht. Ich schloss die Augen.

Als ich sie wieder öffnete, war die Finsternis nicht mehr vollkommen. Ich erkannte Wände aus mattgrauem Metall. Keine Fenster, keine Türen. Nichts konnte ich an meinem Körper bewegen, die Augen nicht, Arme und Beine auch nicht. Meine Hand umklammerte etwas Kaltes, Hartes. Stimmen drangen zu mir, so gedämpft und verzerrt, dass ich sie nicht verstehen konnte. Es schienen keine menschlichen Stimmen zu sein. Töne, deren Herkunft ich mir nicht erklären konnte, vermischten sich mit den Stimmen. Aufdringliche Geräusche, wie von einer defekten Neonröhre. Diese Empfindungen waren so intensiv, dass ich mir sicher bin, nicht geträumt zu haben. Meine Zähne, die größtenteils Metallfüllungen haben, schmerzten, als ob sie von einem Magneten über mir mit großer Kraft angezogen würden.

Über mir ragte eine Gestalt auf. Ich versuchte, sie zu erkennen. Es war wieder die junge Frau. Ein blau-purpurnes Licht, wie von einem elektrischen Feld, umgab sie. Ihr Körper war attraktiver als der irgendeiner Frau, die ich kannte. Sie kam näher und begann meine Haut mit einer Flüssigkeit einzureiben. Wir hatten Sex. Von diesem Moment an fehlt mir jede weitere Erinnerung. Am nächsten Morgen erwachte ich mit Nasenbluten und Kopfschmerzen.

Unerklärliche Narbe

Ich lag im Bett, es war Nacht, und irgendetwas hatte mich im Schlaf erschreckt. Ich fing einen fremden Gedanken in meinem Kopf auf, der mir bedeutete, ich dürfe jetzt nicht schlafen und solle die Augen aufmachen. Obwohl ich sehr müde war, konnte ich nicht anders, als zu tun, wie mir geheißen.

Ich sah nur eine schwarze, formlose Umgebung. Ich setzte mich auf und sah aus dem Fenster. Es war Sommer und die Rollläden waren offen. Draußen bemerkte ich fünf Lichtpunkte, die am Himmel tanzten, immer in einer bestimmten Entfernung zueinander. Es muss etwa drei Uhr gewesen sein. Ich achtete auf einen der Lichtpunkte, der immer näher kam und sich ziemlich schnell vergrößerte.

Mit einem Mal wurde ich ganz starr und konnte mich nicht mehr bewegen. Zugleich spürte ich am ganzen Körper ein Kribbeln, wie eine starke Spannung, die durch mich hindurchfloss. Dann hatte ich das Gefühl, dass etwas an mir herumzerrte und zog. Ich fühlte keine Hände und konnte auch nichts sehen, ich spürte es nur. Das Mondlicht verblasste plötzlich hinter einem flackernden grünen Schein, der vor mir entstand. Mein Verstand sagte mir, dass sich etwas völlig Irreales ereignete. Ich war mitten in diesem intensiv grünen Licht. Ein Teil meines Denkens blieb klar, der andere Teil zeigte mir unheimliche und mysteriöse Bilder.

Zwei Wesen tauchten auf, als würde jemand sie in den Raum hineinprojizieren, wie in einem Science-Fiction-Film. Das war in gewisser Weise fast schon wieder komisch, denn seit ich denken kann, hatte mich der Weltraum immer fasziniert. Als ich ungefähr zehn war, bekam ich einen völlig unkontrollierten Heulkrampf, als im Fernsehen eine wissenschaftliche Doku über die Möglichkeit von außerirdischem Leben lief. Meine Eltern waren ziemlich erschrocken. Ich konnte selbst nicht sagen, was da mit mir los war. Eine Parallele zum Ufo-Phänomen zog ich trotzdem nie. Und jetzt das. Die beiden Entitäten waren kaum mehr als Schemen, schattenhaft, dunkelgrau, von menschlicher Statur, aber sehr feingliedrig, etwa 1,50 Meter groß. Sie blickten forschend auf mich. Eine unsichtbare Hand fuhr durch mein Gehirn, tastend, sondierend, suchend. Alle meine Gliedmaßen wurden bleischwer und schienen tief im Bett zu versinken.

Eine der beiden kleinen grauen Gestalten hielt etwas in der Hand. Der Grey kam näher und machte etwas an meinem Bein und ich spürte einen stechenden Schmerz. Irgendwo in meinem Bewusstsein machte es hörbar »Klick«. Ich wachte abrupt auf. Mir tat alles weh. Seit diesem Tag habe ich eine unerklärliche Narbe am linken Knie.

Die Tagseite

Eine junge Frau liegt auf dem Rücken, der Kopf und die Arme hängen vom Bettrand herab – eine Haltung der äußersten Hilflosigkeit, des völligen Ausgeliefertseins. Auf ihrem Oberkörper sitzt ein männliches Ungeheuer, das den Betrachter herausfordernd anstarrt, während ein Geisterpferd mit blinden Augen die Bettvorhänge beiseiteschiebt. So kennen wir das berühmte Gemälde »Der Nachtmahr« von Johann Heinrich Füssli.[67]

Inspiriert von englischen Gespenstergeschichten, bannte der Schweizer Künstler einen Inkubus auf die Leinwand, einen nachtaktiven Dämon, der Alpdrücke und böse Träume verursacht. Das weibliche Gegenstück wird Sukkubus genannt. Was hat das mit unserem Thema zu tun? Vielleicht mehr, als wir denken.

Im Kern drehen sich Abduktionsberichte um die Erfahrung,

---

67 Siehe z.B. http://www.kunst-fuer-alle.de/deutsch/kunst/kuenstler/pos
ter/johann-heinrich-fuessli/15898/3/145215/der-nachtmahr/index.htm

nachts aufzuwachen und sich gelähmt zu fühlen. Aber das ist nicht unbedingt ein außergewöhnliches Phänomen, sondern könnte auf eine sogenannte Schlaflähmung (»Sleep paralysis«) zurückzuführen sein. Was hat es damit auf sich? Wenn wir schlafen, werden im Gehirn die Bewegungszentren »abgekoppelt«. Das muss so sein, denn sonst würden wir jede Bewegung, die wir im Traum machen, auch wirklich ausführen – wie es Schlafwandler tun.

Dieser an sich sinnvolle und nützliche Mechanismus hat einen Nebeneffekt: Kurz vor dem Einschlafen oder nach dem Aufwachen kann es vorkommen, dass das Bewusstsein schon überwiegend im Wachzustand ist, aber der Körper sich noch im gelähmten Schlafzustand befindet. Wir fühlen uns hellwach, haben aber keine Kontrolle über unseren Körper. Unser Wahrnehmungssystem versucht, diesen merkwürdigen Zustand zu interpretieren, ihm einen Sinn zu geben. Sich nicht bewegen zu können, bedeutet (im normalen Leben) oft eine Gefahr. Und im Schlaf fragt sich unser Unterbewusstsein automatisch: Hält uns vielleicht etwas – zum Beispiel ein fremdes Wesen – fest? Auch andere Teile des Gehirns sind noch nicht ganz im Wachzustand, unzusammenhängende Bilder und Erinnerungen können ins Bewusstsein drängen, sich mit realen Sinneseindrücken mischen und zu Halluzinationen führen.

Solche Halluzinationen (hypnagoge Halluzinationen beim Einschlafen, hypnopompe Halluzinationen beim Aufwachen) projizieren zum Beispiel Traumbilder in das – ebenfalls geträumte – Schlafzimmer. Einige Psychiater vergleichen daher »Ufo-Entführungen« mit hypnagogen oder hypnopompen Zuständen. In dieser Verfassung erscheint die Umwelt mit einem Mal verändert, fremdartig. Die Wahrnehmung ist so verzerrt, dass Größen und Entfernungen nicht mehr eingeschätzt werden können. Objekte verändern unvermittelt ihre Größe, sie scheinen auf den Beobachter zuzurasen, werden ungeheuer groß und drohen den Beobachter zu verschlingen.

Der Orientierungssinn geht verloren, die Umgebung verhält sich entsprechend der unbewussten Ängste und Bedürfnisse der schlafenden Person. Der Träumer ist zuerst verwirrt, durchlebt nahezu traumatische Angstzustände, verspürt Ekel und manchmal auch unangenehme sexuelle Phantasien. Nicht selten treten auch auditive Fehlwahrnehmungen auf: Rauschen, Brummen, Knistern, Schritte, Knall- und Explosionsgeräusche, das Klingeln eines Telefons oder das Läuten der Türglocke bis hin zu Musik und Stimmen. Der Zustand endet so plötzlich, wie er gekommen ist. Auch eine Berührung von außen setzt ihm ein Ende.[68]

Eine Schlaflähmung mit Halluzinationen ist eine völlig normale Erfahrung, die die meisten gesunden Menschen irgendwann in ihrem Leben machen – in abgeschwächter Form entspricht dies etwa dem Eindruck, mit offenen Augen im Bett zu liegen. Es ist kein Traum, sondern viel lebendiger und realer, und man fühlt sich dabei hellwach. Der Zustand beunruhigt uns, weil er nicht recht in unsere normalen Erfahrungen passen will und wir ihn nicht verstehen oder interpretieren können.

Aber wie kommen jetzt die Aliens ins Spiel?

Tatsächlich quälen uns im Schlaf nicht nur Außerirdische. Im europäischen Volksglauben sind Berichte vom Alp (auch Nachtmahr oder Drude) verbreitet, einem mythischen Wesen, das sich nachts schwer auf den Schlafenden setzt, ihn festhält, so dass er sich nicht bewegen, manchmal kaum atmen kann: Man wird umgangssprachlich »vom Alp gedrückt« beziehungsweise von der »Mahre« oder »Drude«

---

68 Vgl. z. B. http://www.stanford.edu/~dement/paralysis.html

geritten und muss wundersame und erschreckende Dinge mitmachen – Erfahrungen, die alle Merkmale von Schlaflähmungen aufweisen und die in Füsslis Meisterwerk »Der Nachtmahr« Gestalt angenommen haben. Andere Menschen fühlen sich (auch heutzutage) vom Teufel oder von anderen mythologischen Wesen gelähmt.[69]

Ob nun Nachtmahre, Teufel oder Außerirdische gesehen werden und wie sich die Erfahrungen konkret gestalten, hängt offenbar von der Person und ihrem kulturellen Hintergrund ab. Im Zustand der Schlaflähmung versucht das Gehirn, die körperliche Hilflosigkeit zu deuten. Dabei werden alle Erinnerungen und Wissensfragmente aktiviert, die eine Erklärung dafür geben könnten.

In früheren Zeiten hatten die Menschen Bilder von seltsamen Wesen aus Sagen und Überlieferungen im Kopf. Heute kann sich kaum jemand einen Nachtmahr vorstellen, aber Aliens treten uns in Filmen und Büchern alltäglich entgegen. Jeder kennt die »kleinen Grauen«, die selbst in Werbespots für Bier Menschen in ihre Raumschiffe entführen[70] oder in populären TV-Serien wie »Dr. House«[71], »Tatort«[72] und »Der Bulle von Tölz«[73] für überirdische Spannung sorgen. Verständlich also, dass die »Sleep paralysis« all die bekannten Bilder von Außerirdischen hervorbringt. Und je mehr entsprechende »Entführungsberichte« in den Medien verbreitet und zum Thema von Büchern und Filmen werden, desto stärker setzen sie sich als Deutungsmuster im allge-

69 Vgl. z.B. http://www.igpp.de/german/eks/michael_schetsche_ufo.pdf oder http://www.igpp.de/german/eks/integratives_modell_abduktion.pdf
70 Vgl. z.B. http://www.ufohefeweizen.com
71 Episode »Zu den Sternen«, deutsche Erstausstrahlung am 05. 09. 2007, RTL.
72 Episode »Tod im All«, Erstausstrahlung am 21. 04. 1997, ARD.
73 Episode »Tod aus dem All«, Erstausstrahlung am 07. 02. 1999, SAT 1.

meinen Bewusstsein fest und werden dann hervorgeholt, wenn das Gehirn keine andere Erklärung für eine beängstigende Erfahrung findet.

Volkskundler und Erzählforscher verweisen denn auch auf die augenfällige Ähnlichkeit vieler Entführungsberichte mit klassischen Märchen- und Sagenmotiven. Da verfolgt Alice einen weißen Hasen mit einer Taschenuhr, fällt dabei in ein tiefes Loch und findet sich im Wunderland wieder – bis sie auf der Parkbank neben ihrer Schwester aufwacht und feststellt, dass alles nur ein Traum gewesen ist. Schneewittchen fällt vergiftet in einen tiefen Schlaf, aus dem sie mit einem Kuss geweckt wird, ebenso wie Dornröschen nach dem Stich mit der Spindel. Ein buckliger Spielmann schläft während einer nächtlichen Wanderung auf einem Feenhügel ein und wird von kleinen Wesen in die Anderswelt hinabgezogen. Weil der Musikant so arglos und freundlich ist und für das Feenvolk zum Tanz aufspielt, befreien ihn die Fabelwesen mit magischen Kräften von seinem hässlichen Buckel. Als der Mann schließlich in die Normalität zurückkehrt, stellt er fest, dass inzwischen viele Jahre vergangen sind und keiner im Dorf ihn kennt. In den Märchen wie auch bei Ufo-Entführungen geht es um körperliche und sexuelle Erfahrungen. Und der Schlaf ist der Vorhang zwischen Alltag und Mythos.

Auch die häufig genannte – und erschreckend hohe – Zahl von »vier Millionen Amerikanern«, die von Ufos entführt worden sein wollen, könnte so eine einleuchtende Erklärung finden.

Diese Angabe stammt aus einer Umfrage eines Meinungsforschungsinstituts. Tatsächlich wurde aber gar nicht nach Aliens gefragt, sondern genannt wurden fünf »Indikator-Erfahrungen«, nämlich:

- nachts gelähmt aufzuwachen und die Anwesenheit einer fremden Person zu spüren (18 Prozent),
- das Gefühl, durch die Luft zu fliegen (10 Prozent),
- einen Zeitraum von einer Stunde oder länger ohne Erinnerung daran, womit man die Zeit verbracht hat (13 Prozent),
- ungewöhnliche Lichter im Zimmer zu sehen, ohne sie erklären zu können (8 Prozent),
- Narben an sich zu entdecken, ohne sich an eine Verletzung zu erinnern (8 Prozent).[74]

Wenn vier dieser Erfahrungen zuträfen, dann bestünde eine große Wahrscheinlichkeit, dass die Person von einem Ufo entführt worden sei. Auch Mack und andere Abduktionsforscher hatten in ihren Befragungen festgestellt, dass Menschen mit Erinnerungen an Entführungserlebnisse genau solche »Indikator-Erfahrungen« schildern. Doch was sagt das aus? Dass jemand zum Beispiel Narben an sich entdeckt, muss überhaupt nichts mit rabiaten Außerirdischen zu tun haben. Wohl jeder hat sich bei der Hausarbeit oder beim Heimwerken schon einmal verletzt, ohne das sofort zu bemerken. Auch viele Hautkrankheiten können unbemerkt entstehen und Narben oder verletzungsähnliche Spuren hinterlassen.

Bei den Berichten, die Forscher wie John E. Mack und andere gesammelt haben, kommt jedoch noch ein ganz anderer Aspekt hinzu. Viele der befragten Personen (so auch Betty

---

74 »Abduction by Aliens or Sleep Paralysis?« In: *Skeptical Inquirer* 22 (1998), Seite 23–28, www.csicop.com, und »Umfrage über ungewöhnliche persönliche Erfahrungen«. In: Pritchard, A. (1996): *Alien Discussions – Von Außerirdischen entführt*, Frankfurt: Zweitausendeins, Seite 207.

und Barney Hill) erinnerten sich nicht etwa sofort an die Erlebnisse, sondern erst, als sie lange Zeit später unter Hypnose befragt wurden. Aber Hypnose ist kein verlässliches Mittel, um die Wahrheit zu finden. Denn unsere Erinnerungen werden nicht einfach unverändert aufgezeichnet, sondern im Nachhinein ständig verändert und neu interpretiert. Das passiert schon im ganz normalen Leben, aber unter Hypnose besonders stark. Auch völlig falsche Erinnerungen können so entstehen, wie in vielen Versuchen nachgewiesen wurde.

Ein Hypnotiseur, der von der Realität von Ufo-Entführungen überzeugt ist, kann (auch unabsichtlich) seine Interpretation einbringen. Fragt er etwa »Wie sahen die Aliens aus?«, obwohl der oder die Hypnotisierte noch gar nicht von Außerirdischen gesprochen hatte, dann beginnt der Befragte automatisch an Aliens zu denken und unter Hypnose diese neue Information mit den alten Erinnerungen zu vermischen, denn unter Hypnose ist man sehr empfänglich für Suggestionen.[75]

Das *Focus*-Magazin prägte, wenig freundlich, den Begriff »Ufornographie« (»ein neues Sex-Buch-Genre«) für Macks Bestseller »Entführt von Außerirdischen« und führte »zwei simple Erklärungen« für dessen Drift hin zum Schlüpfrig-Schaurigen an:

»1. Ein Harvard-Medizinprofessor verdient regulär nur 12 000 Dollar im Jahr (wenn keine privaten Stiftungsgelder hinzukommen).

2. John Mack glaubt nicht nur, was er sagt – es ist auch etwas Wahres dran.«[76]

Letzteres indes muss nicht zwingend der Fall sein. Liest man

75 Harder, Seite 90.
76 »Die irren Fälle des Dr. Mack«. In: *Focus* 35/1995.

die fast 600 Seiten des Abduktionsstandardwerks sehr gründlich, stößt man auf den Satz, dass »im Prinzip noch kein anerkanntes wissenschaftliches Zeugnis existiert, das ich zur Untermauerung meiner Argumente oder Schlussfolgerungen hätte heranziehen können«.[77] Anders gesagt: Es gibt keinerlei Beweise für Entführungen durch Außerirdische, die Skeptiker überzeugen – allenfalls zwei Meinungen: »Eine ist, dass wir von Wesen aus anderen Welten abduziert und sexuell missbraucht werden«, meinte der verstorbene Astronomieprofessor Carl Sagan, einer der herausragenden Wissenschaftler des 20. Jahrhunderts. »Die andere besagt, dass Tausende von Menschen an einer weltumfassenden kollektiven Halluzination teilhaben. Beides finde ich ausgesprochen beunruhigend.«[78]

77 Mack, Seite 14.
78 Goldman, Seite 319.

9. Die Sache mit den Ufos

Die Nachtseite

Wir sind nicht allein.

Etwa zehn Millionen außerirdische Zivilisationen tummeln sich im Universum, vermuten Experten. 10 000 davon sind nahe genug, um Radiosignale von der Erde auffangen zu können. Oder befinden sie sich bereits im Anflug? Geometrische Muster in Getreidefeldern, fliegende Dreiecke über Belgien, Lichtertrauben über der Ostsee, Fotos vermeintlich Außerirdischer, Berichte über abgestürzte außerirdische Raumschiffe, Meldungen über Entführungen von Menschen durch fremde Wesen ... Die Wahrheit ist irgendwo da draußen. Man muss sie nur finden.

»Wir sind nicht allein!«, rief erstaunt und bestürzt auch der Pilot eines mexikanischen Militärflugzeugs, als er im März 2004 bei einem Routineeinsatz zur Überwachung von Drogenschmugglern die Wärmebildkamera der Maschine einschaltete. »Ich wusste nicht, was es war«, erklärte Leutnant Mario Adrian Vazquez später seinen Vorgesetzten. »Aber ich glaube, dass es absolut real war.« Die Besatzung hatte die Ufos zunächst auf dem Radarschirm bemerkt, konnte beim Blick aus dem Fenster aber nichts erkennen. Erst die Infrarotkamera machte elf mysteriöse, leuchtende Kugeln sichtbar, die in 3500 Meter Höhe um das Flugzeug herumschwirrten. »In einem Moment zeigten unsere Bildschirme, dass sie hinter uns, an unserer linken Seite und direkt vor uns waren«, sagte Magdaleno Castanon, der Kommandant der Maschine, aus. »In diesem Moment fühlte ich mich ein wenig unwohl.« Seine Maschine verfolgte die Objekte dennoch. Erst als er die Jagd abbrach, verschwanden die Ufos. »Ich glaube, sie haben gemerkt, dass wir sie verfolgten.«[79] Nie zuvor war der erfahrene Militärpilot mit einem solchen Phänomen konfrontiert worden. Und auch Skeptiker können nicht umhin, die Dramatik in solchen gut dokumentierten Berichten zu spüren.

Zugegeben, nur die wenigsten Ufo-Sichtungen verlaufen derart spektakulär. Immer aber geben die zufälligen – und zumeist absolut glaubwürdigen – Beobachter ein für sie rätselhaftes Geschehen wieder, das erschreckt, verwirrt, beunruhigt, ratlos macht. Es ist eine Sache, vom Fernsehsessel aus Ufos als TV-Spuk oder Einbildung abzutun. Eine andere aber ist es, wenn man plötzlich selbst unzweifelhaft damit konfrontiert wird.

Denn gerade für das Ufo-Phänomen gilt: Es sind nicht immer »die anderen« – jeder kann unerwartet mit einem solchen Geschehen konfrontiert werden, völlig unabhängig von Alter, persönlicher Überzeugung, Religion, Bildung oder Urteilskraft. US-Präsidenten (wie etwa Jimmy Carter) haben ebenso Ufos gesehen wie Piloten, Polizisten, Wissenschaftler, Schauspieler, Geistliche, Förster oder Müllfahrer.

Der klassische Fall: Da erscheint ein geheimnisvolles Objekt am Himmel, niemand weiß, was es ist, obwohl es von verlässlichen Zeugen wahrgenommen wird. Ob ein Ufo im Sinne von außerirdischen Besuchern dahintersteckt, kann nicht geklärt werden. Was es jedoch unzweifelhaft gibt, ist ein Ufo-Phänomen.

Das Wort »Ufo« ist an sich ziemlich farblos. Es bedeutet nur: Ein Beobachter sieht einen Flugkörper, den er nicht identifizieren kann. Und das geschieht recht häufig. Ufos stellen sich fast nie als die schönen Bilderbuch-Untertassen

79 www.spiegel.de/wissenschaft/weltall/0,1518,299485,00.html

aus den Filmen und Büchern dar. »Befremdlich« ist wohl das beste Wort, um Ufo-Sichtungen auf einen großen gemeinsamen Nenner zu bringen. Und meistens geht es um sogenannte »NL« (»Nocturnal lights« oder »Nightlights«), also »nächtliche Lichter«: leuchtende Objekte, die zumeist aus einiger Entfernung bei Nacht beobachtet werden.

Die folgenden Fälle stammen allesamt aus Deutschland und ereigneten sich bis auf eine Ausnahme in der jüngsten Vergangenheit. Sie wurden aufgenommen und registriert vom »SOS-Ufo-Telefon« des Centralen Erforschungsnetzes außergewöhnlicher Himmelsphänomene (CENAP)[80].

Im Dämmerlicht

Falsche Sternschnuppe

Wir feierten den Geburtstag meiner Mutter. Gegen 23.30 Uhr ging ich mit ihr hinaus in den Garten, um frische Luft zu schnappen. Plötzlich sagte meine Mutter: »Schau mal da, eine Sternschnuppe!«, und zeigte zum dunklen Nachthimmel. Im ersten Moment dachte ich noch: »Oh, ja, wie schön ...« Aber im selben Moment stutzte ich, da die vermeintliche Sternschnuppe nur das Licht eines nahe gelegenen Möbelgeschäfts reflektierte und zudem nach einem abwärts gerichteten Kurs wieder nach oben flog. Die ganze Begegnung dauerte vielleicht zehn Sekunden, dann war das Objekt verschwunden.

80 http://cenap.alien.de/ufo-hotline.htm (Telefon 0621/70 13 70)

Schnell und lautlos

Ich möchte von einer Beobachtung berichten, die sich am 24. Dezember 2008 zwischen 23 Uhr und 23.05 Uhr in Gelsenkirchen ereignet hat. Ich weiß, wenn man solche Erlebnisse publik macht, wird man schnell als Spinner abgetan. Ich habe jedoch keinen Grund, an dieser Sichtung, die meine Eltern gemacht haben, zu zweifeln.

Mein Vater stand um 23 Uhr vor dem geöffneten Schlafzimmerfenster und sah drei merkwürdige Flugkörper am Himmel. Da es sehr bewölkt war, kann ihre Höhe sicherlich von Fachleuten gut eingeschätzt werden, da diese Objekte sich unterhalb der geschlossenen Wolkendecke bewegten. Sie kamen sehr schnell und lautlos, in einer Art Formationsflug, und zogen Richtung Südwest dahin. Mein Vater rief sofort meine Mutter. Gemeinsam sahen sie eine zweite Dreierformation. Nur wenige Sekunden später, eigentlich unfassbar, bewegte sich ein letztes und einzelnes Flugobjekt in dieselbe Richtung. Nur blieb dieses auf einmal abrupt am Himmel stehen, wenige Augenblicke später bewegte es sich kurz voran, stoppte wieder – wie ein Flugzeug, das die Erdoberfläche abscannt – und flog dann in Richtung der anderen weiter. Sehr schnell und lautlos. Meine Eltern konnten dieses letzte Flugobjekt, ebenso wie die beiden Formationen, noch bis zum Horizont beobachten, bevor sie alle nicht mehr zu erkennen waren. Um die sieben Flugkörper herum flackerte ein helles Licht, als ob Feuer austreten würde. Verglichen mit den Sternen, die man in klaren Nächten am Himmel sieht, waren diese Flugkörper recht überdimensional.

Mein Vater sagte, dass er so etwas in seinem Leben noch nie gesehen habe und dieses Erlebnis nie vergessen werde. Meine Eltern sind bei klarem Verstand und haben mit Ufos oder anderen seltsamen Themen überhaupt nichts am Hut.

Brennender Fußball

Gegen 20 Uhr wollte ich mit meiner Familie bei unseren Nachbarn vorbeischauen, als sich am leicht bewölkten Himmel in einigen Kilometern Entfernung ein orangerotes, rundes Objekt mit ziemlich hoher Geschwindigkeit von Nord nach Süd bewegte.

Da es keine Positionsbeleuchtung zeigte und sich völlig geräuschlos fortbewegte, kann es kein Flugzeug gewesen sein. Das Objekt bewegte sich eindeutig auf einer konstant gleichen Flughöhe und flog mit stets gleicher Geschwindigkeit auf einer kontinuierlich gerade verlaufenden Flugbahn. Es beschrieb keine von seiner Bahn abweichenden Flugmanöver und verschwand nach zirka zwei bis drei Minuten am südlichen Nachthimmel.

Im Vergleich zu bekannten Fluggeräten wie einem Flugzeug müsste das Objekt mit einer Geschwindigkeit von 1500 oder 2000 Stundenkilometern geflogen sein, um die geschilderte Strecke von Nord nach Süd so schnell zurücklegen zu können. Da sich nachts Entfernungen nur schwer schätzen lassen, kann ich die Flughöhe des Objekts nur an der Wolkendecke festmachen. Da das mysteriöse Etwas keine Wolken durchdrang, dürfte es sich wohl zwei bis vier Kilometer über dem Erdboden bewegt haben.

Was die Größe betrifft, so konnte ich keine Vergleiche anstellen, jedoch müsste der Gegenstand am Nachthimmel die doppelte Größe eines Großraumflugzeugs gehabt haben. Bemerkenswert ist, dass das Objekt auch mit fortschreitender Entfernung seine Leuchtkraft kaum veränderte, das heißt, es strahlte dauerhaft nach allen Seiten mit gleicher Intensität. Allerdings veränderte sich seine Farbe – von Hellrot über Orange wieder zu Hellrot, was einen leicht wabernden Effekt zeitigte und an einen brennenden Fußball erinnerte.

Abrupte Bewegungen

Ich bin mir nicht sicher, was ich gesehen habe, und ich bin eigentlich ein sehr rationaler Typ. Aber am Heiligen Abend 2008 bemerkte ich gegen Mitternacht über Schutzbach (Westerwald) ein unbekanntes Objekt, deutlich größer als etwa der Scheinwerfer eines sehr tief fliegenden Flugzeuges. Es war erstaunlich langsam, es flog mit einer Geschwindigkeit, die unter dem Tempo eines langsamen Kleinflugzeuges lag, vielleicht im Bereich eines Motordrachens. Es flog sehr gleichmäßig vorwärts, brach aber immer wieder abrupt nach rechts oder nach links aus und leuchtete im Kern sehr rot, nach außen hin eher gelb, wie das Feuer eines Ballons. Es überflog unser Haus vollkommen lautlos.

Orange-gelbe Leuchten

Meine Mutter wollte nach dem Abendessen eine Zigarette rauchen gehen, als sie plötzlich zwei parallelfliegende, orange-gelbe Lichter sah. Sie rief uns nach draußen. Von unserem Garten aus konnten wir die großen Lichter gut erkennen, aber es war nichts zu hören. Die Objekte flogen schnell aus Richtung Süden nach Norden, sie erloschen nicht, wurden aber immer kleiner, als ob sie sich schnell entfernten. Mein Herz raste und das Erste, woran ich dachte, war, dass das nie im Leben ein Flugzeug beziehungsweise zwei Flugzeuge gewesen sein konnten.

Nächtlicher Luftkampf?

Meine Freundin und ich waren abends noch mit dem Hund draußen. Da sah ich drei Punkte am Himmel, nahezu im selben Augenblick wurde meine Freundin ebenfalls darauf aufmerksam. Ich dachte zuerst, es handle sich um Lichter von einem Fabrikschornstein oder etwas Ähnliches. Wir setzten uns ins Auto und fuhren los, um näher an die Erscheinungen heranzukommen. Auf einer Anhöhe stellten wir fest, dass es kein Schornstein sein konnte. Die drei Lichter bildeten eine Art Dreieck und zogen eine Bahn am nächtlichen Firmament.

Was uns am meisten erstaunte: Plötzlich kam ein viertes Licht angeflogen, und als es die Formation erreicht hatte, ging einer der drei übrigen Leuchtpunkte senkrecht zu Boden! Wir konnte keine Explosion oder so etwas hören, trotzdem sah es wie ein Abschuss aus, was aber eigentlich keinen Sinn ergibt.

Unheimliches Objekt

Meine Frau kam eines Abends gegen 21 Uhr ziemlich aufgelöst nach Hause und berichtete fassungslos, dass sie gerade ein unheimliches Objekt am Himmel gesehen habe: groß, rund, außen gläsern, darin ein pulsierendes, gelb-orangefarbenes Licht, vergleichbar mit einem Glutstück. Es schwebte geräuschlos am Himmel und vollführte langsame Bewegungen in horizontaler und vertikaler Richtung.

Sie befand sich mit unserem Pkw auf dem Heimweg, der Flugkörper tauchte plötzlich etwa dreißig Meter vor ihr auf, mitten in einer Ortschaft. Meine Frau versuchte einen entgegenkommenden Autofahrer durch Handzeichen auf ihre

Sichtung aufmerksam zu machen – der Mann bremste zwar kurz ab, fuhr dann aber weiter, so dass es keine weiteren Zeugen für das Geschehen gibt. Das Objekt entfernte sich langsam, aber stetig von der Straße. Meine Frau, die rechts rangefahren war, konnte noch lange das Licht sehen, bis es schließlich in den Wolken verschwand.

Was war das?

Ja, ich habe schon einmal etwas gesehen, und das war auf keinen Fall ein normales, mir bekanntes Flugobjekt. Was es war, kann ich nur vermuten.

Jedenfalls waren wir bei meiner Schwiegermutter zu Besuch. Sie ging zum Rauchen auf den Balkon. Plötzlich rief sie nach mir und meinem Mann und zeigte uns zwei orangefarbene Lichter am Nachthimmel. »Was ist das?«, fragte sie aufgeregt und ratlos. Ich sah mir das Schauspiel ruhig an. Was sich mir darbot, war ziemlich seltsam. Größe und Helligkeit der beiden Objekte würde ich in etwa mit dem Morgenstern vergleichen, wenn er sehr schön zu sehen ist. Sie flogen gleichmäßig und lautlos von rechts nach links dahin, in etwa so schnell wie ein Flugzeug. Diesen Vergleich konnte ich leicht anstellen, da zu diesem Zeitpunkt auch richtige, also eindeutig erkennbare Flugzeuge am Himmel waren. So konnte man das ein bisschen einschätzen. Die beiden Leuchtpunkte befanden sich auch in gleicher Höhe wie die Flugzeuge, jedenfalls sah das für mich so aus. Sie stiegen nicht von unten nach oben auf, sondern bewegten sich von rechts nach links und legten dabei eine ziemliche Strecke zurück. Es flackerte nichts, es blinkte nichts, es waren einfach »steife« orange Lichter.

Sie verschwanden auch nicht, sondern zogen immer weiter

ihre Bahn. Beobachtet haben wir die Erscheinungen vielleicht vier oder fünf Minuten lang – es war sehr kalt, wir froren und gingen wieder ins Haus zurück.

Ein Foto zu machen oder mit der Handykamera draufzuhalten? Daran habe ich in dem Moment überhaupt nicht gedacht. Ich habe einfach nur hingestarrt, fast gedankenverloren. Ich glaube auch nicht, dass die Aufnahmen etwas Brauchbares ergeben hätten, aus dieser Entfernung. Es wäre ja vermutlich nur ein winziger Punkt darauf zu sehen gewesen.

Ich bin leider kein Mensch, der Entfernungen, Geschwindigkeiten, Höhe, Weite und so weiter gut schätzen kann, Zahlen sind für mich der Horror. Ich weiß nur, dass es gegen 21.15 Uhr war und dass die Dinger so aussahen, als hätte jemand eine Lampe angeknipst und sie dann irgendwie fliegen lassen.

Funkelndes Himmelsdiadem

Wir feierten mit unserer Firma in einem Restaurant, als eine Kollegin von draußen hereinstürmte, wo sie eine Zigarette geraucht hatte: »Kommt schnell raus, da ist was Komisches am Himmel!« Wir ließen alles stehen und liegen und eilten sofort vor die Tür.

Es muss so zwischen 22.30 Uhr und 23 Uhr gewesen sein – ich habe nicht auf die Uhr geschaut, wer denkt da schon dran? –, als zehn Frauen dann vor dem Restaurant standen und am Himmel ein gelb-orangefarbenes Diadem sahen, das aus vielleicht 20 einzelnen, leuchtenden Punkten bestand.

Unübersehbar schwebte die Gruppe von Lichtern (jedes größer als der größte Stern am Firmament) halbhoch am prächtigen Sternenhimmel dahin, wobei absolut nichts in

der ruhigen Gegend zu hören war. Der Unterschied gegenüber den Sternen war offensichtlich, allein schon wegen der
Farbe, der Größe, der Anordnung der Formation und natürlich der Bewegung. Normal war das nicht!
Nach einigen Minuten löste sich das leuchtende Himmels-
diadem langsam zu einem wilden Haufen einzelner Lichter
auf, die weiter in die Ferne zogen und schließlich auszugehen schienen.

Ufo-Show für uns

Ich lag auf meiner Couch wollte Videos anschauen. Es
war Sonntag, eine Viertelstunde nach Mitternacht. Der Roll-
laden vor dem Wohnzimmerfenster war noch halb geöffnet.
Auf einmal wurde es seltsam hell draußen, da dachte ich mir
aber noch nichts dabei. Zwei, drei Minuten später war da
wieder ein Leuchten. Ich stand auf, um nachzuschauen. Von
meiner Dachgeschosswohnung aus sah ich, wie hinter dem
Haus gegenüber etwas Rotes daherkam, so ähnlich, wie
wenn man eine Feuerwerksrakete hochschießt.
Ich sagte mir: »Na, da wird wohl jemand ein privates Feu-
erwerk veranstalten.« Und setzte mich wieder vor den Fernseher. Der rote Schein vorm Fenster wurde aber immer
durchdringender – jetzt war ich doch neugierig und trat auf
den Balkon hinaus.
Und erblickte etwas, das ich noch nie zuvor gesehen hatte:
Am Himmel stand ein halbes Dutzend Flugkörper, wun-
derschöne, leuchtende, feuerrote »Bälle«! Zuerst traute ich
meinen Augen kaum. Aber nein, sie waren wirklich da. Und
dann begannen die sechs runden Objekte Flugmanöver auf-
zuführen. Sie bildeten Kreise, bewegten sich durcheinander,
kreuz und quer, tauschten ihre Plätze, mal im Uhrzeigersinn

und mal andersrum, auf alle Fälle blieben sie immer in Bewegung, jedoch ohne ein Geräusch.

Bevor ich völlig durchdrehte, lief ich zur Nachbarwohnung und holte meine Tante dazu. Nun standen wir beide auf meinem Balkon und sahen andächtig den Lichtbällen zu, welche Show sie für uns zum Besten gaben. Ich kann wirklich nicht sagen, wie lange das Ganze dauerte, aber auf einmal verschwand der erste Lichtball. Langsam wurde er kleiner und schwächer – und schwupps, weg war er. Dann verschwand der nächste »Ball«, genauso still und leise wie der erste. Inzwischen hätten wir uns gefährlich weit übers Balkongeländer beugen müssen, um noch etwas zu sehen, also gingen wir eilends zum Schlafzimmerfenster. Von hier aus hätten wir eigentlich den Flug der abartigen Objekte noch weiter verfolgen können. Aber nein, sie waren weg. Verschwunden. Wir rannten ins Treppenhaus, rissen dort ein Fenster auf, schauten in die Nacht hinaus. Vergebens. Nichts mehr zu sehen. Die Vorführung war wohl beendet.

Ungewöhnlicher Sternenhimmel

Gegen Viertel nach sieben abends lief ich durch unser Treppenhaus in die obere Etage. Als ich am Fenster vorbeikam, dachte ich für einen Moment: »Leuchten die Sterne heute aber hell.« Beim zweiten Hinsehen sah ich, dass es zwar teilweise sternenklar war, aber die »eigentlichen« Sterne viel höher waren als einige helle Lichter.

Ich machte das Fenster auf und schaute nach oben. Ich beobachtete, dass mehrere helle Lichter in ruhigem, gleichmäßigem Flug vorüberzogen. Sie hatten keinen regelmäßigen Abstand zueinander, aber meiner Meinung nach die gleiche Höhe und Flugbahn. Man konnte auch keine genaue Form erkennen. Für mich stellten sie sich einfach nur als Licht dar. Geräusche nahm man keine wahr. Sie verschwanden dann mit zunehmender Entfernung.

Ich rief meine Eltern, weil ich mir das alles nicht erklären konnte. Sie sahen dasselbe. Nach zirka fünf bis zehn Minuten war alles vorbei.

Santa Claus und seine Rentiere?

Bei einer Familienfeier gingen wir nach dem Abendessen für eine Zigarette auf die Veranda, als meine Schwiegermutter uns zurief: »Was ist da oben?«

Ein Schwarm von mindestens sieben oder acht orange-gelblichen »Sternen« – aber etwas größer als solche und ganz intensiv glühend – zog über die Nachbarhäuser geräuschlos dahin. So halbhoch am Himmel, würde ich sagen. Sie bewegten sich schnurstracks, leicht untereinander, und wurden nach ein paar Minuten immer kleiner, wobei mitten in dem Schwarm ein Licht verlosch und das Objekt einfach weg war. Mein Vater machte noch einen Witz über den Weihnachtsmann in seinem Schlitten mitsamt leuchtender Rentierschar, der über den Himmel ritt. So richtig lachen konnten wir aber nicht, weil sogleich nochmals fünf dieser Lichter aus derselben Richtung kamen und sich genauso verhielten wie die vorigen, um auch ebenso wieder zu verschwinden. Jetzt war uns allen klar, dass das nur Ufos sein konnten.

Insgesamt waren wir sieben Leute auf der Feier und jeder hat diesen Lichterspuk beobachtet – allesamt Erwachsene, die Hälfte davon schon über 60. Aber so etwas hatte noch nie jemand von uns gesehen. Und für den Rest des Abends war dies das Gesprächsthema. Wahnsinn ist das schon.

Science-Fiction? Nein!

Was ist das nur gewesen? Eigentlich bin ich ja nicht der Typ für Science-Fiction, aber was ich gesehen habe, habe ich gesehen. Ende Dezember ging ich auf die Terrasse, um unsere Weihnachtsbeleuchtung – ein »Leuchtreh« und eine bunte Girlande – einzuschalten. Da tauchten plötzlich ein Dutzend glimmender, orange-rötlicher Lichtkugeln über den Nachbarhäusern auf, die langsam gen Horizont zogen. Das sah wirklich verrückt aus und trotzdem, ich habe das wirklich gesehen!

Ich wohne seit mehr als zwanzig Jahren in dieser Gegend, aber das war völlig neu für mich. Ein Gruseln kam hinzu, weil da nichts zu hören war. Wirklich: Das ist keine Verarsche und ich stehe völlig ratlos da, so unglaublich das Ganze sich auch anhören mag. Gab es vielleicht neue Feuerwerkskörper, schließlich war ja kurz darauf Silvester? Kann ich mir zwar nicht vorstellen, aber die Technik geht ja immer weiter.

Ufo-Jagd live

Die folgende Sichtung liegt bereits einige Jahre zurück – verdient ob ihres aufregenden Verlaufs jedoch eine Erwähnung. Nicht zuletzt illustriert sie, dass Ufo-Forschung eine packende Detektivarbeit sein kann. Manchmal ist dafür der Mut zur bedingungslosen Ratlosigkeit notwendig.

Und: Ufo-Zeugen wollen Antworten. Sie möchten einfach wissen, was geschehen ist. Dafür verbringen sie mitunter mehrere Stunden am Telefon, auf der Suche nach einem Ansprechpartner, meist noch unter dem heftigen Eindruck der gerade eben gemachten Erfahrung. »Das ist das Hauptmotiv«, weiß der Mannheimer Ufo-Forscher Werner Walter. »Und nicht nur einfach Meldung machen, und fertig.« So auch in diesem Fall.

Im Januar, gegen 22 Uhr, klingelt bei Werner Walter das Telefon. »Hören Sie zu, wir sehen gerade etwas Unglaubliches!«, stößt ein Herr K. atemlos in den Hörer. »Da zieht eine fliegende Untertasse am Horizont seit einer halben Stunde hin und her, so groß wie der Vollmond.«

Unvermittelt findet Walter sich in einer Live-Investigation à la »Akte X« wieder.

Im Hintergrund ist die Ehefrau des Anrufers zu hören, die anscheinend am Wohnzimmerfenster steht: »Da ist es wieder, aber es landet nicht!«

Als Erstes will Werner Walter wissen, wie das Ufo aussieht. »Milchig irgendwie«, erklärt Herr K. »Es schwankt hin und her und führt alle zehn Sekunden einen Durchgang aus. So was haben wir noch nie gesehen. Es zieht nun schon eine halbe Stunde auf seiner Bahn hin und her, wissen Sie, was das ist?«

Über den Hügeln in der Nähe soll das Objekt schweben, bei einer kleinen Ansiedlung 70 Kilometer nordwestlich von Halle. Gelegentlich strahlt so etwas wie »ein Suchscheinwerfer« zu Boden, der »immer denselben Punkt abtastet«. Was nun?

Der Anrufer möchte, dass Walter von der Privatorganisation »Centrales Erforschungsnetz außergewöhnlicher Himmelsphänomene« (CENAP) sofort aufbricht und nach Halle fährt. Da das natürlich nicht möglich ist, initiiert der Ufo-Forscher übers Telefon eine Aktion vor Ort. Zunächst schlägt er vor, die Nachbarn zu alarmieren. »Was dann folgte«, berichtet Walter, »war ein aufregendes Schauspiel auf dem Niveau eines Radiohörspiels.«

Herr K. und seine Frau machen sich mit eingeschaltetem

Funktelefon zu den Nachbarn auf und lotsen sie ins heimische Wohnzimmer, um ihnen das Ufo zu zeigen. Eine unheimliche Spannung macht sich breit, das Ufo-Fieber steigt. Walter bittet die sechs Personen (Herr und Frau K., das Nachbar-Ehepaar und deren zwei Töchter), das Ufo zu verfolgen, um es weiterhin im Blick zu behalten. Die Beteiligten laufen zum VW-Bus des Herrn K. Ein hektisches Durcheinander ist bis nach Mannheim zu hören. Mittlerweile zeigt die Uhr 22.15 Uhr.

Im Fahrzeug steigt die Spannung, »mittlerweile war kaum noch etwas zu verstehen«, erzählt Walter. Die Fahrt geht durch hügeliges Gebiet, zeitweise verschwindet das Ufo, doch es taucht immer wieder auf – diffus, gleichmäßig zieht es hin und her.

Fast eine halbe Stunde vergeht, bis das Team fast Halle erreicht hat und eines der beiden Mädchen plötzlich ruft …
(Fortsetzung Seite 256)

Die Tagseite

Ufo-Alarm!
Für Werner Walter ist das längst nichts Aufregendes mehr. Wenn die »Ufo-Hotline« des »Centralen Erforschungsnetzes außergewöhnlicher Himmelsphänomene« (CENAP) mal wieder heißläuft, bleibt der Mannheimer Hobbyastronom ziemlich cool. Walter ist zwar »Ufo-Forscher« – aber ein kritischer, »ohne Spekulationen und Wunschdenken«. Wo überzeugte Ufologen Space-Age-Phantasien im Transzendenten verankern, erdet der CENAP-Chef die seltsamen Phänomene.

»Ufos«? Klar, gibt es. Und zwar im Wortsinn, also als »Unidentifizierte Fliegende Objekte«. Das bleiben sie aber nur so lange, bis man dahinterkommt, worum es sich handelt.

Angefangen hat es während der Meisterfeier des VfB Stuttgart im Jahr 2007. Da nämlich wurde über Stuttgart ein rötlich-weißlich schimmerndes Licht am abendlichen Himmel gesehen, das dem Autokorso der Fußballmannschaft zu folgen schien. Sogar im offiziellen Fanbuch findet diese Episode Erwähnung.

Seither wird das »Ufo-Telefon« mit Anrufen und Mails besorgter Bürger überschüttet, die seltsame rot-orangefarbene Lichtkugeln am nächtlichen Himmel beobachtet haben. Weit mehr als 2000 waren es bislang. Und alle berichten von Erscheinungen, die geräuschlos und unheimlich über den Himmel ziehen und irgendwann in Sekundenschnelle verschwinden.

Des Rätsels Lösung: sogenannte Himmelslaternen, beliebte Hingucker bei Sommerpartys, Hochzeiten und Festivitäten jeder Art. Die kleinen Heißluftballons aus Reispapier schweben leuchtend in den Nachthimmel und verzaubern mit ihrer eindrucksvollen Optik. Davon kann sich jeder überzeugen, der beim Internetportal *youtube.com* das Stichwort »Himmelslaternen« oder »Skylaternen« oder »sky lantern« eingibt.

»Die glühende Himmelspest«, schimpft Walter mittlerweile nur noch. Eine befriedigende Erklärung? Sicher nicht für jeden.

»Dass es Partyballons waren, denke ich, ist das Unwahrscheinlichste«, schreibt jemand in einem grenzwissenschaftlichen Onlineforum zu seiner Ufo-Sichtung.[81] »Partyballons können nicht annähernd das veranstalten, was die Objekte gemacht haben (so schnell fliegen, sich nach links und rechts bewegen etc.).«

81 http://www.sichtungen-ufo.de/ftopic978.html

Doch, können sie.

Und zwar dann, wenn die lampionähnlichen Gebilde von einem Windstoß erfasst werden. Dann ändern sie abrupt die Richtung, was untypisch für ein Fluggerät ist und auch den physikalischen Erhaltungsgrößen der Bewegung zu widersprechen scheint – aber nur, wenn man nicht erkennt, dass das Objekt in Wirklichkeit hohl ist und fast nichts wiegt. Viele Zeugen etwa berichten, das vermeintliche Ufo (die Himmelslaterne) habe sich »schneller als ein Düsenjäger« bewegt. Je nach Entfernung und Sichtwinkel kann der papierne Partyspaß als Kugel, Scheibe, Vieleck oder sogar als Untertasse oder Bumerang erscheinen. Und wenn das wachsartige Brennmittel erlischt, wirkt das Leuchtobjekt auf den Beobachter plötzlich wie »ausgeschaltet«.

Ufo-Berichte gab es allerdings schon lange vor dem Jahr 2007. Das CENAP indes ebenfalls. Und außerdem hat Werner Walter selbst schon einmal ein Ufo gesehen:

»Ich spielte mit einem Klassenkameraden Tischtennis, in unserer Siedlung in Mannheim-Vogelstang. Es war am 5. September 1973, so gegen 21 Uhr, jedenfalls nach Einbruch der Dämmerung. Der Ball flog ins Aus und ich lief hinterher. Während ich den Ball aufhob, schaute ich zum Himmel und sah dort ein dunkelrotes geometrisches Gebilde, das sich horizontal über den Viernheimer Panzerwald hinwegbewegte. Ich machte meinen Freund darauf aufmerksam, der die Erscheinung ebenfalls sofort erblickte, und auf einmal, so als ob man das Licht ausschalten würde, war es weg. Es war kein Verglühen, sondern einfach wie ein Abschalten«, erinnert sich Walter noch heute.

»Wir wohnten in der Einflugschneise des Frankfurter Flughafens, zudem befand sich in der Nähe der größte amerikanische Stützpunkt für Hubschrauberwartung, doch unsere Sichtung hatte nichts mit diesen Dingen gemeinsam. Wir besuchten beide einen Astronomiekurs an unserer Schule, was es uns ermöglichte, das Gesehene auch klar von den üblichen Himmelserscheinungen abzugrenzen. Also gingen wir in die Buchhandlungen und besorgten uns Literatur zu Ufos. Wenn es dieses Erlebnis nicht gegeben hätte, würde ich mich mit diesem Gebiet heute gar nicht befassen.«

Vom begeisterten Ufologen zum Skeptiker mutierte Walter, als er auf der Berliner Funkausstellung zufällig einer kommerziellen Lichterschau ansichtig wurde, genauer gesagt der Präsentation von neuartigen Laserprojektoren. Der Ufo-Fan bekam große Augen, als ein roter Rubinlaser ein Trapez an die Hallendecke malte – »exakt dieselbe Leuchterscheinung«, wie Walter sie beim Tischtennisspielen in Mannheim beobachtet hatte. Seitdem gibt es für ihn nur noch »nicht erkannte identifizierbare Objekte« am Himmel.

Aber was ist mit Leutnant Mario Adrian Vazquez? Und der fünfköpfigen Besatzung seiner Aufklärungsmaschine? Lügner? Spinner? Natürlich nicht.

Nur: Wieso eigentlich sollen Ufo-Sichtungen von Piloten etwas Besonderes sein? Piloten und andere vielzitierte »Edelzeugen« der Ufologie unterliegen denselben Wahrnehmungsbeschränkungen wie jeder andere Mensch auch. Psychologische Studien zeigen, dass beispielsweise Polizisten sich genauso oft irren wie »normale« Zeugen. Gleiches gilt auch für andere Berufsgruppen, die als besonders zuverlässig und vertrauenswürdig gelten.

Die Tower-Beschäftigten des Stuttgarter Flughafens etwa fragten einmal bei der örtlichen Sternwarte an, was denn da in der Luft sei, aber nicht auf den Radargeräten zu sehen sei. Es handelte sich bloß um den weit entfernten Planeten Venus, der unheimlich durch den Nebel schimmerte. Durch eine Wahrnehmungstäuschung erschien der Himmelskörper sehr viel größer als die übrigen sichtbaren Planeten und

Sterne. Heute gilt als sicher, dass das mexikanische Militärflugzeug im März 2004 von großen Erdgasfackeln auf einem Ölfeld im Golf von Mexiko getäuscht wurde. Sind Ufos also bloß heiße Luft, um auf die Himmelslaternen als »Ufo-Stimuli« Nummer eins zurückzukommen?

Weniger als fünf Prozent aller Ufo-Sichtungen bleiben ungeklärt. Mag sein, dass in der Fülle der Beobachtungen tatsächlich auch Besuche außerirdischer Intelligenzen verborgen sind. Mag ebenso sein, dass beim Vorliegen zusätzlicher Informationen auch diese paar Prozent als Wetter- und Heißluftballone, beleuchtete Reklame-Zeppeline, Flugzeuge, Hubschrauber, Testflugkörper, Wolken, Vögel, Diskoscheinwerfer, Satelliten, helle Sterne oder Ähnliches identifiziert werden könnten.

Vergessen wir nicht: Die Fremdkörper am Himmel finden in den Zeugenberichten ihre jeweils ganz eigene Deutung. Gerade bei unbekannten Erscheinungen versucht unser Wahrnehmungs- und Sinnesapparat automatisch, aufgrund vorhandener Kenntnisse, Erfahrungen und Erwartungen das Gesehene in ein bekanntes Schema einzuordnen. Letztendlich ist die Wahrnehmung das eigentliche Ufo-Erlebnis. Und deshalb gibt es nicht nur ein »Ufo-Rätsel«, sondern ihrer viele.

Skeptische Gleichmacherei wie »Alles Lug und Trug« ist also ebenso verkehrt wie naive Gläubigkeit. Vielleicht erfahren wir durch das Ufo-Phänomen weniger über die Mysterien des Weltraums als über das Menschsein. Eine Ufo-Begegnung ist immer unerwartet, plötzlich und einmalig. Niemand ist davor gefeit. Angst oder gar Panik sind trotzdem die falsche Reaktion. Genießen Sie das Erlebnis. Sie begegnen dem Ungewöhnlichen und noch nie Gesehenen.[82]

82 Walter, W. (1996): *Ufos – Die Wahrheit*, Königswinter: Heel, Seite 30.

Eventuell findet sich im Nachhinein eine logische, nachvollziehbare Erklärung – und oft ist übrigens der erste Gedanke dazu auch der richtige. Apropos Erklärungen: Wie ist sie eigentlich ausgegangen, die Ufo-Jagd bei Halle (Seite 249)? Eine halbe Stunde lang verfolgte Herr K. mit seinem VW-Bus das unheimliche Himmelsobjekt, bis kurz vor der Sachsen-Anhalt-Metropole die Nachbarstochter plötzlich rief: »Das ist doch die Disko, die haben da einen Strahler aufgebaut!« Im Wageninnern machte sich Enttäuschung breit. Herr K. klang deutlich frustriert, erinnert sich Werner Walter, als er via Funktelefon durchgab: »Ja, das ist nur ein Scheinwerfer. Gibt's doch gar nicht, Sch...« Und er legte auf.

Brauchen wir vielleicht manchmal Außerirdische, um unser irdisches Leben besser zu ertragen? Was bleibt, ist in jedem Fall die Hoffnung auf etwas Neues. Auf etwas ganz anderes.